mandelbaum *verlag*

AF131549

Thomas Schmidinger

»WENN DER HERRGOTT DAS WICHTIGSTE AUF DER WELT IST«

Katholischer Traditionalismus und Extremismus
in Österreich

mandelbaum *verlag*

Gedruckt mit Unterstützung durch

 Stadt
Wien

mandelbaum.at • mandelbaum.de

ISBN 978-3-99136-025-4

Lektorat: ELVIRA M. GROSS
Satz: KEVIN MITREGA, Schriftloesung
Umschlag: MICHAEL BAICULESCU
Druck: PRIMERATE, Budapest

Inhalt

Danksagung

Ich danke Veronika Hofinger vom Institut für angewandte Rechts- und Kriminalsoziologie für ihre Unterstützung und die gemeinsamen kritischen Reflexionen zur Ausgangsstudie, die diesem Buch über weite Teile zugrunde liegt. Frank Hinkelmann, Linda Kreuzer und Wolfram Reiss danke ich für Hintergrundgespräche, die durchaus wichtige Erkenntnisse und Recherchehinweise mit sich brachten. Besonders danke ich allen InterviewpartnerInnen und GesprächspartnerInnen aus verschiedenen Strömungen des katholischen Traditionalismus, die trotz großer Differenzen bereit waren mit mir zu sprechen. Jene, die mir ein formales Interview gaben, sind hier überwiegend (in Fußnoten) erwähnt. Eine junge Frau, die lieber nicht namentlich genannt werden wollte, wurde mit einem Buchstaben abgekürzt. Andere, die mit mir sprachen, ohne ein formales Interview zu geben, wurden überhaupt nicht erwähnt. Es ist nicht mein Ziel, hier einzelne Personen vorzuführen oder einzelnen Menschen innerhalb ihrer Gemeinschaften Probleme zu bereiten, weil sie sich für ein Gespräch zur Verfügung gestellt haben. Gerade die Ablehnung ganzer Gruppierungen zeigte mir, wie schwer es gewesen sein musste, mit mir, dem ungläubigen Forscher, der aus seiner eigenen Position kein Hehl machte, zu sprechen. In diesem Sinne möchte ich den Menschen hier ohne namentliche Nennung kollektiv danken. Viele dieser Gespräche waren für mich sehr interessant, und auch wenn einige davon herausfordernd waren, so sind mir alle GesprächspartnerInnen in angenehmer Erinnerung. Persönlich wünsche ich ihnen, dass sie ihr Glück finden, sei es innerhalb ihrer jeweiligen Gemeinschaft oder indem sie sich einmal von dieser lösen können. Ich danke ihnen nicht nur für die Einblicke und Informationen, die sie mir gewährt haben, sondern auch dafür, dass sie meine eigene Fähigkeiten im Gespräch unter Feinden auf die Probe gestellt und meine eigene Toleranz getestet haben.

Prolog

Dichte Nebelschwaden steigen aus den Wäldern links und rechts der Straße empor. Die Straße von Krems an der Donau ins Waldviertel hinauf kann an kühlen Novembertagen ein Eintauchen in eine andere Welt bedeuten. Hinter der Abfahrt zur kleinen Stadtgemeinde Gföhl verdichtet sich der Nebel noch, bis schließlich rechts der Straße düster die Umrisse von Schloss Jaidhof auftauchen. Fast hätte ich das 1381 erstmals urkundlich erwähnte Schloss übersehen, das heute die österreichische Zentrale der Priesterbruderschaft Pius X. beherbergt. 1985 hatte Rosa Gutmann das Schloss der Priesterbruderschaft zur Verfügung gestellt und es dieser nach ihrem Tod 2003 vererbt. Schloss Jaidhof ist heute das Hauptquartier der Priesterbruderschaft des Distrikts Österreich, zu dem neben der Republik Österreich auch alle anderen Staaten der ehemaligen Habsburgermonarchie zählen.

Hier befindet sich die Zentrale der größten traditionalistischen katholischen Vereinigung am Rande der offiziellen Römisch-Katholischen Kirche, die auf den französischen Erzbischof Marcel Lefebvre zurückgeht und die strikt alle Reformen des Zweiten Vatikanischen Konzils ablehnt und alles bekämpft, was unter »Modernismus« in Kirche und Gesellschaft verstanden wird. Liberalismus, Kommunismus, Sozialismus, Säkularismus und die Werte der französischen Revolution werden hier als Teufelszeug abgelehnt.

In den novemberlichen Nebelschwaden des Waldviertels beginnt meine Reise in den katholischen Traditionalismus. Eigentlich hatte ich die Recherchen dazu eher nebenbei übernommen, für ein Forschungsprojekt, in dem es um den Einfluss extremistischer Organisationen auf den Bildungsbereich gehen sollte.[1] Dabei

---

1   Dieses Buch basiert überwiegend auf Feldforschung und Recherchen, die im Rahmen des Forschungsprojekts »Stratex« durchgeführt wurden. Das Projekt wurde durch das Sicherheitsforschungs-Förderprogramm KIRAS

schien es mir wichtig, im Bereich des religiösen Extremismus nicht nur Minderheitenreligionen im Auge zu behalten, sondern auch die Mehrheitsreligion. Ich wusste von der Existenz der Piusbruderschaft und ein paar anderer Splittergruppen, aber niemals hätte ich damals angenommen, in eine dermaßen vielfältige Szene einzutauchen, die auch in Österreich über mehrere Tausend Anhänger verschiedener, teilweise miteinander verfeindeter Gruppen verfügt. Die Vielzahl an Abspaltungen, die unterschiedlichen Akzentuierungen in der Kritik gegenüber der offiziellen katholischen Kirche und der modernen Gesellschaft sowie die Pluralität verschiedener Parallelgesellschaften, die ich in den folgenden Jahren kennen lernen sollte, hätte ich anfänglich nie erwartet.

Im November 2020 tauchte ich noch relativ naiv in diese Welt des katholischen Traditionalismus ein. Ich bin zwar, wie viele ÖsterreicherInnen, katholisch erzogen worden, in meinem Fall sogar sehr konservativ und sehr religiös. Dennoch kannte ich Organisationen aus diesem Bereich nur peripher und hatte mich schon seit meiner frühen Jugend von der katholischen Kirche abgewendet. Nach einer ersten Phase eines strikten Atheismus begann ich Religion als kulturelles und gesellschaftliches Phänomen wieder interessant zu finden, allerdings interessierte mich dabei der Islam wesentlich mehr als das Christentum. Christen begannen mich erst wieder als Minderheiten im Nahen Osten zu interessieren, doch mit dem Katholizismus in Österreich hätte ich mich ohne dieses Forschungsprojekt vermutlich nicht wieder beschäftigt.

Etwas naiv stand ich also vor den Toren von Schloss Jaidhof und wollte mir einfach einmal so eine Messe ansehen und vielleicht herumliegendes Infomaterial mitnehmen. Mitten im Corona-bedingten Lockdown, während sämtliche kulturellen Einrichtungen geschlossen waren, hatte ich mich vorschriftsgemäß mit einer FFP2-Maske ausgerüstet, als ich die kleine Kapelle in einem Seitenflügel des Schlosses betrat. Sofort richteten sich alle Blicke auf mich, denn mit dieser Maske war ich augenblicklich als fremder Eindringling gebrandmarkt. Ich war schlicht der Einzige, der sich mit einer

des Bundesministeriums für Landwirtschaft, Regionen und Tourismus (BMLRT) finanziert.

Maske in diese Kirche begeben hatte und der damit wohl seinen Mangel an Gottvertrauen offen zur Schau trug.

Während andere Kirchen ihre Pforten zu schließen hatten, lasen die Priester der Piusbruderschaft weiterhin ihre Messen. Hier wurde gesungen, gepredigt und gebetet, und zwar immer ohne eine Maske. Gepredigt wurde auf Deutsch. Der Hauptteil der Messe wurde aber in lateinischer Sprache abgehalten. Der Priester vollzog die Eucharistiefeier mit dem Rücken zur Gemeinde und teilte die Hostien dann in Form einer Mundkommunion direkt in die geöffneten Münder der Gläubigen aus, so wie es zwischen dem neunten Jahrhundert und dem Zweiten Vatikanischen Konzil üblich war. Während der Zeremonie kamen enorme Mengen von Weihrauch zum Einsatz, der die kleine Kapelle innerhalb kürzester Zeit in noch dichtere Schwaden hüllte, als es der Nebel vor den Eingangstoren vermochte. Die Messe schien mir wie eine Zeitreise zurück in die Jugend meiner Großeltern, als Ministranten noch etwas Latein beherrschen mussten und die Gläubigen gebannt einer Handlung zusahen, die sie nicht wirklich verstanden, die aber wohl für den einen oder anderen genau deshalb einen gewissen Zauber ausstrahlte, während sie andere langweilte.

Gelangweilt wirkte hier niemand. Wer heute noch extra eine solche Messfeier besucht, tut es nicht aus gesellschaftlichem Druck heraus, sondern in geradezu trotziger Verweigerung des gesellschaftlichen Mainstreams. Hier treffen sich sture Modernisierungsverweigernde, die mehr als nur konservativ sind. Es sind konservative Revolutionäre, die sich nach einer Gesellschaft sehnen, die seit mindestens fünf Generationen nicht mehr existiert und in dieser Form, wie die Gläubigen sie sich vorstellen, vielleicht nie existiert hat. Ihrer rückwärtsgewandten Utopie geben sie auch in ihrer Kleidung Ausdruck. Frauen tragen gestickte Kopftücher und langärmlige hochgeschlossene weite und lange Kleider, die bewusst nicht die Figur betonen. Männer tragen Anzug und Krawatte oder gleich einen traditionell wirkenden Lodenrock mit Hirschknöpfen. Viele tragen Bart oder Schnurrbart. Der eine oder andere Schnurrbart scheint Kaiser Franz Joseph I. zum Vorbild zu nehmen. Manch einer der Herren sieht aus, als wäre er einem Kostümfilm über das 19. Jahrhundert entsprungen.

Aufgrund meiner Maske und Kleidung zu sehr als Außenseiter erkennbar, verläuft mein erster Kontakt mit den Piusbrüdern eher zögerlich. Immerhin gelingt es mir, an Zeitschriften und Infomaterialien zu kommen. Damit sollte jedoch meine Reise erst beginnen, die mir in den folgenden zwei Jahren Einblicke in eine Szene ermöglichte, von deren Größe und Bedeutung ich bis dahin keine Ahnung hatte. Mitten unter uns versuchen Menschen Formen eines längst vergangenen Katholizismus zu leben und sich trotzig jeglichem »Modernismus« zu verweigern. In diesen engen Parallelgesellschaften wachsen Kinder und Jugendliche heran, für die es nur unter schwierigen Umständen möglich ist, die Welt ihrer Eltern zu verlassen. In einer zunehmend unsicher werdenden Welt, in der die traditionellen Religionsgemeinschaften täglich an Anhängerschaft verlieren, sind einige dieser traditionalistischen Randgruppen oft auch jene, die neue Gläubige anziehen. Die strikten Regeln und einfachen Erklärungen für die Unbill der Welt wirken in Krisenzeiten auf manche Menschen attraktiv.

Das Phänomen des katholischen Traditionalismus mag wie ein Phänomen der Vergangenheit wirken, ist es allerdings nicht. Es ist ein Aspekt einer verwirrenden Vielfalt der Moderne und Teil des religiösen Pluralismus, der den Beginn des 21. Jahrhunderts kennzeichnet.

Extremismus und Fundamentalismus
im Christentum

Extremistische und fundamentalistische Einstellungen existieren in unterschiedlichsten Religionsgemeinschaften. Sie haben in den verschiedenen christlichen Konfessionen unterschiedliche Ausprägungen erfahren und unterscheiden sich je nachdem, ob es sich um katholische, protestantische beziehungsweise evangelikale oder orthodoxe Ausprägungen handelt. Gemeinsam ist diesen Strömungen die Ablehnung des säkularen Staates, eine ausgeprägt feindselige Haltung gegenüber vermeintlichen und wirklichen Ungläubigen und anderen Religionsgemeinschaften und ein extrem reaktionäres Gesellschaftsbild, das sich insbesondere in der Geschlechterordnung ausdrückt. Allen christlich-extremistischen Strömungen, also Gruppierungen aus dem katholischen, evangelischen und orthodoxen Bereich, ist eine extrem rigide Sexualmoral gemein sowie eine stark ausgeprägte Angstpädagogik zur Erziehung der nächsten Generation. Feminismus, sexuelle Freiheiten oder Homosexualität, politischer Liberalismus und Sozialismus werden strikt abgelehnt und konfessionsübergreifend als Feindbilder ausgemacht. Zu den Todsünden, die im Falle des Todes ohne vorhergehende Beichte zur Höllenstrafe führen, zählen laut einer Glaubensdarstellung der Piusbrüder, einer der stärksten Strömungen des katholisch geprägten Extremismus: »Vernachlässigung einer grundlegenden Kenntnis des Glaubens und der daraus folgenden Moral, sowie der religiösen Praxis, Verführung zum Bösen (wie auch Freude an Schlechtem, schlechte Wünsche), Anschauen schlechter Filme, schlechte Lektüre, Selbstbefriedigung, außerehelicher Verkehr, Gebrauch von Verhütungsmitteln, Abtreibung, böse Nachrede, Spielereien mit Spiritismus usw.«[2] Dieser Auflistung würden die meisten an-

2 Gaudron/Zaby/Persie, 2012: 41.

deren Strömungen christlicher Extremismen beipflichten. In anderen Bereichen gibt es allerdings ideologische, theologische und organisatorische Unterschiede.

Extremismus und Traditionalismus katholischer Prägung

Christlicher Extremismus katholischer Prägung existiert sowohl innerhalb als auch außerhalb der katholischen Kirche, bei allen Unterschieden eint diese heterogenen Strömungen eine Kritik an der Moderne und am säkularen Staat sowie an den zu»modernistisch« begriffenen Tendenzen innerhalb der Römisch-Katholischen Kirche. Dieser Kampf wird einerseits von eher klerikalen elitären Gruppierungen geführt und andererseits von Strömungen, die der Volksreligiosität näher sind. Letztere sind in ihren ideologischen und theologischen Vorstellungen oft diffuser als die fundamentalistischen Priestergemeinschaften, teilen allerdings vielfach deren Ressentiments.

Extremistische Strömungen katholischer Prägung neigen durch die zentrale Stellung und Überhöhung der Priesterschaft zu einem ausgeprägten Autoritarismus. Anders als bei evangelikalen Strömungen spielt hier weniger die Bibel als die kirchliche Hierarchie in der unmittelbaren Verbindung des Priesters zu Jesus Christus eine zentrale Rolle. Worte und Handlungen des Priesters werden damit von vielen Gläubigen unhinterfragt als absolut gesetzt, was spirituellen Missbrauch – der auch sexuellen Missbrauch beinhalten kann, aber nicht muss – begünstigt.[3]

Die meisten der aktuellen extremistischen Strömungen katholischer Herkunft beziehen sich in ihrem Antimodernismus auf den Kampf gegen die Errungenschaften der Französischen Revolution und befürworten die Wiederherstellung der Einheit von Kirche und Staat im 19. Jahrhundert sowie den Kulturkampf, den die Römisch-Katholische Kirche im 19. und Anfang des 20. Jahrhunderts gegen die Moderne geführt hatte. In ihrem Selbstverständnis sehen die Gläubigen sich deshalb – anders als etwa extremistische Strömungen im protestantischen und evangelikalen Bereich – als Traditio-

---

3   Vgl. Wagner, 2019.

nalistInnen. All diesen traditionalistischen Strömungen gemeinsam ist, dass sie sich – wiederum anders als manche evangelikale Fundamentalismen – nicht auf ein (vermeintliches) Urchristentum beziehen und auch die Bibel keineswegs eine zentrale Stellung einnimmt, sondern vielmehr die Römisch-Katholische Kirche in der Hochphase ihrer gesellschaftspolitischen Macht.

Katholische TraditionalistInnen sind – anders als evangelikale FundamentalistInnen – keineswegs biblizistisch. Es geht ihnen also nicht um eine wörtliche Auslegung der Bibel. Im Gegenteil, die Bibel wird von manchen Strömungen sogar problematisiert. In der Palmarianisch-Katholischen Kirche etwa wurde die Bibellektüre phasenweise sogar Nonnen verboten. So gilt die Bibel, wie es in der Zeit der Reformation von der Römisch-Katholischen Kirche gesehen wurde, vielen Strömungen des katholischen Traditionalismus als für Laien potenziell gefährlich. Auch wenn es im Traditionalismus heute nicht mehr verboten ist, darin zu lesen, wird von den meisten Strömungen angestrebt, Laien durch Kleriker anzuleiten, um (vermeintliche) Missverständnisse zu vermeiden.

Zentraler Bezugspunkt ist damit nicht die Urkirche oder das Urchristentum, sondern man bezieht sich auf die spätere Römisch-Katholische Tradition der Gegenreformation, auf die Bedeutung des Papsttums und das enge Bündnis zwischen Thron und Altar. Politische Vorstellungen davon, wie eine anzustrebende Römisch-Katholische Gesellschafts- und Staatsordnung auszusehen habe, existieren dabei in fast all diesen Strömungen, spielen aber eine unterschiedlich starke Rolle.

Die verschiedenen Strömungen des katholischen Traditionalismus unterscheiden sich darin, wie bedeutend das Politische für sie ist. Während einige größere Strömungen durchaus versuchen, Einfluss auf die Politik zu nehmen, gibt es auch sehr kleine abgeschlossene Gemeinschaften, die zwar ihre Sicht auf Gesellschaft und Staat haben, sich angesichts einer realistischen Einschätzung ihrer Größe allerdings praktisch darauf beschränken, als Gemeinschaft möglichst in ihrem Sinne zu leben. Diese eher puristisch ausgerichteten Gruppierungen haben wenig Einfluss auf die Gesamtgesellschaft und spielen in innerkirchlichen Machtkämpfen aufgrund ihrer Randständigkeit keine Rolle. Allerdings sind selbstverständlich auch diese Gemeinschaften von Relevanz, wenn es um die konkreten Lebensbedingungen von Kindern und Jugendlichen geht, die in solchen Gemeinschaften aufwachsen. Dabei sehen sich diese Gruppierungen durchaus zu Recht in einer Tradition der katholischen Kirche, die im 19. und frühen 20. Jahrhundert von einer strikten Ablehnung der Moderne geprägt war. Aus Sicht der Betroffenen, die sich vielfach als »Traditionalisten« bezeichnen, sind nicht sie diejenigen, die von der Römisch-Katholischen Lehre abweichen, sondern es sind der Vatikan und die Amtskirche, die besonders seit dem Zweiten Vatikanischen Konzil die Traditionen der Römisch-Katholischen Kirche verraten hätten.

Bereits 1864 hatte Papst Pius IX. im *Syllabus errorum* (Verzeichnis der Irrtümer) Naturalismus, Rationalismus, Indifferentismus, Sozialismus, Kommunismus, Liberalismus als Verstöße gegen das christliche Sittengesetz verurteilt. Insbesondere in Frankreich, das in der Zweiten Hälfte des 20. Jahrhunderts zum Zentrum des katholischen Fundamentalismus werden sollte, führte die Katholische Kirche im 19. Jahrhundert einen heftigen Kampf gegen das Erbe der Französischen Revolution und damit gegen den kulturellen und politischen Liberalismus und schließlich die aufkommende ArbeiterInnenbewegung. Dabei ist es kein Zufall, dass gerade Frankreich in Europa zu einem Zentrum dieses katholischen Antimodernismus wurde, der weniger »Traditionalismus« im Wortsinn, als vielmehr eine ideologisierte Gegenbewegung zu den stark antiklerikalen Strömungen der Französischen Revolution darstellte. Der französischen Laizismus (*laïcité*), der sich im 19. Jahrhundert als Gegenposition zum politischen und gesellschaftlichen Einfluss der katholischen Kirche etablierte und dann nach dem Zweiten Weltkrieg erstmals in Artikel 1 der französischen Verfassung von 1946 festgeschrieben wurde, war der Gegenpol zum katholischen Antimodernismus, an dem sich katholische Reaktionäre in ganz Europa abarbeiteten.

Seinen Höhepunkt erreichte dieser Kulturkampf mit dem sogenannten Antimodernisteneid, den Papst Pius X. am 1. September 1910 einführte und den Kleriker der Römisch-Katholischen Kirche bis 1967 ablegen mussten. Auf die darin festgehaltene Ablehnung der Moderne und ein damit verbundenes integralistisches

Bild von Staat und Kirche beziehen sich sämtliche Strömungen des katholisch gefärbten fundamentalistischen Extremismus bis heute. Dabei ist die Kritik an der bestehenden Kirche unterschiedlich stark ausgeprägt. Während manche Strömungen ihren Antimodernismus primär als Kritik an der Gesellschaft äußern, formulieren andere Strömungen diesen explizit auch als Kritik an der als »modernistisch« empfundenen bestehenden Führung der Römisch-Katholischen Kirche. Diese Kritik an der bestehenden Kirchenführung setzt zumeist am Zweiten Vatikanischen Konzil an, das wichtige liturgische Reformen, aber auch gesellschaftspolitische Neupositionierungen der Römisch-Katholischen Kirche mit sich brachte, und bezieht sich positiv auf die konservativen Pius-Päpste, die einen Abwehrkampf gegen die Moderne geführt hatten. Das Zweite Vatikanische Konzil bedeutete nicht nur ein Ende der lateinischen Messe und eine Einführung von Gottesdiensten in den jeweiligen Landessprachen, sondern auch eine Akzeptanz des säkularen und demokratischen Staates, der Religionsfreiheit und der Ökumene sowie des interreligiösen Dialoges. Konservative und fundamentalistische KritikerInnen dieser Neupositionierungen, die sowohl im Kirchenvolk als auch im Klerus zu finden waren, sahen darin unerlaubte Modernisierungen und in einigen Fällen sogar den Abfall der offiziellen Kirche vom »wahren katholischen Glauben«. Fast alle dieser Gruppierungen halten auch an einem vor dem Zweiten Vatikanischen Konzil sehr viel weiter verbreiteten religiös begründeten Antisemitismus fest, der Jüdinnen und Juden die Verantwortung für den »Gottesmord« vorwirft.[4]

Im römischen Ritus der Römisch-Katholischen Kirche, der bis in die 1960er-Jahre praktiziert wurde, kam in der Karfreitagsliturgie eine Fürbitte für die Juden vor, bei der als einziger Fürbitte nicht auf die Knie gegangen wurde. Diese lautete: »Oremus et pro perfidis Judaeis, ut Deus et Dominus noster auferat velamen de cordibus eorum, ut et ipsi cognoscant Jesum Christum Dominum nostrum.«[5] Die katholische Kirche betete damit über Jahrhunderte für die »treulosen Juden«, damit »der Herr den Schleier

4   Goldhagen, 2002: 52ff.; Moritz, 2002: 116ff.
5   Fassung im von Pius V. 1570 autorisierten *Missale Romanum*.

von ihren Herzen« wegnehme »auf dass auch sie erkennen unseren Herrn Jesus Christus.«

Erst nach der Shoah wurde diese Fürbitte grundlegend geändert und die These der Verantwortung der Juden für den Gottesmord aufgegeben. Insofern ist ein religiös begründeter Antisemitismus, wie er in katholisch-fundamentalistischen Gruppierungen durchaus in der Logik der Ablehnung der Reformen des Zweiten Vatikanums begründet wird, keine Neuerung, sondern eine Fortschreibung des früheren katholischen Antisemitismus und damit integraler Bestandteil der Ideologie des katholischen Traditionalismus unterschiedlicher Prägung.

Tatsächlich zeigen auch empirische Untersuchungen, dass dieses alte christlich-antisemitische Motiv in vielen katholisch geprägten Ländern, darunter auch Österreich, immer noch sehr viel weiter verbreitet ist, als im vergleichsweise kleinen Spektrum des katholischen Traditionalismus. Zwar stimmen weitgehend parallel zum generellen Bedeutungsverlust der katholischen Kirche bei Umfragen tendenziell immer weniger Menschen der Aussage zu, die Juden hätten den Tod Jesu Christi zu verantworten. Noch 2018 waren es aber immerhin noch 13 Prozent der Befragten in Österreich, was einem Vielfachen der Anhängerschaft des katholischen Traditionalismus entspricht.[6]

Im katholischen Traditionalismus sind diese Motive des christlichen Antisemitismus auch in Publikationen mehr oder weniger explizit nachzuvollziehen. Insbesondere im deutschsprachigen Raum mit seiner nationalsozialistischen Vergangenheit sind hier zwar auch die größeren Strömungen des katholischen Traditionalismus vorsichtiger geworden, allein die Verwendung der Karfreitagsfürbitte für die Juden zeigt aber deutlich, dass der Mythos vom Gottesmord weiterhin präsent ist.

Außerhalb des deutschsprachigen Raums sind diese Gruppierungen teilweise noch expliziter. So spricht etwa eine der extremsten Gruppierungen dieses Spektrums, die Palmarianisch-Katholische Kirche in einer Broschüre von einer »Synagoge Satans«[7] und einer

6   Falter, 2022: 186.
7   Palmarianische Kirche, 201?: 11.

engen Verbindung der Juden zur Freimaurerei, der die Unterwanderung und Zerstörung der Römisch-Katholischen Kirche angedichtet
wird. Ähnliche – wenn auch nicht immer ganz so explizit formulierte Vorstellungen einer engen Verbindung von Freimaurerei und
Judentum zur Zerstörung der Kirche, existieren in vielen Strömungen des katholischen Traditionalismus und dienen als Erklärung
für den attestierten Glaubensabfall der offiziellen Römisch-Katholischen Kirche.

Ein zentraler Kritikpunkt verschiedener traditionalistischer
Strömungen an der offiziellen Römisch-Katholischen Kirchenführung ist auch deren Hinwendung zu einer gewissen religiösen Toleranz im Zuge des Zweiten Vatikanischen Konzils. Die Abkehr vom
alleinigen absoluten Wahrheitsanspruch wird als Verrat an der katholischen Lehre gegeißelt. In den letzten zwei Jahrzehnten rückte
dabei bei vielen Strömungen der Islam in den Mittelpunkt der
Feindschaft, der als zunehmende Bedrohung des Christentums
wahrgenommen wird. Dementsprechend wird jede Dialogbereit-
schaft mit muslimischen Akteuren als Verrat an der einen wahren
Lehre betrachtet. Dem Liberalismus, Sozialismus/Kommunismus,
Modernismus und einer meist jüdisch gedachten Freimaurerei gesellt sich so zunehmend auch der Islam als weiterer Erzfeind des
katholischen Traditionalismus hinzu.

Fundamentalistischer Extremismus protestantischer und evangelikaler Prägung

Aus den Kirchen der Reformation, die sich im Laufe der Jahrhunderte in zahlreiche rivalisierende Kirchen aufgesplittert haben,
sind im 20. Jahrhundert fundamentalistische Strömungen entstanden, die vielfach von den USA ausgingen, allerdings mittlerweile in verschiedenen evangelischen und evangelikalen Kirchen
weltweit zu finden sind. Die Unterscheidung zwischen protes-
tantischen/evangelischen Kirchen auf der einen und evangelikalen Kirchen auf der anderen Seite, ist nicht eindeutig und wird
auch von verschiedenen KirchenhistorikerInnen und TheologIn-
nen unterschiedlich verwendet. Oft haben sich evangelikale Kirchen selbst bis in die zweite Hälfte des 20. Jahrhunderts hinein als
evangelisch begriffen und erst sehr spät den meist von außen an

sie herangetragenen Begriff des evangelikalen übernommen.[8] Dabei stellen Evangelikale eine sehr heterogene Strömung verschiedener Kirchen mit unterschiedlichen Theologien und Praxen dar. Von evangelischen Kirchen unterscheiden sie sich tendenziell durch die Betonung von Mission und Evangelisation, die »Betonung der absoluten Verbindlichkeit der Heiligen Schrift für Lehre und Leben«[9] und die Erwartung »der baldigen Wiederkehr Christi auf Erden, sowohl zum Gericht als auch zur Herrschaft mit den Frommen«[10]. Als evangelikal werden tendenziell eher neuere und fundamentalistische Gruppen bezeichnet, als protestantische oder evangelische Kirchen eher Mainstreamkirchen aus der Reformation. Dies bedeutet allerdings nicht, dass alle evangelikalen Kirchen als fundamentalistisch zu betrachten sind. Verschiedene der im 18. Jahrhundert entstandenen evangelikalen Bewegungen sind aus Mainstreamkirchen der Reformation hervorgegangen, und ihre Beziehung zur Aufklärung ist durchaus widersprüchlich. Zwar wurde die Aufklärung an sich abgelehnt, doch ist die evangelikale Bewegung zugleich als Kind dieser Zeit zu betrachten. Die im 19. Jahrhundert entstandenen Erweckungsbewegungen, die Heiligungsbewegung und die Mitte des Jahrhunderts in London gegründete Weltweite Evangelische Allianz (WEA) wurden schließlich zu Hauptträgern der Evangelikalen Bewegung.[11] Auch wenn einige Strömungen aus diesen Kirchen extremistisch wurden, so kann keineswegs die gesamte evangelikale Bewegung als extremistisch betrachtet werden.

Der Begriff des Fundamentalismus stammt von einer evangelikal-fundamentalistischen Schriftenreihe aus den USA, die zwischen 1910 und 1915 unter dem Titel *The Fundamentals*[12] erschienen ist. Allerdings leisteten nicht nur US-amerikanische, sondern auch britische AutorInnen einen Beitrag zur Entstehung des evangelikalen Fundamentalismus.[13] Teile dieses frühen Fundamentalismus entwickelten sich zu extremistischen Strömungen, die sowohl eigene

8   Vgl. Hinkelmann, 2017: 9 ff.
9   Jung, 1994: 8.
10   Greschat, 2000: 183.
11   Hinkelmann, 2017: 11.
12   Humphreys/Wise, 2004: 26.
13   Treloar, 2013: 15.

Kirchen gründeten, als auch innerhalb verschiedener protestantischer Mainstreamkirchen wirkten. Ein zentrales Element dieser Strömungen bildet der sogenannte Dispensationalismus, eine heilsgeschichtlich orientierte Bibelauslegung, die mit einer starken Endzeiterwartung verknüpft ist. Insbesondere in der ersten Hälfte des 20. Jahrhunderts waren protestantische FundamentalistInnen auch stark antikatholisch ausgerichtet. Während in Europa protestantischer Fundamentalismus nie besonders stark wurde, radikalisierten sich in den USA Teile des evangelikalen Fundamentalismus bis hin zum Terrorismus. Die bekannteste dieser terroristischen Strömungen des protestantischen Fundamentalismus bildet mit Sicherheit der rassistische, antisemitische und antikatholische Ku-Klux-Klan (KKK), der eine Kombination aus rechtsextremem und christlich-fundamentalistischem Gedankengut vertritt und bis heute mehrere Tausend Mitglieder in den USA organisiert. In den 1980er-Jahren entwickelten sich in den USA zudem Gruppierungen, die mit Anschlägen auf Ärzte und Kliniken, die Abtreibungen durchführen, auf sich aufmerksam machten. Die größte dieser Gruppen, die Army of God (AOG), verübte von 1984 bis 1994 über hundert Anschläge auf Kliniken und Arztpraxen.[14]

Extreme und extremistische Strömungen aus dem evangelikalen Bereich gewinnen in den letzten Jahren nicht nur in den USA, sondern auch in Lateinamerika, Asien und Afrika zunehmend an politischem Einfluss. Sie spielten beispielsweise bei der Wahl von US-Präsident Trump, aber auch beim Sturm auf das Kapitol im Jänner 2021[15] oder bei der Wahl des rechtsextremen Präsidenten Jair Messias Bolsonaro in Brasilien[16] eine nicht unwichtige Rolle.

Im Unterschied zu katholischen extremistischen Strömungen sind Fragen der Liturgie im Extremismus evangelikaler Gruppen kaum relevant. Die meisten Bewegungen sind – aufgrund der generell geringeren Bedeutung von Priestern bis hin zur Ablehnung des Priesteramts in den Kirchen der Reformation – nicht klerikal

14 Ross, 2006: 157.
15 Vgl.: https://www.abc.net.au/religion/philip-gorski-white-christian-nationalism/13055050 (14. 6. 2021).
16 Vgl.: https://www.faz.net/aktuell/politik/ausland/brasilien-jair-bolsonaros-pakt-mit-den-evangelikalen-16547623.html (14. 6. 2021).

geprägt, sondern werden überwiegend von Laien oder einzelnen charismatischen Predigern geführt. Viel wichtiger als im katholischen Extremismus ist für extremistische evangelikale Gruppen die wörtliche Bibelauslegung. Man geht davon aus, »dass die Aussagen der Bibel absolut wahr und nicht kritisch in ihrem geschichtlichen Zusammenhang zu betrachten sind«[17].

Weitere Unterschiede zu verschiedenen Strömungen des christlich-fundamentalistischen Extremismus protestantischer und evangelikaler Prägung und dem katholischen Traditionalismus sind die positive Bezugnahme auf Israel und ein ausgeprägter Philozionismus, der zugleich mit einer ausgeprägten Feindschaft gegenüber dem Islam einhergeht. Dies bedeutet nicht, dass nicht auch evangelikale Extremismen antisemitisch sein können, allerdings wird dieser Antisemitismus nicht, wie im katholischen Extremismus, in Form von traditionellen Vorwürfen bezüglich angeblichen »Gottesmordes« Ausdruck verliehen. Vielmehr verstehen sich viele protestantische und evangelikale Christen – auch in den Mainstreamströmungen dieser Kirchen – explizit als Freunde Israels und des Judentums, was auch mit der stärkeren Bedeutung der Bibel – inklusive der hebräischen Bibel (Altes Testament) – in den Kirchen der Reformation zu tun hat. Die »Rückkehr des Volkes Israel« aus der Zerstreuung in das »Heilige Land« wird von vielen dieser Kirchen als Zeichen für die erwartete Wiederkehr Christi gedeutet, an deren Ende die Juden allerdings Christen zu werden hätten.

Die ausgeprägten Sympathien vieler Christen aus den Kirchen der Reformation für Israel im deutschsprachigen Raum nach 1945 muss auch im Kontext der Abgrenzung zum Antisemitismus der »Deutschen Christen«[18] gesehen werden. Der Philozionismus dieser Gruppen verbindet sich meist mit einer extremen Ablehnung des Islam und der MuslimInnen und einer starken Missionsarbeit gegenüber MuslimInnen.

In Staaten mit einem relativ starken Anteil an Christen aus der Tradition der Reformation haben sich einige extremistische Strömungen auch parteipolitisch organisiert. So wurde zum Bei-

17   Lambrecht/Baars, 2009: 14.
18   Vgl. Maier 2001.

spiel in Deutschland 1989 die Partei Bibeltreuer Christen (PBC) gegründet, die 2015 mit der Partei für Arbeit, Umwelt und Familie (AUF) und den Christen für Deutschland zu *Bündnis C – Christen für Deutschland* fusionierte.

Die PBC und ihre Nachfolgeorganisation Bündnis C solidarisieren sich explizit mit Israel und betrachten Jerusalem als Hauptstadt des jüdischen Staates. Sie sehen im »islamischen Antijudaismus« den zentralen Grund für den israelisch-arabischen Konflikt, der religiös gedeutet und überhöht wird. So heißt es etwa in einer Publikation der PBC: »Die Israeliten entheiligten Gottes Land, indem sie ›Palästinenser‹ darin wohnen ließen«.[19] Eine »Ausrottung der Kanaaniter«, der vorisraelitischen BewohnerInnen der Region, »hätte den heutigen Konflikt zwischen Israel und dem Islam verhindert, zumal der Genozid dem ›Gazastreifen [als] eiternde Wunde‹ Israels vorgebeugt hätte«.[20]

Christlicher Extremismus orthodoxer Prägung

Da die orthodoxen Kirchen in besonderer Weise von der kirchlichen Hierarchie und einem starken Mönchstum geprägt sind, sind es auch zumeist deren fundamentalistische und extremistische Strömungen. Orthodoxer Fundamentalismus richtet sich sowohl gegen jede Form der Ökumene und großteils auch gegen jegliche Reformen, insbesondere im rituellen Bereich. Der Anti-Ökumenismus, der vor allem von Russisch-Orthodoxen Mönchen ausging und zu einer grundlegenden Eigenschaft des christlich-orthodoxen Fundamentalismus wurde, war gemeinsam mit antimodernistischen und antiwestlichen Positionen in fundamentalistischen Strömungen orthodoxer Kirchen weit verbreitet.[21]

Gesellschaftspolitisch richten sich orthodoxe Fundamentalismen gegen Homosexualität, Frauenrechte sowie in bestimmten Regionen auch gegen die Mitgliedschaft ihrer Staaten in der Europäischen Union. Viele ihrer Anhänger sind stark antisemitisch und

19 Kühn, 2016: 93.
20 Ebd.
21 Stoeckl, Kristina. 2018: »Ökumene 2.0 – zwischen Ökumene und Anti-Ökumene«, in: Religion und Gesellschaft in Ost & West 10/2018, 5f.: 5.

verfolgen unterschiedlichste Verschwörungstheorien. Im Kontext der Covid-19-Krise richteten sich orthodoxe FundamentalistInnen auch gegen mögliche Impfungen. So besetzten etwa im Juni 2020 fundamentalistische Mönche um den antisemitischen Stalin-Verehrer Sergiy Romanov ein Frauenkloster in der Kleinstadt Sredneuralsk. Sergiy Romanov begründete seine Rebellion mit kruder antisemitischer Verschwörungstheorie, die Putin als Antichristen sah und sich gegen die Sicherheitsvorkehrungen der offiziellen Russisch-Orthodoxen Kirche im Zusammenhang mit Covid-19 auflehnte.

Fundamentalistische Strömungen innerhalb dieser Kirchen sind meist eng mit nationalistischen Strömungen in den jeweiligen Herkunftsländern verbunden, weshalb insbesondere bei christlich-orthodoxem Extremismus die Übergänge zu nationalistischen Extremismen verwischen. Dies liegt bis zu einem bestimmten Grad in der organisatorischen DNA der orthodoxen Kirchen, die immer als Nationalkirchen organisiert sind.

Überall dort, wo sie die Mehrheitskirche sind, sind die Nationalkirchen schließlich auch historisch eng mit der Staatsmacht verbunden. Der ökumenische Patriarch von Konstantinopel ist nur *primus inter pares*, also erster unter Gleichen, kein absolutistischer Herrscher, wie der Römisch-Katholische Papst. Dies hat Vor- und Nachteile. Es bedeutet auf der einen Seite eine größere Autonomie der jeweiligen Kirchen, auf der anderen eine enge Bindung an die politische Herrschaft des jeweiligen Staates. Die Zugehörigkeit zu einer bestimmten orthodoxen Kirche wird daher in politischen Umbruchszeiten immer wieder problematisiert. Mit der Entstehung neuer Nationalstaaten, beispielsweise nach dem Zusammenbruch der Sowjetunion oder Jugoslawiens, stellt sich immer wieder die Frage, ob die neuen Nationalstaaten eigene, selbstständige Nationalkirchen erhalten sollen. Die *Autokephalie*, wie diese kirchenrechtliche Selbstständigkeit in der Orthodoxie auf Griechisch bezeichnet wird, war immer wieder Gegenstand politischer Auseinandersetzungen. Während sich die Mutterkirchen – im konkreten Fall die Serbisch-Orthodoxe und die Russisch-Orthodoxe Kirche – gegen die Autokephalie einer Montenegrinisch-Orthodoxen oder einer Ukrainisch-Orthodoxen Kirche wehrten, versuchten neue Nationalstaaten immer wieder die Entstehung eigener Nationalkirchen zu fördern. Im Falle der Ukraine gelang es einem Zusammenschluss zweier bis dahin nicht vom ökumenischen Patriarchat anerkannter Kirchen, der *Ukrainisch-Orthodoxen Kirche Kiewer Patriarchats* und der *Ukrainischen Autokephalen Orthodoxen Kirche*, am 6. Jänner 2019 die Anerkennung ihrer Autokephalie durch den ökumenischen Patriarchen in Konstantinopel zu erhalten, was wiederum zu einer Trennung der Russisch-Orthodoxen Kirche vom ökumenischen Patriarchen führte. Die von Dositej Stojković 1967 einseitig als autokephal erklärte Mazedonisch-Orthodoxe Kirche und die 1993 gegründete Montenegrinisch-Orthodoxe Kirche unter Erzbischof Mihailo (Miraš) Dedeić mit Sitz in der früheren Hauptstad Cetinje, wurden hingegen bis heute nicht vom ökumenischen Patriarchen als autokephal anerkannt. Diese Fälle zeigen auf, wie eng die Organisation orthodoxer Kirchen mit (National-)Staatlichkeit verbunden ist und wie politisch deshalb die Organisation orthodoxer Kirchen ist.

Deutlich wurde dies zuletzt auch 2022 beim russischen Angriff auf die Ukraine, als sich der Russisch-Orthodoxe Patriarch Kyrill I. hinter die Politik des russischen Präsidenten Wladimir Putin stellte und damit die verbliebenen Geistlichen der Ukrainisch-Orthodoxen Kirche des Moskauer Patriarchats – also des ukrainischen Zweigs der Russisch-Orthodoxen Kirche – verärgerte. Sofort nach Kriegsbeginn forderte hingegen Onufrij, der Metropolit von Kiew, den Bruderkrieg zwischen dem ukrainischen und dem russischen Volk unverzüglich zu beenden. In der Folge lagen Kyrill I. und sein Metropolit in Kiew im Streit, und die ukrainischen Diözesen nannten den Patriarchen von Moskau nicht mehr in ihren Gottesdiensten. Trotzdem steigerte sich in der Folge der Druck der ukrainischen Regierung auf die Kirche völlig mit dem Moskauer Patriarchat zu brechen. Kyrill I. blieb Putin auch im September 2022 treu, als dieser eine Teilmobilisierung der Armee verkündete, die Reservisten mit einschloss. Während Zehntausende Wehrpflichtige versuchten, über Finnland, Georgien, die Türkei oder Kasachstan zu fliehen, um sich dem Kampfeinsatz in der Ukraine zu entziehen, versprach der Patriarch von Moskau den Soldaten, die im Krieg gegen die Ukraine fallen würden, die Vergebung all ihrer Sünden.

In einem Gottesdienst verglich der Patriarch das Sterben der Soldaten »bei der Erfüllung der militärischen Pflichten« mit der Opferung von Gottes Sohn Jesus Christus.[22]

Bei den Auseinandersetzungen innerhalb der Orthodoxie geht es eher um Nationalismus und Nationalstaatlichkeit denn um Fundamentalismus. Aufhorchen ließ jedoch, dass der Russisch-Orthodoxe Patriarch Kyrill I. seine Unterstützung Putins auch kulturkämpferisch in einer Sonntagspredigt damit begründete, dass die Bevölkerung des Donbass Gay-Pride-Demonstrationen ablehne.[23] Die Ablehnung der kulturellen Moderne spielt seit Beginn des Krieges zwischen Russland und der Ukraine eine wichtige Rolle in der russischen Propaganda, womit auch die Rolle einer zunehmend fundamentalistisch interpretierten Orthodoxie immer wichtiger wird, die ihr Schicksal eng mit dem Regime Putins verknüpft.

In Österreich ist religiöser Fundamentalismus besonders in der Serbisch-Orthodoxen Kirche vertreten und mit einem stark antimuslimisch ausgeprägten Nationalismus verknüpft; insofern ist er nicht vom serbischen Nationalismus zu trennen. Auch wenn es lange eine enge Verbindung zwischen Nationalismus und orthodoxem Fundamentalismus gab, werden die extremen fundamentalistischen Auswüchse innerhalb der Serbisch-Orthodoxen Kirche heute nicht mehr von der offiziellen Kirche unterstützt. 2015 wurde der ehemalige Bischof der Serbisch-Orthodoxen Eparchie Raszien-Prizren, Artemije Radosavljević, der bereits 2010 wegen Veruntreuung hoher finanzieller Summen als Bischof abgesetzt worden war, wegen seiner fundamentalistischen Positionen aus der Serbisch-Orthodoxen Kirche ausgeschlossen. Radosavljević, der zwar religiös-fundamentalistische Positionen vertrat, allerdings in seiner Amtszeit als Bischof phasenweise weniger nationalistisch auftrat, als die eng mit dem Milošević-Regime verbündete Amtskirche und immer wieder prodemokratische Positionen vertrat, organisierte nach seiner Absetzung als Bischof eine fundamentalistische Gegenkirche, die allerdings in Österreich genauso wenig organisierte

22 Vgl. https://religion.orf.at/stories/3215269 (29.9.2022).
23 Vgl. z. B. https://www.br.de/nachrichten/kultur/russischer-patriarch-schwulen-paraden-grund-fuer-ukraine-krieg,SzOShXa (20.3.2022).

Anhänger besitzt, wie das wohl bekannteste Beispiel einer ortho-dox-fundamentalistischen Rebellion, die Mönchsgemeinschaft im Kloster Esphigmenou auf dem Berg Athos. Auch diese Gemein-schaft, die jahrelang an ihrem Kloster Transparente mit dem Spruch »Orthodoxie oder Tod!« angebracht hatte und mehrmals in gewalt-same Auseinandersetzungen mit anderen Klöstern verwickelt war, wird aufgrund ihrer strikten Ablehnung jeglicher Ökumene seit 2002 vom Ökumenischen Patriarchat als schismatisch betrachtet,[24] konnte aber mit ihrem Slogan auch außerhalb des Athos, etwa in Russland, einen gewissen Bekanntheitsgrad erlangen.[25]

Christlicher Extremismus altorientalischer Prägung

Auch in einigen altorientalischen christlichen Kirchen, die sich schon nach dem Konzil von Ephesos (431 n. Chr.) oder nach dem Konzil von Chalcedon (451 n. Chr.) von der römischen Reichskirche getrennt hatten und damit nicht zu den orthodoxen Kirchen des ökumenischen Patriarchats von Konstantinopel zählen, gibt es ex-tremistische Strömungen, wobei diese oft in der Diaspora stärker ausgebildet sind als in den Herkunftsländern und sich vor allem als antiislamisch positionieren. Dies hat einerseits mit realen Diskrimi-nierungs- und Verfolgungserfahrungen in vielen islamisch geprägten Gesellschaften mit christlichen Minderheiten zu tun, andererseits aber auch mit der Enttäuschung, in einem vermeintlich christlich geprägten Europa auf weitgehend säkularisierte Gesellschaften zu treffen, die nahöstliche Christen nicht primär als »christliche Ge-schwister« willkommen heißen, sondern als MigrantInnen dis-kriminieren. Solche extremistischen Strömungen altorientalischer Kirchen finden sich besonders in der koptischen Kirche, der rund zehn Prozent der ägyptischen Bevölkerung angehören. Extremis-tische Kopten betrachten sich zudem als die wahren Ägypter, die

24 Die diesbezügliche Entscheidung von Patriarch Bartholomäus vom 14. Dezember 2002 ist in englischer Übersetzung online zugänglich: http://esphigmenou.com/text%20documents/Bartholomew%20excom munication%20and%20eviction%20letter.htm (20. 3. 2003). Das griechi-sche Original findet sich hier: http://esphigmenou.com/Bartholomew/ Bartholomew%20Schism%20Letter%20Greek.PDF.
25 Engström, 2015: 68 ff.

von arabischen Invasoren verdrängt wurden. Insofern vermischt sich hier religiöser und nationalistischer Extremismus. Extremistische Strömungen sind in der koptischen Kirche allerdings wesentlich stärker in der Diaspora vertreten als in Ägypten selbst. Während positive Alltagsbegegnungen mit Muslimen in Ägypten zu einem differenzierteren Bild über Muslime beitragen, ist es in der Diaspora oft sogar von Vorteil, sich besonders stark vom Islam abzugrenzen. Islamfeindliche koptische Funktionäre und Priester erhalten in Australien, den USA und Europa Zustimmung von anderen islamfeindlichen Gruppen aus dem katholischen, evangelikalen oder auch rechtsextremen Bereich, während solche Positionen in islamisch dominierten Ländern keine Öffentlichkeit erreichen und für deren Proponenten auch gefährlich werden könnten. Von Kopten und Koptinnen in Ägypten werden extremistische Diasporagruppen oft mit großer Skepsis als Störenfriede betrachtet. Umgekehrt befeuern islamistische Extremismen und insbesondere terroristische Angriffe auf Christen und christliche Kirchen wiederum den koptischen Extremismus in der Diaspora. Zentrum dieses vor allem gegen den Islam gerichteten koptischen Extremismus ist die koptische Diaspora in den USA, wo koptisch-extremistische Aktivisten wie Joseph Nasralla Abdelmasih, der 2012 mit dem gegen den Propheten Muhammed gerichteten Film *Innocence of Muslims* weltweit für Proteste und Unruhen sorgte, eng mit der US-amerikanischen christlichen extremen Rechten kooperieren.

Auch in der koptischen Gemeinde in Wien gibt es einige besonders lautstarke Mitglieder, die mit solchen Positionen in die Öffentlichkeit treten. Auf Veranstaltungen zu Islam-Themen tauchen schon seit den frühen 2000er-Jahren immer wieder einzelne Kopten auf, die mit der Attitüde, den Islam aus Ägypten zu kennen, islamfeindliche Stellungnahmen abgeben. 2010 versuchte der ursprünglich aus der ÖVP kommende, sich jedoch zunehmend der FPÖ annähernde Wiener Akademikerbund, der gelegentlich mit extremistischen koptischen Kreisen kooperiert, den extremistischen koptischen Priester Zakaria Botros zu einem Vortrag nach Wien einzuladen. Der im selben Jahr aus der ÖVP ausgetretene Akademikerbund sagte die geplante Veranstaltung schließlich wegen angeblicher »islamischen Drohungen« ab und attackierte in einer gemeinsamen

Erklärung mit der rechten »Bürgerrechtsbewegung Pax Europa« und der »Gemeinschaft Orientalischer Christen« den »falschen Pfad der interreligiösen Gleichheitsmanie«, der dazu führe, dass solche Veranstaltungen in »einem angeblich freien Land wie Österreich« nicht mehr stattfinden könnten.[26] Diese Erklärung wurde sowohl von rechtsextremen Blogs, wie dem von Edward S. May 2003 gegründeten »Gates of Vienna«[27], als auch von koptischen Seiten[28] auf Englisch weiterverbreitet. Botros, der vor allem durch seine antiislamischen Fernsehshows auf dem evangelikalen Fernsehsender Al Hayat TV bekannt wurde, dort aber 2010 hinausgeworfen worden war, eröffnete schließlich mit AlFady TV einen eigenen Internetkanal und spielte auch in den folgenden Jahren eine wichtige Rolle in antiislamischen Kreisen, insbesondere in den USA.

26   Vgl.: http://www.coptsunited.com/Details.php?I=172&A=1326 (18.2.2023).

27   Siehe: http://gatesofvienna.blogspot.com/2010/05/threatened-into-silence.html (18.2.2023).

28   Vgl.: http://www.coptsunited.com/Details.php?I=172&A=1326 (18.2.2023).

Katholischer Traditionalismus als globale Strömung

Der katholische Traditionalismus ist im Wesentlichen eine Selbstbezeichnung jener Gruppierungen, die der heutigen Römisch-Katholischen Kirche vorwerfen, vom wahren Glauben abgefallen zu sein, und die eine Wiederherstellung der Katholischen Kirche vor dem Zweiten Vatikanischen Konzil anstreben.

Die verschiedenen, untereinander oft zerstrittenen Gruppierungen des katholischen Traditionalismus unterscheiden sich teilweise in ihrer Sicht auf die (Il-)Legitimität der derzeitigen Führung der Römisch-Katholischen Kirche. Dabei existieren traditionalistische Gemeinschaften innerhalb der Kirche, die auch vom Vatikan anerkannt werden, wie beispielsweise die Petrusbruderschaft oder die Una-Voce-Bewegung, Gruppierungen am Rande der Katholischen Kirche, wie die Piusbruderschaft, und solche, die dem Papst und der aktuellen Führung der Katholischen Kirche jegliche Legitimität absprechen, bis hin zu Gruppierungen, die ihren eigenen Gegenpapst »wählten«.

Jene Gruppierungen, die den Stuhl Petri, also den Papstthron, für vakant halten, werden auch als Sedisvakantisten bezeichnet, eine Zwischenform, die zwar den Stuhl Petri nicht für vakant, allerdings für zu Unrecht usurpiert halten, bezeichnen sich als Sedisprivationisten. Jene Gruppierungen, die wiederum in einem selbstorganisierten Konklave einen neuen Papst wählen, werden als Konklavisten bezeichnet.

Einig sind sich diese Gruppierungen aber weitgehend in ihrem Welt- und Menschenbild. Sie streben nicht nur eine Rückkehr zur Katholischen Kirche vor den Reformen der 1960er-Jahre an, sondern auch eine Wiederherstellung der Einheit von Kirche, Staat und Gesellschaft. Diese rückwärtsgewandte Utopie, die teilweise an salafitische Strömungen innerhalb des Islams erinnert, ist damit per se auch politisch bedeutsam. Ähnlich wie bei salafitischen Strömungen des Islams gibt es aber auch unter katholischen TraditionalistInnen Gruppierungen, die sehr abgeschlossen für sich leben und in einer realistischen Einschätzung ihrer eigenen Bedeutung kaum versuchen, Einfluss auf die Politik zu nehmen. Diese Gruppierungen ziehen sich eher von der Gesellschaft zurück und leben einen lebensweltlich orientierten Traditionalismus, der in der Praxis eine Abwendung von der Welt und einen sektenhaften Rückzug in die eigene Gruppe mit sich bringt. Bei einigen größeren Gruppierungen sind allerdings sehr wohl auch Versuche politischer Einflussnahme und Bündnisse mit der politischen Rechten zu beobachten. Vor allem in Frankreich, wo es in Abwehr der Werte der Französischen Revolution und des Laizismus eine lange Tradition des katholischen Integralismus gibt, ist dieses Bündnis von extremer Rechter und katholischem Traditionalismus sehr deutlich. In Mitteleuropa gibt es oft stärkere Überschneidungen mit monarchistischen Kreisen.

Dabei sind nicht alle Strömungen des katholischen Traditionalismus im selben Maße auf das Zweite Vatikanische Konzil fixiert. Auch wenn ihnen eine in ihren Grundzügen übereinstimmende Kritik an Gesellschaft, Politik und dem, was sie als »modernistische« Kirche begreifen, gemeinsam ist, so gibt es durchaus unterschiedliche Abstufungen und Fokusse. Während viele der Gruppierungen im Kern Priesterbruderschaften sind, die durchaus intellektuell ausführliche Kritiken der gegenwärtigen Katholischen Kirche formulieren, kommen andere Strömungen, wie zum Beispiel das Engelwerk, eher aus volksreligiösen Traditionen, die zwar eine Praxis des Antimodernismus und Traditionalismus pflegen, sich aber weniger als intellektuell-theologische KritikerInnen des Zweiten Vatikanischen Konzils positionieren, sondern heterodox-esoterische Vorstellungen aus Privatoffenbarungen in ihren Traditionalismus integrieren. Privatoffenbarungen, denen die meisten traditionalistischen Priesterbruderschaften eher ablehnend gegenüberstehen, bilden bei einigen Gruppierungen wiederum geradezu den Kern ihrer Lehre. Insbesondere Marienerscheinungen (die von der Amtskirche nicht anerkannt werden) bilden für manche den Kern ihrer Daseinsberechtigung, da in diesen Fällen gewissermaßen Maria persönlich die Lehre der Amtskirche überschreibt beziehungsweise durch ihre Nichtanerkennung die vermeintliche Legitimation gibt, sich in den Widerstand zur Amtskirche zu begeben.

Die bedeutendste Strömung der traditionalistischen Priesterbruderschaften, die sich gegen die derzeitige Führung der Römisch-Katholischen Kirche und gegen die Reformen des Zweiten Vatikanischen Konzils richten, stellt mit Sicherheit die Priesterbruderschaft St. Pius X. dar, die weltweit größte katholisch-fundamentalistische Organisation. 1970 gründete der Römisch-Katholische Erzbischof Marcel François Marie Joseph Lefebvre, der sich als scharfer Kritiker des Zweiten Vatikanischen Konzils (1962–1965) hervorgetan hatte, mit der Priesterbruderschaft St. Pius X. eine ultratraditionalistische Priesterbruderschaft innerhalb der Katholischen Kirche, die sich gegen die theologischen und liturgischen Reformen des Konzils richtete und die vorkonziliare lateinische Liturgie weiter praktizierte. Die neu gegründete Priesterbruderschaft, die sich um ein traditionalistisches Priesterseminar im Schweizer Weiler Ecône entwickelte, verlor nach langem innerkirchlichem Tauziehen 1975 ihre kirchliche Anerkennung, führte aber ihre Arbeit fort, da Lefebvre die Aufhebung für ungültig erachtete. 1976 wurde Lefebvre wegen Priesterweihen ohne kirchliche Genehmigung von Papst Paul VI. suspendiert, 1988 zog er sich wegen unerlaubter Bischofsweihen die Tatstrafe der Exkommunikation zu. Der vom Papst als »schismatisch« beurteilte Akt[29] führte dazu, dass sich ein Teil der Priester der Piusbruderschaft wieder von dieser trennte und anschließend vom Vatikan als traditionalistische konzilskritische Priesterbruderschaft, die jedoch weiterhin papsttreu ist, anerkannt wurde. Die Anerkennung dieser als Petrusbruderschaft gegründeten Klerikergemeinschaft des apostolischen Lebens päpstlichen Rechts basierte nicht auf einer Anerkennung der Reformen des Zweiten Vatikanischen Konzils, sondern auf einer am 5. Mai 1988 zunächst von Lefebvre unterzeichneten, dann aber wieder zurückgezogenen Erklärung, wonach sich »hinsichtlich gewisser, vom II. Vatikanischen Konzil gelehrter Punkte oder gewisser nach dem Konzil erfolgter Reformen der Liturgie und des Kultes, die uns mit der Tradition

29 Hünermann, 2009: 30.

schwer vereinbar erscheinen«, die Bruderschaft verpflichte, »eine positive Haltung des Prüfens und des Austausches mit dem Heiligen Stuhl einzunehmen und jede Polemik zu vermeiden«[30].

Der Unterschied zwischen der Petrus- und der Piusbruderschaft besteht also nicht in der Kritik der Beschlüsse des Konzils, der folgenden Reformen, wie etwa der Sicht auf andere Religionen oder auf das Verhältnis von Staat und Religion, sondern lediglich in der Frage der Legitimität der Bischofsweihen Lefebvres bzw. der Beurteilung dieser als schismatischem Akt durch den Vatikan.

Beide anerkennen übrigens auch den Papst als grundsätzlich legitim an und gehören zu jenen Strömungen des katholischen Traditionalismus die sich auf jene Formel des »Recognize and Resist« (R&R) beziehen, die Marcel Lefebvre als seine Beziehung zum Papst formuliert hatte. Der Papst wird also anerkannt, zugleich wird bestimmten Entscheidungen des Papstes und Teilen der Beschlüsse des Zweiten Vatikanischen Konzils Widerstand entgegengesetzt, eine Logik, die sich allerdings gerade mit dem traditionalistischen Verständnis der Rolle von Kirche und Papst immer wieder spießt.

Beide Priesterbruderschaften, aber auch kleinere katholisch-traditionalistische Gemeinschaften, sind von einer stark überhöhten Sakralisierung des Priestertums geprägt, das der Person des Priesters eine Bedeutung gibt, die er in der Römisch-Katholischen Kirche zumindest seit dem Zweiten Vatikanischen Konzil nicht mehr hatte. So wird etwa der Priester als direkte – auch körperliche – Verbindung zu Jesus Christus gesehen, was den Priestern eine besondere Machtstellung gegenüber den Laien ermöglicht.

Auch wenn heute beide Priesterbruderschaften als Rivalen auftreten, so haben sie doch ideologisch und strukturell sehr viel gemein. Nicht nur die Petrusbrüder, sondern auch die Piusbrüder sehen sich selbst weiterhin als Teil der Römisch-Katholischen Kirche. Der Exkommunikation Lefebvres unter Papst Johannes Paul II. folgte keine völlige Abspaltung der Priesterbruderschaft von der Römisch-Katholischen Kirche. Die geweihten Priester und Bischöfe gelten aus römisch-katholischer Sicht weiterhin als gültig geweiht,

30   Hünermann, 2009: 27.

allerdings galt Lefebvre selbst mit den ohne Erlaubnis geweihten Bischöfen als exkommuniziert. Die Piusbruderschaft selbst sah sich jedoch immer als papsttreu und agierte nicht, wie extremere Strömungen als Sedisvakantisten[31], betrachtete das Papstamt also nicht als vakant. Lefebvre selbst versuchte sein Leben lang nicht als Schismatiker zu gelten, sondern sah vielmehr in den Vertretern der nachkonziliaren Erneuerung Schismatiker.

Diese sedisvakantistischen Strömungen gehen davon aus, dass es derzeit keinen gültig gewählten Papst gibt, und anerkennen keinerlei Entscheidungen der offiziellen Römisch-Katholischen Kirche. Einige dieser sedisvakantistischen Gruppen gingen noch einen Schritt weiter und sahen den Stuhl Petri nicht nur als vakant an, sondern wählten in der Folge einen Gegenpapst. Diese als Konklavismus bezeichnete Strömung ist nicht mehr im eigentlichen Sinn sedisvakantistisch, da diese nach der Wahl eines Papstes davon ausgehen, wieder einen rechtmäßigen Papst (aus Sicht der Römisch-Katholischen Kirche einen Gegenpapst) zu haben.[32]

31 Der Sedisvakantismus geht davon aus, dass der Papst (meist durch das Zweite Vatikanische Konzil) vom Glauben abgefallen und dadurch kein rechtmäßiger Papst sei, wodurch der Stuhl Petri vakant bleibe. Zu den wichtigsten Vordenkern dieser Strömung zählt der mexikanische Jesuit Joaquín Sáenz y Arriaga, der bereits 1972 exkommuniziert wurde und vor allem den Sedisvakantismus auf dem amerikanischen Kontinent stark beeinflusste. In Europa entwickelten sich sedisvakantistische Gruppen meist durch Abspaltungen aus der Priesterbruderschaft St. Pius X.

32 Zu diesen meist sehr kleinen Kirchen, die sich selbst jeweils als die einzig wahre Katholische Kirche in der Nachfolge der historischen Päpste sehen, zählen die in den 1970er-Jahren in Spanien entstandene Palmarianisch-Katholische Kirche, die True Catholic Church mit dem 2009 verstorbenen, als Papst Pius XIII. auftretenden Lucian Pulvermacher in den USA oder die Gruppe um den 1994 zum Papst Linus II. »gewählten« Südafrikaner Viktor von Pentz, wobei in Österreich nur die Palmarianisch-Katholische Kirche vertreten ist. Da diese Kirche unter ihrem derzeitigen Papst Petrus III. eine sehr weit von der Katholischen Kirche abweichende Sonderentwicklung durchgemacht hat, handelt es sich allerdings auch bei dieser um eine abgeschlossene kleine Gemeinschaft, die mittlerweile kaum noch über Außenkontakte verfügt. Eine ähnliche Tendenz ist weltweit auch bei Anhängern konklavistischer Gruppen zu beobachten.

Die meisten dieser sehr kleinen Gruppen verfügen aber nur über eine oder sehr wenige kleine Gemeinden. Im Gegensatz zur *Palmarianisch-Katholischen Kirche* wählten bisher alle anderen Gruppen immer nur jeweils einen Papst und erlöschen mit dessen Hinscheiden oder spalten sich erneut in noch kleinere Kleinstgruppen.

Sowohl die Kritik der Piusbruderschaft als auch die der verschiedenen kleineren katholisch-fundamentalistischen, sedisvakantistischen und konklavistischen Gruppen am Zweiten Vatikanischen Konzil umfassen neben liturgischen und theologischen Fragen auch Punkte, in denen die offizielle Römisch-Katholische Kirche einem modernen Verständnis von Demokratie, Religionsfreiheit, Säkularismus und Rechtsstaatlichkeit entspricht. Religionsfreiheit wird von diesen Gruppierungen ebenso abgelehnt wie die Gleichstellung der Geschlechter, das Recht auf Verhütung oder Homosexualität. Insbesondere die traditionell-patriarchale Geschlechterordnung, die durch queere und Transgender-Personen infrage gestellt wird, gilt es aus Sicht dieser Organisationen zu verteidigen. Queerer Feminismus, Homosexualität, Bisexualität oder Transsexualität werden als »unnatürlich« und im Widerspruch zur christlichen Ordnung gesehen. Gruppierungen, die die Grenzen einer strikt binären Geschlechterordnung aufweichen, werden zu Feindbildern erklärt. Somit bildet etwa die jährliche Regenbogenparade in Wien ebenso einen Angriffspunkt für die Szene wie zuletzt eine am 16. April 2023 durchgeführte Kinderbuchlesung durch die Dragqueen Candy Licious in der Türkis-Rosa-Lila-Villa in Wien.

Beispielsweise wirft der Distriktobere der Piusbruderschaft, Pater Stefan Frey, in der Dezember-Ausgabe des Mitteilungsblattes seiner Organisation den Menschen vor, sie seien »vom Wahn besessen, aus eigener Kraft ›den Planeten retten‹ und eine bessere, ›gegenderte‹ und genmanipulierte Menschheit schaffen zu können«.[33] Ganz ähnlich argumentiert auch die Petrusbruderschaft in einem in deren Kirchen gratis verteilten Büchlein zur »Logik der Liebe«, die zur Erziehung zu »eine[r] klare[n] männlich-väterliche[n] und

---

33 Frey, Stefan: Der große Weltadvent. Mitteilungsblatt der Priesterbruderschaft St. Pius X., Nr. 515, Dezember 2021, S. 10.

fraulich-mütterliche[n] Identität«[34] aufruft. Dementsprechend sei der Mann das Haupt der Familie.[35]

In Berufung auf Genesis 19, 5 und Römer 1, 26 bis 32 wird gegen jede »gleichgeschlechtliche Unzucht«, die eine »Sünde contra naturam«[36] sei, angeschrieben. Menschen, »die unter verkehrten Neigungen leiden und um Keuschheit ringen«, sollte zwar Achtung und Mitgefühl entgegengebracht werden: »Wo die Sünde als solche aber um Anerkennung wirbt und Paraden feiert, liefert sie den klaren Beweis dafür, dass das Gegenteil von Tugend weder schön noch edel sein kann.«[37] Anhänger des gesamten Spektrums demonstrieren jedes Jahr gegen die Pride-Parade in Wien. Auf der katholisch-extremistischen Gegenkundgebung gegen die Pride am 19. Juni 2021 rief der Distriktobere der Piusbruderschaft, Pater Frey, zu einer »ecclesia militans« auf: »Jeder Christ« sei verpflichtet, »zu kämpfen für unseren Herrn Jesus Christus, sein ewiges Gesetz und sein Reich, und zwar bis zur Hingabe seines Lebens.« Zum Bedauern Freys wolle man aber »von offizieller Seite her [...] in Frieden leben, mit allen, auch mit den Feinden Christi«.[38]

Dabei wird von den verschiedenen Strömungen des katholisch-fundamentalistischen Extremismus nicht nur Homosexualität bekämpft, sondern jegliche Sexualität und Erotik außerhalb einer heterosexuellen katholischen Ehe. Im »Kleinen Katechismus« der Petrusbruderschaft, wird zum neunten Gebot (»Du sollst nicht Unkeuschheit treiben«) erläutert: »Wer keusch bleiben will, muss vor allem schamhaft sein. Gott will, dass wir unseren Leib bedeckt halten und unsere Augen beherrscht.«[39] Schamhaftigkeit wird damit zu einer zentralen Tugend. Kleidung soll nicht zu aufreizend sein, FKK ist ebenso verboten wie Selbstbefriedigung oder jegliche Form

---

34   Ramm, 2017: 201.
35   Ebd.: 274.
36   Ebd.: 201.
37   Ebd.
38   Siehe: https://www.doew.at/erkennen/rechtsextremismus/neues-von-ganz-rechts/archiv/juni-2021/religioese-extremisten-demonstrieren-im-zentrum-wiens (1.12.2021).
39   Ramm, 2019: 51.

der Verhütung. Selbst vor »Mischehen« mit Angehörigen anderer christlicher Konfessionen wird abgeraten.[40]

Kein absolutes Verbot existiert hingegen für körperliche Züchtigung von Kindern. In einer Publikation der Petrusbrüder heißt es dazu: »Auf körperliche Züchtigungen sollte man eher ganz verzichten. Dabei ist auch zu bedenken, dass auf diese Weise schnell einmal ein Konflikt mit Behörden entstehen kann, den man eigentlich so ganz und gar nicht will und der sehr unangenehme Folgen haben kann.«[41] Das staatliche Verbot von Gewalt gegen Kinder verhindert hier also wohl Schlimmeres. Im Zusammenhang mit einer 2010 geschlossenen Internatsschule der Piusbruderschaft im Saarland kam es jedenfalls mehrmals zu Berichten über körperliche Züchtigungen von Zöglingen.[42]

Alle diese Gruppierungen beanspruchen, eine allein selig machende Wahrheit zu vertreten, und folgen einem strikt manichäischen Weltbild kultureller oder religiös beziehungsweise politisch begründeter Ungleichheit: Sie lehnen Individualismus ab und gehen von Religionen statt vonIndividuen als Träger von Rechten aus.

Auch der von der offiziellen Römisch-Katholischen Kirche mittlerweile abgelehnte christliche Antisemitismus gehört weiterhin zu den zentralen Inhalten des katholischen Traditionalismus, allen voran in der Piusbruderschaft. Franz Schmidberger, der Regens des Priesterseminars Herz Jesu, das im deutschsprachigen Raum den Priesternachwuchs der Priesterbruderschaft ausbildet, erklärte öffentlich, »die Juden unserer Tage« seien »nicht nur nicht unsere älteren Brüder im Glauben …; sie sind vielmehr des Gottesmordes mitschuldig, so lange sie sich nicht durch das Bekenntnis der Gottheit Christi und die Taufe von der Schuld ihrer Vorväter distanzieren.«[43] Damit wird der vorkonziliare Vorwurf des »Gottesmordes« wiederholt, der einen der Ursprünge der Vorstellung von der Allmächtigkeit der Juden darstellt, wie wir ihn auch im modernen Antisemitismus finden.

40 Ramm, 2017: 194.
41 Ebd.: 158.
42 Vgl. https://taz.de/Nach-Schul-Kontrolle/!5143683 (1. 12. 2021).
43 Fürlinger, 2009: 148.

Der Antisemitismus dieser Strömungen ist allerdings primär religiös und nicht rassisch bedingt. Juden und Jüdinnen sollen nicht vernichtet, sondern zum »wahren Glauben« bekehrt werden. Auch allgemein ist der Rassismus nicht ausgeprägter als in anderen Teilen der Gesellschaft. Die Messen der Piusbrüder, Petrusbrüder oder anderer katholisch-fundamentalistischer Strömungen werden durchaus auch von Gläubigen mit sichtbarem Migrationshintergrund besucht, die teilweise auch als Ministranten in der Messe aktiv eingesetzt werden.[44]

Insbesondere in Frankreich existiert jedoch ein Naheverhältnis der Piusbrüderschaft zur extremen Rechten. So besuchte etwa der langjährige Vorsitzende des Front National, Jean-Marie Le Pen, immer wieder die Pariser Hauptkirche der Piusbruderschaft Saint-Nicolas-du-Chardonnet. Dessen Tochter und Nachfolgerin Marine Le Pen ließ dort ihre drei Kinder taufen.[45] In Italien pflegte der aus Österreich stammende Florian Abrahamowicz (Padre Floriano) als Prior des Priorats San Marco in Lanzago di Silea bei Treviso ein Naheverhältnis zur Lega Nord, hielt Zeremonien für Gefallene von Mussolinis Republik von Salò ab und verteidigte öffentlich den SS-Kriegsverbrecher Erich Priebke.[46] 2009 wurde Abrahamowicz schließlich als Holocaustleugner aus der Piusbruderschaft ausgeschlossen.

Ideologische Überschneidungen der Piusbruderschaft zur extremen Rechten finden sich auch in der Feindschaft gegenüber dem Islam und der Ablehnung der »Multikulti-Gesellschaft mit ihrer permissiven Moral«, die aus Sicht der Piusbruderschaft »zu Anschlägen wie dem von Andres Behring Breivik im Jahr 2011«[47] führe. Die Feindschaft gegen den Islam wird nicht nur mit religiösen Ressentiments begründet, sondern auch mit Überfremdungs-

---

44 Beobachtungen bei Besuchen der Gottesdienste der Piusbrüder und der Petrusbrüder in Wien, Graz, Salzburg, Linz, Innsbruck, Lienz, Steyr und Jaidhof, 2021.

45 Vgl. https://www.la-croix.com/Religion/Laicite/La-jeunesse-tres-catho lique-candidats-presidentielle-2017-04-10-1200838526 (20. 9. 2022).

46 Sensi, Daniele: La Lega: »Il Cardinale Tettamanzi è un infiltrato«, L'Unita, 9. 12. 2008.

47 Kühn, 2016: 155.

vorwürfen, die stark an die extreme Rechte angelehnt sind. So konstatiert etwa der zweite Generalobere der Piusbruderschaft (1982 bis 1994) Franz Schmidberger eine Kapitulation des Christentums vor den Muslimen folgendermaßen:

> »Was dem Islam im 16. und 17. Jahrhundert mit Waffengewalt nicht gelungen ist, das schafft er heute in der nachkonziliaren Ära auf friedlichem Wege. Er besetzt Europa, Frankreich wird überschwemmt von Arabern, Deutschland von Türken, England und Skandinavien von Pakistani.«[48]

Die religiös bedingte Feindschaft gegen den Islam wird hier von klassisch rechtsextremen Überfremdungsdiskursen überlagert.

Wie bei den meisten extremistischen Strömungen mit Bezug zum Katholizismus ist der christliche Antijudaismus bei den Piusbrüdern integraler Bestandteil der Lehre. Dabei sind nicht nur die holocaustleugnenden Eskapaden von Bischof Richard Williamson zu erwähnen, die es auch in die Massenmedien schafften, nachdem Papst Benedikt XVI. 2009 die Aufhebung der Exkommunikation der von Lefebvre geweihten Bischöfe verkündigt hatte und Williamson 2012 aus der Piusbruderschaft ausgeschlossen wurde.[49] Holocaustleugnung ist eine Randerscheinung dieser Strömungen. In ihrer ideologischen beziehungsweise theologischen DNA findet sich allerdings eine feindliche Haltung gegenüber dem Judentum auf dem erwähnten Mythos des Gottesmordes und der Annahme, dass der »alte Bund« Gottes mit dem Jüdischen Volk nicht mehr existiere, die jüdische Religion also abgelöst worden sei durch »die

48 Schmidberger, 2008: 16.
49 Bischof Richard Williamson widersetzte sich den Annäherungsversuchen der Piusbruderschaft an den Heiligen Stuhl und wurde am 24. Oktober 2012 wegen Ungehorsams und nicht wegen seiner antisemitischen Positionen aus der Piusbruderschaft ausgeschlossen. Mit anderen Abtrünnigen gründete er daraufhin ein Netzwerk, das sich *The Catholic Resistance* nennt, sowie die *Priestergemeinschaft Marcel Lefebvre* (auch SSPX Resistance) und weihte im März 2015 erneut unerlaubt einen Bischof, den aus Algerien stammenden Jean-Michel Faure, womit er sich ein zweites Mal die Exkommunikation zuzog.

universale, katholische«[50], wie es in einer knappen Darstellung der katholischen Glaubenslehre aus Sicht der Piusbrüder heißt. So kritisierte die Bruderschaft scharf die Versuche einer Aussöhnung der Römisch-Katholischen Kirche mit dem Judentum, wie sie etwa im Besuch der römischen Synagoge durch Papst Johannes Paul II. 1986 zum Ausdruck kam. Die Juden seien nicht die »älteren Brüder« im Glauben, sondern, wie es Schmidberger formulierte, »vielmehr des Gottesmordes schuldig, solange sie sich nicht durch das Bekenntnis zur Gottheit Christi und die Taufe von der Schuld ihrer Vorväter distanzierten«.[51]

Neben Juden und Muslimen wird in den deutschsprachigen Publikationen der Piusbruderschaft ein Geschichtsbild vermittelt, dass »seit Jahrhunderten Protestanten, Freimaurer, Sozialisten, Muslime und neuerlich Homosexuelle nicht nur die Katholische Kirche von außen bedrängen und von innen zersetzen, sondern auch die [katholische] deutsche Nation«[52]. Hier finden sich nicht nur deutliche Spuren einer völkischen Theologie der 1930er-Jahre, die eine Verbindung von Deutschtum und Christentum behauptete, sondern auch Überschneidungen mit dem Rechtsextremismus und seinen Feindbildern. Vorstellungen von einer Verschwörung der Freimaurer, die von innen die Römisch-Katholische Kirche zersetzt hätten, finden sich auch in vielen anderen traditionalistischen Gemeinschaften. Teil des Antimodernismus der Päpste des 18. und 19. Jahrhunderts war immer auch die Feindschaft gegenüber der Freimaurerei. Clemens XII. hatte bereits 1738 in seiner Bulle *In eminenti apostolatus specula* Freimaurerei mit dem Bannfluch belegt. Bis heute kann die Mitgliedschaft in einer Freimaurerloge zur Exkommunikation durch die Katholische Kirche führen.

Um die »Tatsache« zu erklären, dass die Päpste aus Sicht der verschiedenen Strömungen des katholischen Traditionalismus seit dem Zweiten Vatikanischen Konzil von der »wahren Lehre« abgewichen seien, braucht es die Vorstellung einer internen Unterwanderung oder feindlichen Übernahme der Römisch-Katholischen

50 Gaudron/Zaby/Persie, 2012: 35.
51 Schmidberger, 2008: 18.
52 Damberg, 2009: 112.

Kirche, deren die Freimaurer beschuldigt werden. Als Kern dieser Verschwörungstheorie wird oft die *Alta Vendita* gehandelt, ein angebliches Geheimdokument, *Loge der Carbonari* (Köhler) genannt, das belegen soll, dass Freimaurer die Katholische Kirche unterwandert hätten.

Tatsächlich gab es im ersten Drittel des 19. Jahrhundert mit der *Carboneria* einen den Freimaurern ähnlichen Geheimbund in Italien, der die Ziele der italienischen Einigungsbewegung des Risorgimento mit republikanischen Vorstellungen verknüpfte. Wie große Teile der fortschrittlichen Unterstützer des Risorgimento waren auch die Carbonari trotz gewisser katholisch-mystischer Vorstellungen tendenziell kirchenfeindlich, denn schließlich bildete der mittelitalienische Kirchenstaat nicht nur eines der wichtigsten Hindernisse zum vereinten Italien, sondern war auch der rückständigste Teil Italiens. Die gegen Papst und Vatikan gerichteten Positionen der Carbonari waren also weniger eine Ablehnung der Kirche und Religion an sich, als vielmehr des Kirchenstaats und des Papstes als dessen absolutistischen Herrscher, der dadurch die ersehnte Vereinigung Italiens verhinderte. Wenn die Carbonari im Kampf mit der Römisch-Katholischen Kirche ein reales Ziel hatten, dann war es die Zerschlagung dieses Kirchenstaates und die Zurückdrängung des politischen Einflusses der Katholischen Kirche. An theologischen Fragen hatte die Gruppierung kein Interesse. Die Carboneria existierte auch nicht sehr lange und ging schon 1933 aufgrund des massiven Drucks durch die italienischen Lokalherrscher, die Habsburger und die Päpste in der von Giuseppe Mazzini organisierten Volksbewegung *Giovine Italia* (Junges Italien) auf. Weder die Carboneria noch Giovine Italia erreichten ihr Ziel. Der Kirchenstaat wurde erst 1870, lange Jahre nach der Auflösung von Giovine Italia (1848), Teil des vereinigten Königreich Italiens und dieses erst 1946 zur Republik.

Trotzdem bot die Alta Vendita für konservativ-katholische Gegner des Republikanismus und Säkularismus ein Argument für eine Verschwörungserzählung. Der französische konservativ-katholische Publizist, Theologe und Historiker Jacques Crétineau-Joly publizierte 1859 – angeblich auf Anweisung der Päpste Gregor XVI. und Pius IX. – in seinem Buch *L'église romaine en face de la révolu-*

tion als Erster über diese angeblich antikatholische Verschwörung des »Carbonarisme«.[53]

Die Erzählung des 1803 im westfranzösischen Fontenay-le-Comte geborenen katholischen Intellektuellen Crétineau-Joly erfüllt allerdings noch einen völlig anderen Zweck als im heutigen katholisch-traditionalistischen Diskurs. Der katholische Reaktionär des 19. Jahrhunderts agitiert vor allem gegen das republikanische Frankreich, insbesondere gegen den Liberalismus als Folge der Juli-Revolution von 1830, der zweiten französischen Revolution nach 1789, die den Bourbonenkönig Karl X. stürzte und damit der Restauration der Bourbonen ein Ende setzte. Auch wenn sich im Weiteren nicht die Jakobiner mit ihrem Ziel der Errichtung einer Republik durchsetzen sollten, gilt die »Julimonarchie« unter »Bürgerkönig« Louis-Philippe I. als Goldenes Zeitalter des liberalen Bürgertums, in dem verschiedene Reformen den politischen und gesellschaftlichen Einfluss der Katholischen Kirche zurückdrängen. In diesem Kulturkampf stehen katholische Reaktionäre wie Jacques Crétineau-Joly in direkter Konfrontation mit dem Liberalismus. Der Vorwurf der Verschwörung von Freimaurern und Carbonari gegen die Katholische Kirche ist Teil dieses Kulturkampfes um die Rolle der Römisch-Katholischen Kirche im Zeitalter des Liberalismus und dient der Verteidigung der politischen und gesellschaftlichen Rolle der Kirche und an einer Nebenfront auch der Verteidigung des Kirchenstaates gegen das italienische Risorgimento.

Über hundert Jahre später wird daraus für die Gegner des Zweiten Vatikanischen Konzils und die selbsternannten katholischen »Antimodernisten« eine Erklärung für den »Modernismus« in der Katholischen Kirche und eine Rechtfertigung für den Ungehorsam gegenüber dem Papst. Auf diese angebliche Verschwörung der Carbonari beziehen sich nicht nur eine Reihe von traditionalistischen AutorInnen. Texte dazu finden sich etwa auch auf der Website der Piusbruderschaft, der weltweit größten traditionalistischen Priestergemeinschaft.[54] Mehrere US-amerikanische Traditionalisten

---

53   Crétineau-Joly, 1860: 110ff.

54   Alta Vendita: Die Echtheit der Alta Vendita-Dokumente: https://fsspx.
     at/de/news-events/news/alta-vendita-die-echtheit-der-alta-vendita-doku

haben in den letzten Jahren Bücher über die Alta Vendita veröffentlicht, jenes von John Vennari wurde auch im hauseigenen Sarto-Verlag der Piusbruderschaft in deutscher Übersetzung publiziert.[55]

Auch die Palmarianisch-Katholische Kirche sieht in der Freimaurerei den Grund für den attestierten Glaubensabfall der Römisch-Katholischen Kirche. Freimaurer hätten einen Masterplan für die Zerstörung der Kirche entwickelt. Über Jahrhunderte eingeschleuste Freimaurer hätten sich bei Änderungen in der Liturgie an die Spitze gestellt. »Mit der aktiven oder passiven Mitwirkung einer nachlässigen Hierarchie und vor den Augen eines verdorbenen und gleichgültigen christlichen Volkes«, so in einer Broschüre der Palmarianisch-Katholischen Kirche, »konnten die eingeschleusten Freimaurer straffrei nach Belieben handeln«.[56]

Popularisiert wird diese These freimaurerischer Unterwanderung des Vatikans bis heute nicht nur in traditionalistischen Publikationen, sondern auch von YoutuberInnen, wie zum Beispiel von dem ehemals anglikanischen (episkopalen) Priester Taylor R. Marshall aus den USA, der 2006 zum Katholizismus konvertierte und 2020 im Umfeld von US-Präsident Trumps Wahlkampfteam als Beleg für die Existenz eines »deep state« gehandelt wurde. Marshall hat neben Vennari zudem das zweite populäre Buch zur Alta Vendita in den USA publiziert.[57] Sowohl für Vennari und Marshall als auch für die Piusbruderschaft und eine Reihe anderer traditionalistischer Gruppierungen ist diese Erzählung von einer feindlichen Übernahme des Vatikans zentral, um den eigenen Ungehorsam gegenüber dem Vatikan zu rechtfertigen und die Abkehr von Antimodernismus erklären zu können. Verschwörungstheorien gehören damit essenziell zum traditionalistischen Gedankengut.

Eng verbunden ist diese antifreimaurerische Verschwörungstheorie – wie viele Verschwörungstheorien – mit dem Antisemi-

mente-33767 (10.6.2022). Alta Vendita: Ist es möglich? https://www. fsspx.at/de/news-events/news/alta-vendita-ist-es-m%C3%B6glich-33667 (10.6.2022).

55 Vennari, 2021.
56 Palmarianische Kirche, 201?: 4.
57 Marshall, 2019.

tismus. Am deutlichsten formuliert dies vielleicht die Palmarianisch-Katholische Kirche in einer Broschüre, die interessierten Besuchern verteilt wird:

> »Als die jüdischen Sektierer ihren Abfall vom Glauben durch den abscheulichen Gottesmord vollendeten, wurden sie zu den grausamsten Feinden der heiligen Mutter Kirche und förderten die hauptsächlichen Irrlehren und Ausschweifungen in der Welt. Die nicht bekehrten Juden sind das Fundament und die Säulen der Freimaurerei, welche die Mutter aller Aufstände gegen Christus und seine Kirche ist, und auch aller Verfolgungen, die diese im Laufe der Geschichte erlitten hat.«[58]

Zwischen den verschiedenen Strömungen des katholischen Traditionalismus bestehen Rivalitäten, aber auch viele Gemeinsamkeiten und Bindeglieder über gemeinsame Medien, NGOs und bewegungsorientierte Aktivitäten. Aktivistische Zugänge gegen Abtreibungen (von der Szene als »Lebensschutz« bezeichnet) werden dabei in jüngster Zeit auch mit Aktivismus gegen Corona-Impfungen verknüpft, die in der Szene aufgrund von der Verwendung von Stammzellen in der Impfstoffentwicklung mit der Abtreibungsthematik in Verbindung gebracht werden.

Auch wenn sich die verschiedenen Strömungen des katholischen Traditionalismus immer wieder in Kampagnen und rechtskonservativen NGOs überschneiden, so sind diese zugleich oft untereinander zerstritten. Daraus ergibt sich eine verwirrende Vielfalt an Strömungen und Organisationen, die nur schwer systematisch erfassbar sind.

Für einen grundsätzlichen und globalen Überblick wären theoretisch unterschiedliche Ordnungskriterien möglich. Es könnte zwischen klerikalen Priesterbruderschaften, traditionalistischen Ordensgemeinschaften und Laienorganisationen unterschieden werden. Es könnte zwischen stärker isolationistischen und missionarischen Gemeinschaften differenziert werden oder es könnten unterschiedliche ideologische Kriterien zur Unterscheidung heran-

---

58 Palmarianische Kirche, 201?: 11.

gezogen werden. Ein weiteres Unterscheidungsmerkmal könnte zwischen eher orthodoxen und heterodoxen Strömungen getroffen werden, also Gruppierungen, die sehr strikt zur Kirche vor dem Zweiten Vatikanischen Konzil beziehungsweise bis ins 19. Jahrhundert zurückwollen, und jenen, die zusätzlich auf Privatoffenbarungen zurückgreifen und teilweise im Laufe der Zeit selbst stark von der kirchlichen Lehrmeinung der vorkonziliaren Kirche abweichen – ohne sich dies selbstverständlich einzugestehen.

Für den folgenden Überblick wurde als Ordnungskriterium allerdings die Nähe beziehungsweise Distanz zur offiziellen Führung der Römisch-Katholischen Kirche herangezogen. Der Bogen spannt sich hier von traditionalistischen Gemeinschaften innerhalb der Römisch-Katholischen Kirche über Gruppierungen, die eine partielle Anerkennung des Papstes bei gleichzeitigem Widerstand gegen diesen praktizieren, bis hin zu Gemeinschaften, die die Legitimität des Papstes völlig ablehnen oder gar einen eigenen Alternativ- oder Gegenpapst installiert haben.

Explizit nicht in diesen Überblick aufgenommen wurden Gruppierungen, die sich zwar als katholisch verstehen, sich aber bereits lange vor dem Zweiten Vatikanischen Konzil von der Römisch-Katholischen Kirche getrennt haben und sich dabei nicht primär als TraditionalistInnen gegen die Moderne sehen, sondern aus anderen Gründen in einen Konflikt mit der Römisch-Katholischen Amtskirche geraten sind. So sind etwa die heutigen Kirchen der Utrechter Union der Altkatholischen Kirchen, die sich überwiegend im Anschluss an das Erste Vatikanische Konzil aufgrund der dort beschlossenen Dogmen von der Unfehlbarkeit des Papstes und seines Jurisdiktionsprimates über alle Bischöfe von Rom getrennt haben, heute trotz ihres Namens in vielfacher Hinsicht wesentlich modernere Kirchen als die Römisch-Katholische und sicher keine traditionalistischen Gemeinschaften. Verschiedene Bemühungen, katholische Nationalkirchen zu schaffen, wie die *Iglesia Ortodoxa Católica Apostólica Mexicana*, die *Igreja Católica Apostólica Brasileira*, die *Iglesia Católica Apostólica Venezolana*, die *National Apostolic Catholic Church* aus Kamerun oder die *Philippine Independent Church*, sind ebenso wenig dem katholischen Traditionalismus zuzurechnen, wie die zwar extrem konservative aber auf den Jansenismus des 17. Jahrhunderts zurückgehende Gruppierungen in Frankreich, von denen eine von François Bonjour gegründete Gemeinschaft erst 2021 wieder verstärkt in der Öffentlichkeit als »Sekte« diskutiert wurde.[59]

Der folgende Überblick konzentriert sich also strikt auf Gruppierungen, die sich selbst als definitiv katholisch – und nicht bloß als christlich – begreifen und sich durch antimodernistische, traditionalistische Kritik an der Führung der Römisch-Katholischen Kirche (spätestens) seit dem Zweiten Vatikanischen Konzil charakterisieren. Zumindest in ihrem eigenen Anspruch wollen alle diese Gemeinschaften zu einer Römisch-Katholischen Kirche zurück oder betrachten sich selbst als diese, so wie sie vor den Reformen dieses Konzils existiert hatte, wobei ein Teil dieser Gruppierungen selbst Neuerungen vorgenommen hat, die aber nicht als solche eingestanden werden.

Traditionalisten in Gemeinschaft mit dem Papst und der Römisch-Katholischen Kirche

Die mit Sicherheit weltweit größte Gemeinschaft traditionalistischer Priester in Gemeinschaft mit der offiziellen Römisch-Katholischen Kirche stellt die *Priesterbruderschaft St. Petrus* dar.

Sowohl die *Priesterbruderschaft St. Petrus* als auch die *Priesterbruderschaft Pius X.* gehen auf den 1905 in der nordfranzösischen Stadt Tourcoing geborenen Erzbischof Marcel François Marie Joseph Lefebvre zurück, der wohl einflussreichste katholische Traditionalist des 20. Jahrhunderts, der sich 1988 durch unerlaubte Bischofsweihen die Exkommunikation durch den Vatikan zugezogen hatte. Genau diese Bischofsweihen und die folgende Exkommunikation bildeten den Grund für die Abspaltung der Petrusbruderschaft von der von Lefebvre gegründeten Piusbruderschaft. Die Gründer der Priesterbruderschaft St. Petrus wollten den Bruch mit dem Papst vermeiden und hielten die verbotenen Bischofsweihen für einen Fehler. Abgesehen davon sind sich beide Priesterbruderschaften jedoch bis heute weitgehend einig in ihrer Kritik an Gesellschaft und Kirche.

---

59   Vgl. Privat 2021; Jacquard 2021.

Die Petrusbruderschaft teilt mit der Piusbruderschaft die Ablehnung der Reformen des Zweiten Vatikanischen Konzils – darunter die Aussöhnung der Kirche mit dem säkularen Staat und der Demokratie, die in *Dignitatis humanae* formulierte Erklärung über die Religionsfreiheit – sowie deren homophobe und antisemitische Positionen. Wie die Piusbruderschaft verwendet die Petrusbruderschaft auch die umstrittene Karfreitagsbitte für die Juden. In der aktuell verwendeten Liturgie wird zwar nicht mehr von den »treulosen Juden« gesprochen; die aktuelle Fürbitte bittet Gott lediglich darum, er »möge den Schleier von ihren Herzen wegnehmen, auf daß auch sie unsern Herrn Jesus Christus erkennen«. Weiter heißt es: »Allmächtiger ewiger Gott, Du schließest auch die Juden nicht aus Deiner Erbarmung: erhöre unsre Gebete, die wir ob der Verblendung jenes Volkes vor Dich bringen: mögen sie das Licht Deiner Wahrheit, das Christus ist, erkennen und ihrer Finsternis entrissen werden. Durch Ihn, unsern Herrn. Amen.«[60]

Auf der Website der Bruderschaft wird diesbezüglich der Vorwurf des Antisemitismus verworfen und die Karfreitagsbitte für die Juden folgendermaßen gerechtfertigt: »Problematisch ist es daher nicht, die Bekehrung der Juden zu ihrem wahren und einzigen Erlöser zu erbitten, problematisch wäre es vielmehr, sie nicht zu erbitten! Wer damit Schwierigkeiten hat, der hat sie bestimmt auch mit Jesus Christus selbst. Wer hingegen wirklich an Ihn glaubt, der kann gar nicht anders, als liebevoll für jenes Volk zu beten, aus dem Jesus dem Fleische nach stammt, damit es seinen Messias erkenne, den Heiland aller Menschen.«[61]

Neben der spezifisch katholisch-traditionalistischen antijüdischen Haltung ist bei beiden Gruppierungen eine strikte Ablehnung der Ökumene, also von christlichen Einigungsbestrebungen, und eine feindliche Haltung gegenüber nichtchristlichen Religionen zu beobachten, die sich in den letzten Jahrzehnten insbesondere gegen den Islam richtet. Strikt abgelehnt wird allerdings auch die europäische Moderne an sich, insbesondere der Säkularismus,

---

60 Schott, 2018: 392.
61 Vgl. http://petrusbruderschaft.de/pages/themen/liturgie/karfreitagsfuer bitte.php (8. 2. 2021).

Liberalismus, Sozialismus und Kommunismus. Zudem lehnen beide Gruppen jegliches Reformdenken innerhalb der Kirche ab, wobei man sich unter anderem auf den Antimodernisteneid bezieht. Dieser von Papst Pius X. im September 1910 eingeführte Eid war bis 1967 für alle Subdiakone, Priester, Ordensoberen, Beamten der bischöflichen und päpstlichen Kurie sowie AbsolventInnen katholischer universitärer Einrichtungen vor Erhalt ihrer akademischen Grade obligatorisch. Damit hatten sich die genannten Gruppen von allem loszusagen, was aus Sicht der damaligen Kirche als »modernistisch« galt.

Trotz dieser ideologischen Gemeinsamkeiten mit der Piusbruderschaft tritt die Petrusbruderschaft gegenüber dem Papst und der Römisch-Katholischen Amtskirche sehr viel gemäßigter auf und erreicht damit auch jene reaktionären Kreise innerhalb der Katholischen Kirche, die auf jeden Fall einen Bruch mit Rom vermeiden wollen. Weltweit ist die Petrusbruderschaft mit Sicherheit die größte traditionalistische Organisation innerhalb der Römisch-Katholischen Kirche. Nach eigenen Angaben hat sie 2022 526 Mitglieder, darunter 341 Priester und 168 Seminaristen. Die Mitgliederzahl ist seit ihrer Gründung stetig im Wachsen begriffen. Insgesamt werden in 147 Diözesen 259 Orte mit Heiligen Messen betreut.[62] Schwerpunkte der Aktivitäten liegen im deutschen, französischen und englischsprachigen Raum in Europa und Nordamerika. Es existiert allerdings auch ein Distrikt Ozeanien. In Wigratzbad (Deutschland) und Denton (USA) werden Priesterseminare abgehalten. Generaloberer ist seit 2018 der polnische Priester Pater Andrzej Komorowski.[63]

Ähnlich der Petrusbruderschaft gibt es weltweit auch noch andere traditionalistische Gemeinschaften innerhalb der Römisch-Katholischen Kirche, die teilweise ebenfalls der Priesterbruderschaft Pius X. entstammen, allerdings auch teilweise andere Ursprünge haben. All diese Gruppierungen leben zwar selbst eine vorkonziliare Kirche, anerkennen allerdings den Papst und werden um-

62 Vgl. https://www.fssp.org/de/ueber-uns/statistische-angaben (3. 4. 2022).
63 Vgl. https://www.fssp.org/de/ueber-uns/organigramm (3. 4. 2022).

gekehrt auch von diesem akzeptiert, sind also ganz offiziell und unumstritten Teil der Römisch-Katholischen Kirche.

Wie die Petrusbruderschaft ist etwa das *Institut Christus König und Hohepriester* (Institutum Christi Regis Summi Sacerdotis) eine vom Papst anerkannte Gesellschaft des apostolischen Lebens (Societas vitae apostolicae), also eine ordensähnliche Gemeinschaft. Das Mutterhaus und internationale Seminar des vom französischen Geistlichen Abbé Gilles Wach 1990 gegründeten Instituts befindet sich in Gricigliano in Italien.[64] Nach eigenen Angaben gehören der Gemeinschaft rund hundert Priester und mehr als achtzig Seminaristen. Daneben gibt es auch einen Zweig für weibliche Nonnen. Insgesamt werden Häuser in zwölf Ländern unterhalten. Im deutschsprachigen Raum ist die Gemeinschaft in Deutschland und der Schweiz aktiv. Eine Niederlassung in Österreich dürfte wieder aufgegeben worden sein. Das Zentrum im deutschsprachigen Raum dürfte in Bayern liegen, wo es gleich vier Messorte gibt.[65]

Auch der kleine Orden der *Transalpinen Redemptoristen* (Filii Sanctissimi Redemptoris), eine traditionalistische Abspaltung der Ordensgemeinschaft der Redemptoristen, steht mittlerweile in voller Gemeinschaft mit dem Vatikan, obwohl er ursprünglich dem Gründer der Piusbruderschaft, Erzbischof Marcel Lefebvre, nahestand. Die 1988 gegründete Gemeinschaft errichtete 1999 ein Kloster auf der zu den schottischen Orkney-Inseln gehörenden Insel Papa Stronsay, das den Namen Golgota trägt. 2008 versöhnte sich der Orden mit dem Vatikan[66] und erhielt 2012 die Anerkennung des zuständigen Bischofs von Aberdeen. Neben dem Mutterkloster auf Papa Stronsay gibt es seit 2007 ein weiteres Kloster in Christchurch (Neuseeland) und seit 2020 im US-Bundesstaat Montana.[67]

Ebenfalls aus der Piusbruderschaft hervorgegangen ist das *Institut du Bon Pasteur* (»Institut vom Guten Hirten«) mit seinem Generalhaus in Courtalain im französischen Bistum Chartres. Der

64 Vgl. https://institut-christus-koenig.de/institut/ueber-das-institut (4.3. 2022).

65 Vgl. https://institut-christus-koenig.de/apostolate (4.3.2022).

66 Vgl. https://papastronsay.blogspot.com/2008/07/canonical-good-stand ing.html (5.3.2022).

67 Vgl. http://www.papastronsay.com/FSSR/history/index.php (5.3.2022).

Gründer der Gemeinschaft, Abbé Philippe Laguérie, der in Frankreich als Antisemit und deklarierter Anhänger Jean-Marie Le Pens[68] bekannt war,[69] wurde 2004 nach Kritik am Generaloberen der Piusbruderschaft aus dieser ausgeschlossen und versöhnte sich daraufhin mit dem Vatikan. In Frankreich besitzt das Institut ein eigenes Priesterseminar. Neben Frankreich gibt es mittlerweile auch Niederlassungen in Italien, Polen, Brasilien, Kolumbien, Costa Rica, den USA, Uganda und Kenia.[70]

Ebenfalls in Frankreich wurde 1979 die *Fraternité Saint-Vincent-Ferrier* von Louis-Marie de Blignières gegründet. Auch Louis-Marie de Blignières war ursprünglich Anhänger Marcel Lefebvres, wurde später Sedisvakantist und versöhnte sich 1988 wieder mit der Römisch-Katholischen Kirche.

Zu den global wichtigsten traditionalistischen Gemeinschaften innerhalb der Römisch-Katholischen Kirche zählt die 1966 von der Norwegerin Borghild Krane und dem deutschen Juristen Eric de Saventhem gegründete *Una-Voce*-Bewegung. Anders als die bisher beschriebenen Gruppierungen handelt es sich dabei aber weder um eine Priesterbruderschaft noch um eine Ordensgemeinschaft, sondern um eine primär von traditionalistischen Laien getragene Vereinigung, die sich für den Erhalt der vorkonziliaren Messe einsetzt. Damit verbunden ist zwar eine ähnlich konservative gesellschaftspolitische Haltung wie bei anderen traditionalistischen Vereinigungen, grundsätzlich ist die Una-Voce-Bewegung allerdings etwas heterogener und ideologisch weniger geschlossen, als es die Priesterbruderschaften sind. Dies hängt wohl damit zusammen, dass die Bewegung anders als Orden oder Priesterbruderschaften nicht zentralistisch organisiert ist, sondern über eine lose Föderation nationaler Mitgliedsorganisationen miteinander verbunden

---

68 Lormier, 2007: 133.
69 Le Pen und Philippe Laguérie sind auch persönlich befreundet. Im Jänner 2021 zelebrierte Philippe Laguérie die Messe bei der Eheschließung von Le Pen mit seiner zweiten Frau Jany. Aufnahmen davon sind unter anderem auf Youtube zu finden: https://www.youtube.com/watch?v=ACDxR9vVrHQ (5. 3. 2022).
70 Vgl. https://www.institutdubonpasteur.org/nos-apostolats/lieux-dapostolat-dans-le-monde (5. 3. 2022).

ist. In manchen Staaten existieren dabei sogar verschiedene Mitgliedsorganisationen der internationalen Föderation. Una-Voce konzentriert sich stärker als andere auf die lateinische Liturgie und traditionelle musikalische Tradition der Römisch-Katholischen Kirche, insbesondere auf die Gregorianischen Choräle. Im Laufe des 21. Jahrhunderts dürfte die Una-Voce-Bewegung etwas konzilianter geworden und von ihrer strikten Ablehnung der modernen Theologie etwas abgerückt sein. In ihrer deutschsprachigen Selbstdarstellung ist nun nur noch davon die Rede, dass sich die internationale Föderation von Una-Voce und ihre Mitgliedsorganisationen dafür einsetzten, »daß die überlieferte Form des Römischen Ritus wieder volles Heimatrecht in der katholischen Kirche erhält«[71], dieser wird allerdings nicht mehr als der einzig wahre Ritus bezeichnet. Vielmehr wird davon berichtet, dass sich Una-Voce »anfänglich gegen die postkonziliaren liturgischen Reformen« gerichtet habe. Der »alte Ritus« steht damit zwar nicht mehr exklusiv, allerdings immer noch im Mittelpunkt der Bewegung. In der Selbstdarstellung wird weiter ausgeführt: »Die nachkonziliare Krise der Kirche beruht, wie einst Joseph Kardinal Ratzinger in seinem Buch ›Aus meinem Leben‹ feststellte, ›weitgehend auf dem Zerfall der Liturgie‹. Zur Überwindung dieser Krise kann der sogenannte alte Ritus (usus antiquus), der in seinen Ursprüngen bis auf den heiligen Papst Gregor den Großen zurückgeht, einen wichtigen Beitrag leisten.«[72]

Una-Voce hat über ihre weltweit aktive Föderation in vielen Staaten Mitgliedsorganisationen, wobei diese sehr unterschiedlich groß zu sein scheinen. In Deutschland und in den USA gibt es sehr aktive Mitgliedsorganisationen. Auf der Website der Internationalen Una-Voce-Föderation werden außerdem Sektionen in Argentinien, Australien, Bolivien, Brasilien, Kanada, Chile, der Volksrepublik China, Kroatien, der Dominikanischen Republik, England und Wales, Frankreich, Indien, Irland, Italien, Japan, Lettland, Malaysia, Malta, Mexiko, den Niederlanden, Neuseeland, Nigeria, Norwegen, Peru, Philippinen, Polen, Portugal, Puerto Rico, Russland,

71   Vgl. http://www.una-voce.de (20. 5. 2022).
72   Ebd.

Schottland, Slowakei, Südafrika, Spanien, Taiwan und Ukraine angegeben.[73] Offenbar existierte auch einmal eine österreichische Sektion. Diese ist zumindest noch als Link zu einer mittlerweile toten Website auf der Seite der deutschen Sektion von Una-Voce angegeben.[74] Bis heute existiert nur noch eine zuletzt 2017 bespielte Facebook-Seite.[75] 2022 wurde Österreich nicht einmal mehr unter den fünf Staaten mit »National Correspondents« geführt.[76]

In Brasilien wurde die *Apostolische Personaladministration St. Johannes Maria Vianney* gegründet, die auf den exkommunizierten Bischof Antônio de Castro Mayer zurückgeht. 2002 söhnten sich ein Jahrzehnt nach dem Tod von Castro Mayer die Priester der von ihm gegründeten Priestergemeinschaft wieder mit dem Papst aus. Für sie wurde eine Apostolische Personaladministration eingerichtet, die weiter die Messen im vorkonziliaren Ritus abhält und heute vom Apostolischen Administrator Fernando Arêas Rifan geführt wird. Insgesamt betreut die Gruppierung 14 Pfarreien in Brasilien.[77]

Vor allem in den USA gibt es noch eine Reihe weitere traditionalistische Gemeinschaften, die auf diözesaner Ebene von der Römisch-Katholischen Kirche anerkannt werden, die allerdings nur jeweils lokal von Bedeutung sind.

Eine österreichische Gründung stellt das *Engelwerk* mit Sitz in der Burg St. Petersberg bei Silz in Tirol dar, das deshalb im Kapitel über den katholischen Traditionalismus in Österreich näher behandelt wird. Mit der starken Dominanz von Privatoffenbarungen unterschiedet sich das Engelwerk und die ihm angeschlossenen Organisationen stark von den meisten anderen traditionalistischen Vereinigungen. Eng mit dem Engelwerk verbunden ist nicht nur der dem Engelwerk unmittelbar zuzurechnende *Orden der Regularkanoniker vom Heiligen Kreuz*, sondern auch die *Katholische*

73 Vgl. http://www.fiuv.org/p/worldwide-member-associations.html (20. 5. 2022).
74 Vgl. http://www.una-voce.de (20. 5. 2022).
75 Vgl. https://www.facebook.com/Una-Voce-Austria-533986433333143 (21. 5. 2022).
76 Vgl. http://www.fiuv.org/p/worldwide-member-associations.html (20. 5. 2022).
77 Vgl. https://www.adapostolica.org/paroquias (5. 3. 2022).

Pfadfinderschaft Europas (KPE) und die vom ehemaligen Jesuiten Andreas Hönisch 1988 gegründete Gemeinschaft *Diener Jesu und Mariens*, die nach ihrer Übersiedlung aus Deutschland als Orden in Blindenmarkt im Bezirk Melk in Österreich ihre Zentrale haben. Neben Österreich und Deutschland sind die Diener Jesu und Mariens heute auch in Belgien, Frankreich und Kasachstan tätig. Das Engelwerk und die Regularkanoniker vom Heiligen Kreuz sind in verschiedenen Staaten Europas, Nord- und Lateinamerikas vertreten.

Die Priesterbruderschaft Pius X.

Die weltweit größte Gruppierung des katholischen Traditionalismus stellt in diesem Versuch der Kategorisierung einen Sonderfall dar, da sie weder voll integrierter und anerkannter Teil der Römisch-Katholischen Kirche ist, noch die Exkommunikation ihres Gründers und ihrer Bischöfe 1988 je akzeptiert hat. Die *Priesterbruderschaft Pius X.* (lat. Fraternitas Sacerdotalis Sancti Pii X., FSSPX) hat den Papst immer anerkannt und betrachtet sich selbst als integralen Bestandteil der Römisch-Katholischen Kirche, wird aber umgekehrt vom Papst nicht als Priesterbruderschaft anerkannt. Sie befindet sich allerdings in einem Dialogprozess mit dem Vatikan, der insbesondere unter Papst Benedikt XVI. Fortschritte machte und möglicherweise zu einer Wiederanerkennung der Priesterbruderschaft führen könnte.

Gegründet wurde die Priesterbruderschaft Pius X. vom 1905 in Nordfrankreich geborenen Erzbischof Marcel François Marie Joseph Lefebvre, der als Erzbischof der westafrikanischen Diözese Dakar (im heutigen Senegal) und Vorsitzender der Westafrikanischen Bischofskonferenz 1960 durch Papst Johannes XXIII. in die zentrale Vorbereitungskommission für das Zweite Vatikanische Konzil berufen wurde. Am Konzil selbst nahm Lefebvre schließlich – nach seinem Amtsverzicht in Dakar zugunsten des Einheimischen Hyacinthe Thiandoum – als Bischof des französischen Bistums Tulle und als Generaloberer der Missionsgesellschaft vom Heiligen Geist unter dem Schutz des Unbefleckten Herzens Mariens (kurz Spiritaner) teil. Während des Konzils stellte sich Lefebvre bereits gegen die Reformer und wollte eine konservative Linie durchzusetzen. Insbesondere versuchte er erfolglos die kirchliche Anerkennung der Religionsfreiheit und das Prinzip der Kollegialität der Bischöfe zu verhindern. Lefebvre befürwortete eine autoritärere Kirchenstruktur mit einem stärkeren Papst, der allein und nicht gemeinsam mit den Bischöfen die Leitung der Kirche innehaben sollte. Sein strikter Antikommunismus wandte sich gegen jede Versöhnung mit dem Marxismus, insbesondere gegen alle Formen der Theologie der Befreiung. Ebenso strikt lehnte er eine Versöhnung mit dem Liberalismus und den Werten der Französischen Revolution ab. Der Ablehnung der Religionsfreiheit entsprach auch die Ablehnung der Ökumene, die Lefebvre als Relativierung des Wahrheitsanspruchs der Römisch-Katholischen Kirche verstand. Interessanterweise lehnte Lefebvre während des Konzils nicht alle liturgischen Reformen ab. Sein striktes Festhalten an der vorkonziliaren Liturgie war erst eine Folge des Scheiterns seiner konservativen Agenda während des Konzils. 1963 gründete Lefebvre gemeinsam mit anderen konservativen Kardinälen und Bischöfen die Vereinigung Coetus Internationalis Patrum, der etwa 250 konservative Konzilsväter beitraten. Lefebvre wurde Vorsitzender dieses Zusammenschlusses und damit endgültig zum Wortführer der Traditionalisten innerhalb des Konzils, denen es in der Folge immer wieder gelang, Kompromisse einzufordern.

Nach dem Konzil führte Lefebvre von ihm beobachtete Zerfallserscheinungen der Römisch-Katholischen Kirche zunehmend auf die Resultate des Konzils zurück und entwickelte sich zum generellen Kritiker des Konzils und der Entwicklung der Kirche seit dem Konzil; eine Kritik die stark auf seinem gesellschaftlichen und politischen Antimodernismus und Antikommunismus basierte.

Die Priesterbruderschaft Pius X. entstand, nachdem sich 1970 traditionalistisch gesinnte Seminaristen des Französischen Seminars in Rom an Lefebvre wandten, um von ihm unterrichtet zu werden. François Charrière, der Bischof der Schweizer Diözese Lausanne, genehmigte schließlich am 1. November 1970 der Priesterbruderschaft Pius X. den vorläufigen Status eines offiziell errichteten religiösen Institutes oder einer Gemeinschaft des apostolischen Lebens, womit zwar keine päpstliche, aber eine diözesane Anerkennung der neuen traditionalistischen Priestergemeinschaft erreicht wurde. Von

Anfang an stand dabei die Priesterausbildung im Mittelpunkt der Arbeit der Priesterbruderschaft. Schon im Gründungsjahr 1970 wurde im kleinen Dorf Ecône in der Gemeinde Riddes im französischsprachigen Teil des Schweizer Kantons Wallis ein Priesterseminar begründet, das bis heute das Zentrum der Priesterbruderschaft bildet.

Im November 1974 gab Lefebvre eine Grundsatzerklärung ab, dass die Piusbruderschaft es ablehne, dem »Rom der neo-modernistischen und neo-protestantischen Tendenzen« zu folgen:

> »Diese Reform geht vom Liberalismus und vom Modernismus aus und ist völlig vergiftet. Sie stammt aus der Häresie und führt zur Häresie. Dies ist selbst dann der Fall, wenn nicht alle ihre Akte direkt häretisch sind! Jedem wachen und treuen Katholiken ist es daher unmöglich, diese Reform anzunehmen und sich ihr, in welcher Weise auch immer, zu unterwerfen.«[78]

Nachdem sich Lefebvre in der Folge vor der Kardinalskommission in Rom verantworten musste, wurde der Priesterbruderschaft am 6. Mai 1975 durch Pierre Mamie, Charrières Nachfolger als Bischof von Lausanne, die Anerkennung als katholische Organisation entzogen. Aus Sicht des Vatikans fehlte damit fortan auch die kirchenrechtliche Grundlage für das Betreiben eines Priesterseminars. Lefebvre ignorierte jedoch die Aberkennung des kirchlichen Status und weigerte sich, das Priesterseminar in Ecône aufzulösen. Nachdem er am 29. Juni 1976 ohne die kirchlich vorgeschriebenen Weiheentlassschreiben der zuständigen Diözesanbischöfe Absolventen seines Seminars zu Priestern geweiht hatte, wurde Lefebvre von Papst Paul VI. suspendiert, womit er eigentlich weder seine priesterlichen noch seine bischöflichen Funktionen mehr hätte ausüben dürfen. Auch dies wurde nun von Lefebvre ignoriert. Vielmehr gründete Lefebvre weitere Niederlassungen seiner Priesterbruderschaft, sogenannte Priorate, in denen mehrere Priester zusammenlebten und von denen ausgehend mehrere Messorte betreut wurden, sowie Priesterseminare, die zur Ausbildung linien-

---

78 Vgl. https://fsspx.org/de/declaration-21-novembre-1974 (10.8.2022).

treuer Priester dienten. Die Priester der Priesterbruderschaft feierten ausschließlich die Messe im tridentinischen Ritus, wie er vor dem Zweiten Vatikanischen Konzil vollzogen wurde, also überwiegend in Latein mit Handkommunion und der Eucharistiefeier mit dem Rücken zum Volk. Dabei wurde die Liturgie von 1962 gehalten, also jene Form des Römischen Ritus, der Römisch-Katholischen Kirche, wie sie unmittelbar vor dem Konzil zelebriert wurde. Noch heute wird von Priestern der Priesterbruderschaft Pius X. genau das Missale Romanum[79] von 1962 benutzt und ausschließlich nach dieser Form die Messe gefeiert.

Lefebvre hatte allerdings nie die Absicht, sich von Rom zu trennen, und anerkannte den Papst zeitlebens an. Gruppen innerhalb seiner Bruderschaft, die den Papst nicht anerkannten, die sogenannten Sedisvakantisten, schloss er persönlich aus seiner Gemeinschaft aus. Sein Verhältnis zum Papst blieb ambivalent. Letztlich kritisierte er an der modernen Kirche ja auch, dass der Papst im Zweiten Vatikanischen Konzil durch die Kollegialität der Bischöfe an Macht verloren hatte. Ziel Lefebvres war es mit Sicherheit nie, eine neue Kirche außerhalb der Römisch-Katholischen Kirche zu begründen, sondern sie (wieder) auf seinen Kurs zu bekommen. So gab es auch mehrmals Versuche beider Seiten, sich auszusöhnen. Zuletzt kam es am 5. Mai 1988 zu einem Einigungsprotokoll zwischen Lefebvres und der Katholischen Kirche, zu dem Kardinal Ratzinger, der spätere Papst Benedikt XVI. maßgeblich beigetragen hatte.

Noch wichtiger als eine Aussöhnung mit Rom war Lefebvre allerdings die Aufrechterhaltung seines Lebenswerkes über seinen

---

79 Das *Missale Romanum* ist das Messbuch des römischen Ritus der Römisch-Katholischen Kirche, das Ablauf und Texte der Messen des Kirchenjahres enthält. Der Römische Ritus ist nicht der einzig anerkannte Ritus der Römisch-Katholischen Kirche. Insbesondere im Mittelalter haben sich davon abweichende lokale und regionale Riten, wie der Gallikanische, der Ambrosianische oder der Mozarabische Ritus entwickelt, von denen aber nur noch wenige heute in Gebrauch sind. Der überwiegende Teil der Römisch-Katholischen Kirche folgte über Jahrhunderte dem Römischen Ritus, der sich allerdings auch schon vor dem Zweiten Vatikanischen Konzil immer wieder veränderte.

Tod hinaus, und hier stand der Erzbischof vor einem ernsthaften Problem. Für jede Form des Katholizismus – aber etwa auch für die orthodoxen Kirchen – ist die sogenannte apostolische Sukzession zentral. Dabei handelt es sich um die kontinuierliche Weitergabe des Sendungsauftrags der Apostel über eine Kette an legitimen Nachfolgern bis in die Gegenwart. In allen vorreformatorischen Kirchen wird die ununterbrochene Reihe von Bischofsweihen als grundlegende Voraussetzung für das Bischofsamt angesehen. Ohne eine solche apostolische Sukzession legitimer Bischöfe ist in der Konsequenz wiederum keine legitime Priesterweihe möglich.

Hätten also die Priesterseminare der Piusbruderschaft weiter Priester ausgebildet, aber nach dem Tod Lefebvres keinen Bischof mehr zur Verfügung gehabt, um diese zu weihen, wären all diese Absolventen der Priesterseminare aus katholischer Sicht keine legitimen Priester gewesen. Lefebvre wollte sichergehen, dass auch nach seinem Ableben weiterhin legitime Priesterweihen möglich sind, weshalb er im Alter von fast 83 Jahren am 30. Juni 1988 vier Priester der Bruderschaft, Bernard Tissier de Mallerais, Richard Williamson, Alfonso de Galarreta und Bernard Fellay zu Bischöfen weihte. Als Konkonsekrator assistierte ihm dabei der brasilianische Traditionalist Antônio de Castro Mayer, auf den die – unter Castro Mayers Nachfolger mit dem Vatikan wieder versöhnte – Apostolische Personaladministration St. Johannes Maria Vianney zurückgeht.

Am 2. Juni 1988 erklärte Papst Johannes Paul II. in seinem Apostolischen Schreiben »Ecclesia Dei Adflicta« diese Bischofsweihen zu einem schismatischen Akt. Die vom Papst unerlaubten Bischofsweihen führten aus Sicht des Mainstreams der Römisch-Katholischen Kirche ipso facto – also durch die Tatsache selbst und ohne einen weiteren Rechtsakt durch den Papst – zur Exkommunikation Lefebvres und Castro Mayers sowie der von ihnen geweihten Bischöfe Bernard Tissier de Mallerais, Richard Williamson, Alfonso de Galarreta und Bernard Fellay. Trotzdem werden auch vom Mainstream der Römisch-Katholischen Kirche die unerlaubten Bischofsweihen als gültig gesehen, da diese in der bereits erwähnten apostolischen Sukzession stehen und es sich aus katholischer Sicht bei einer Bischofsweihe um eine unauslöschliche Einprägung handelt, welche das grundlegende Sein einer Person unwiderruflich verändert. Gewissermaßen gelten die vier Bischöfe für den Papst und die Römisch-Katholische Kirche damit zwar als geweihte Bischöfe, die allerdings exkommuniziert sind und damit ihr Amt nicht ausüben dürften. Die vier Bischöfe sind damit geweihte Bischöfe, gehören aber nicht zum Episkopat der Römisch-Katholischen Kirche.

Die Priesterbruderschaft St. Pius X. selbst argumentiert hingegen anders und hält die Exkommunikation für ungültig. Sie sieht sich weiterhin als Teil der Römisch-Katholischen Kirche und betrachtet auch nach 1988 Papst Johannes Paul II. weiterhin als legitimen Papst. Innerhalb der Priesterbruderschaft setzte sich die Formel »Recognize and Resist« durch, also »Anerkenne und Widerstehe«. Der etwas widersprüchliche Inhalt dieser Formel läuft letztlich darauf hinaus, den Papst zwar als legitimen Papst anzuerkennen, seine Anweisungen aber zu missachten. Eine Gläubige, die bereits in einer Familie von AnhängerInnen der Piusbruderschaft aufgewachsen ist, versuchte mir dieses widersprüchliche Verhältnis zum Papst mit einem Vergleich zu erklären: »Das ist, wie wenn dir dein Vater die Anweisung geben würde, aus einem Fenster eines Hochhauses zu springen. Dann springst du auch nicht, aber trotzdem bleibt dein Vater dein Vater und trotzdem wirst du ihn weiter als deinen Vater anerkennen und lieben.« Mit solchen Bildern scheint die widersprüchliche Haltung der Gemeinschaft zum Papst intern argumentiert zu werden. Ein ehemaliger Seminarist der Piusbruderschaft berichtete, dass ihm im Priesterseminar der Piusbruderschaft für den deutschsprachigen Raum in Zaitzkofen (Bayern) ein Professor erklärt habe, dass man den Papst schon anerkenne, als Bruderschaft aber trotzdem mache, was man wolle. Die Kritik mancher Gruppierungen, die sich später von der Priesterbruderschaft abspalteten, dass die Bruderschaft selbst damit für eine moderne Beliebigkeit stehe, ist hier nicht ganz von der Hand zu weisen. Bis zu einem bestimmten Grad ist die Piusbruderschaft damit wohl selbst vom von ihr so verteufelten Modernismus, jedenfalls aber von einer gewissen Beliebigkeit, infiziert: Sie nimmt sich das Recht heraus das Kirchenrecht frei zu interpretieren, Exkommunikationen einfach nicht anzuerkennen, sich selbst für Papsttreu zu halten, zugleich aber Anweisungen des Papstes zu ignorieren.

Während des Pontifikats von Benedikt XVI. (2005–2013) kam es zu einer gewissen Wiederannäherung der Piusbruderschaft an die Römisch-Katholische Amtskirche. 2007 ließ Papst Benedikt XVI. durch sein Apostolisches Sendschreiben »Summorum Pontificum« den Römischen Ritus von 1962 wieder als außerordentliche Form (forma extraordinaria) der Römisch-Katholischen Messe zu. Bis dahin war diese Form der Messfeier nur mit bischöflicher Sondergenehmigung – wie sie etwa die Petrusbruderschaft erhalten hatte – erlaubt. Nun konnten Priester auch ohne Sondergenehmigung wieder die alte lateinische Messe feiern. Auch Papst Benedikts »strikt antirelativistische Auslegung der konziliaren Lehre über die Religionsfreiheit«[80] kam der strikten Ablehnung der Religionsfreiheit durch die Priesterbruderschaft Pius X. entgegen.

Ein weiteres Resultat dieser Annäherung war im Jänner 2009 die Rücknahme der Exkommunikation der 1988 unerlaubt geweihten Bischöfe, die jedoch suspendiert blieben. Zurückgenommen wurde die Exkommunikation auch für Richard Williamson, der zuvor mit holocaustleugnenden Aussagen bekannt (und später auch in Deutschland verurteilt) wurde und 2012 schließlich wegen Ungehorsams aus der Piusbruderschaft ausgeschlossen wurde.[81]

Diese Wiederannäherung kam allerdings bis zum Ende des Pontifikats zu keinem Abschluss. Auch zeigte sich, dass nach drei Jahrzehnten faktischer Trennung die Wiederannäherung sowohl in der Römisch-Katholischen Kirche als auch in der Piusbruderschaft umstritten war und zu mehreren Austritten und Abspaltungen kleinerer Gruppen von der Piusbruderschaft beitrug, die schließlich überwiegend in sedisvakantistischen Positionen landeten. Umgekehrt söhnten sich im Zuge dieses Prozesses andere Splittergruppen aus dem Umfeld der Priesterbruderschaft mit dem Vatikan

---

80 Haimbach-Steins, 2013: 274.
81 Williamson bildete mit einigen Dissidenten der Piusbruderschaft die Priestergemeinschaft Marcel Lefebvre (auch Priesterbruderschaft Pius X. Resistance genannt), die allerdings nie einen wirklichen Organisationsgrad erreichte. Heute tritt er mit seinen – vielfach rechtsextremen – AnhängerInnen unter dem Namen »Catholic Resistance« und »St. Marcel Initiative« auf. 2015 wurde Williamson durch eine von ihm durchgeführte unerlaubte Bischofsweihe erneut exkommuniziert.

aus und kehrten als traditionalistische Gemeinschaften in den Schoß der Kirche zurück. Die Priesterbruderschaft selbst gilt heute wie erwähnt weder als Einrichtung der Römisch-Katholischen Kirche noch als wirklich schismatisch, sondern nimmt eine Art Zwischenstellung ein, über deren endgültiges Verhältnis zur offiziellen Römisch-Katholischen Kirche bis heute nicht entschieden ist. Die Priesterbruderschaft Pius X. selbst hat mehrmals immer wieder deutlich gemacht, dass sie nicht an Kompromissen interessiert ist, sondern den Dialog mit der Führung der Römisch-Katholischen Kirche führt, um diese von der eigenen Position beziehungsweise der in ihren Augen wahren katholischen Lehre zu überzeugen. Die Zukunft dieses Prozesses wird damit nicht nur von der Priesterbruderschaft selbst, sondern auch von der weiteren Entwicklung der Römisch-Katholischen Kirche abhängen.

Papst Benedikts Nachfolger Papst Franziskus revidierte Summorum Pontificum im Juli 2021 durch das Apostolische Schreiben »Traditionis custodes«, das nun wesentlich restriktivere Grenzen für die Messfeiern nach dem Ritus von 1962 setzte und das von den Piusbrüdern (und vielen TraditionalistInnen innerhalb der Römisch-Katholischen Kirche) zu Recht als Angriff auf die Messfeiern nach dem vorkonziliaren Ritus gedeutet wurde. Unter Papst Franziskus ist der Dialog mit der Priesterbruderschaft Pius X. sichtlich ins Stocken geraten und es wird abzuwarten sein, wie dieser sich unter künftigen Pontifikaten entwickeln wird.

Weltweit stellt die Priesterbruderschaft Pius X. heute trotz zahlreicher Abspaltungen sicher die größte katholisch-traditionalistische Gruppierung dar. Nach einer von ihr 2021 veröffentlichten Statistik verfügte sie in diesem Jahr über 676 Priester, davon drei Bischöfe, 190 Seminaristen, 135 Ordensbrüder und 82 Oblatinnen, also Ordensschwestern.[82] Die Mitgliedschaft war über die letzten Jahrzehnte regelmäßig im Steigen begriffen. Für das Jahr 2023 ist anzunehmen, dass aus einem guten Teil der Seminaristen mittlerweile auch Priester geworden sind, also vermutlich bereits über 700 Priester Mitglieder der Piusbruderschaft sind. Nicht als Mit-

---

82 Vgl. https://laportelatine.org/qui-sommes-nous/la-fsspx-dans-le-monde (3. 8. 2022).

glieder verzeichnet werden einfache Gläubige, die Gottesdienste von Priestern der Priesterbruderschaft besuchen. Angesichts der Zahl der Priester kann aber davon ausgegangen werden, dass die Priesterbruderschaft weltweit mit Sicherheit über bis zu 100 000 UnterstützerInnen verfügt und damit mit Abstand die einflussreichste traditionalistische katholische Gemeinschaft darstellt. Die mit Abstand größte Zahl Priester der Bruderschaft findet sich mit fast einem Drittel der Mitglieder in Frankreich, gefolgt von den USA, Deutschland und der Schweiz. Nach eigenen Angaben immer noch über 5 Prozent der Mitglieder finden sich in Argentinien und je etwa 2,3 Prozent in Australien, Kanada und Italien.[83]

Die Hochburg der Priesterbruderschaft stellen damit mit Sicherheit Frankreich und die französischsprachige Schweiz dar. Die hohe Zahl der Mitglieder in den USA ist angesichts der frühen Abspaltung großer Teile der US-Mitglieder der Bruderschaft bereits in den 1980er-Jahren ebenfalls bemerkenswert. Während sich diese in Richtung Sedisvakantismus radikalisierten, spalteten sich große Teile der österreichischen Sektion 1988 in Richtung Petrusbruderschaft ab. Im deutschsprachigen Raum liegt das Zentrum seither eindeutig im Süden Deutschlands, wo die Piusbruderschaft auch Schulen und ihr deutschsprachiges Priesterseminar unterhält. Neben den Schwerpunkten in Europa, Australien und beiden Amerikas gibt es allerdings auch Priorate und Messorte in mehreren afrikanischen Staaten, in Neuseeland, Japan, Südkorea, Hongkong, Indien, den Philippinen, Singapur, Fidschi, Vanuatu, Indien, Indonesien und sogar in den Vereinigten Arabischen Emiraten.[84] Die Priesterbruderschaft Pius X. ist damit mit Sicherheit nicht nur der größte, sondern auch der globalste Akteur im Bereich des katholischen Traditionalismus.

Weltweit unterhielt die Bruderschaft nach eigenen Angaben 2021 sechs Priesterseminare, 159 Priorate und 760 Messorte, also Kirchen und Kapellen, in denen die Heilige Messe regelmäßig von Priestern der Bruderschaft gelesen wird. Die Tatsache, dass dane-

83 Ebd.
84 Vgl. https://laportelatine.org/carte (3. 8. 2022).

ben weltweit 187 Schulen[85] unterhalten werden, zeigt zudem die Bedeutung, die Bildung und Erziehung für die Bruderschaft hat, um einerseits Priesternachwuchs heranzubilden und andererseits die Kinder der eigenen AnhängerInnen vom Einfluss der als verderbt wahrgenommenen modernen Gesellschaft zu isolieren und darauf vorzubereiten, katholische Familien im Sinne des katholischen Traditionalismus zu gründen.

Sedisprivationisten

Der Sedisprivationismus (vom Lateinischen *sedes* für Sitz und *privare* für berauben) geht davon aus, dass der Heilige Stuhl zwar durch einen Papst besetzt ist, allerdings nicht von einem rechtmäßigen Papst, sondern von einem illegitimen Usurpator. Der Papst existiert also materiell, wird aber nicht als rechtmäßig anerkannt. Formuliert wurde diese Position durch die sogenannte These von Cassiciacum.

Die *These von Cassiciacum* geht auf den Dominikaner und traditionalistischen Bischof Michel Guérard des Lauriers (1898–1988) zurück. Demnach gebe es zwar einen materiellen aber keinen formellen Papst (papa materíaliter, sed non formáliter).[86] Die Anhänger dieser These sprechen damit allen Päpsten ab Paul VI. ab, formell Papst gewesen zu sein und erklären diese zu Thronräubern.

In Europa stellt das 1985 gegründete *Institut Mater Boni Consilii* (Institut der Mutter vom Guten Rat) derzeit die größte Gruppe organisierter Sedisprivationisten dar. Gegründet von Priestern, die der Piusbruderschaft den Rücken gekehrt hatten und die These von Cassiciacum anerkannten, betreuen die Priester der Gemeinschaft heute kleine Gemeinden in Italien, Deutschland, Belgien, den Niederlanden, England, Frankreich, Österreich und Ungarn. Die meisten Messzentren befinden sich allerdings in Frankreich und Italien. Die Website der Organisation ist zudem auch noch auf

---

85 Vgl. https://laportelatine.org/qui-sommes-nous/la-fsspx-dans-le-monde (3. 8. 2022).
86 Vgl. https://www.quicumque.com/wp-content/uploads/2019/11/la_the_se_de_cassiciacum.pdf (3. 3. 2022).

Spanisch und Polnisch verfügbar.[87] Das Institut Mater Boni Consilii unterhält ein kleines Priesterseminar in Verrua Savoia in der Nähe der norditalienischen Stadt Turin.

Sedisprivationistische Positionen wurden im deutschsprachigen Raum unter anderem von Günther Storck vertreten, der sich 1984 in Étoile bei Paris von Michel Guérard des Lauriers zum Bischof weihen ließ und in den 1980er-Jahren ein eigenes Priesterseminar mit dem Namen Heilig Blut aufbaute. Zwar gelang es ihm, darüber einige Priester zu weihen, allerdings überlebte das Priesterseminar seinen Tod 1993 nicht. Sehr wohl gibt es allerdings bis heute den von Storck stark geprägten *Arbeitskreis Katholischer Glaube* und dessen Zeitschrift *Beiträge zur geistigen Erneuerung aus dem katholischen Glauben.*

In den USA wird der Sedisprivationismus besonders von Bischof *Donald J. Sanborn* vertreten, der ursprünglich ebenso wie die Gründer des Instituts Mater Boni Consilii aus der Piusbruderschaft stammte, 1993 das Roman Catholic Institute und 1995 in Florida das Priesterseminar der Heiligsten Dreieinigkeit (Most Holy Trinity Seminary) gründete. Der 2002 zum Bischof geweihte Sanborn gründete zwei Zeitschriften (*Sacerdotium* und *Catholic Restoration*), fungiert bis heute als Generaloberer des Roman Catholic Institute und gilt als einer der bekanntesten katholischen Traditionalisten in den USA. Seine Organisation hat mit dem 2018 zum Bischof geweihten Joseph S. Selway mittlerweile einen zweiten Bischof, der auch als möglicher Nachfolger von Sanborn gehandelt wird und den Fortbestand seiner Organisation sicherstellen soll. Sanborns Organisation verfügt über gute Beziehungen zum Institut Mater Boni Consilii und kann bis zu einem bestimmten Grad als US-amerikanische Schwesterorganisation verstanden werden.

Sedisvakantisten

Die Grenze zwischen Sedisprivationisten und Sedisvakantisten[88] ist nicht immer klar zu ziehen. Im Gegensatz zur relativ aus-

---

87   Vgl. https://www.sodalitiumpianum.it (10. 7. 2022).

88   Da die konkreten Akteure dieser Gruppen fast ausschließlich männliche Priester sind und den Frauen nur die Rolle als einfache Gläubige zu-

gefeilten Position der Sedisprivationisten, die letztlich darauf hinausläuft, im Papst einen Usurpator zu sehen, sehen andere Sedisvakantisten allerdings den Papstthron einfach als vakant an, gehen also davon aus, dass es derzeit keinen Papst gibt. Kirchenrechtlich würden damit die Regeln für eine Sedisvakanz gelten, wie sie nach dem Ableben eines Papstes bis zur Wahl eines Nachfolgers eintritt.

Viele sedisvakantistische Gruppen haben sich in der Vergangenheit durch eine Radikalisierung innerhalb der Piusbruderschaft herausgebildet. Das Einschreiten von Marcel Lefebvre gegen den Sedisvakantismus innerhalb der Piusbruderschaft und das Festhalten Lefebvres an einer grundsätzlichen Anerkennung des Papstes führten deshalb immer wieder zu Abspaltungen kleinerer Gruppierungen von Sedisvakantisten von der Piusbruderschaft.

Eine sedisvakantistische Abspaltung der Piusbruderschaft in Europa stellt das von Florian Abrahamowicz (Padre Floriano) geleitete *Domus Marcel Lefebvre* in Paese in Norditalien dar. Diese Gruppe unterhält insgesamt vier Kapellen in Italien, hat aber auch AnhängerInnen in Österreich, Deutschland, Frankreich, Ungarn und Polen, wo gelegentlich Messen in Privathäusern von UnterstützerInnen abgehalten werden, allerdings keine permanenten Gottesdienstorte existieren. Wöchentlich wird die zentrale Messe der Gemeinschaft aus dem Domus Marcel Lefebvre über einen eigenen Youtube-Kanal an die AnhängerInnen übertragen, die zu verstreut leben, um eine der Kapellen wöchentlich zu besuchen.

In den letzten Jahren hat sich die Gruppe um Abrahamowics der *Congregation of Mary Immaculate Queen* (CMRI) in den USA angenähert. Bei einem Besuch im Domus Marcel Lefebvre sprach ein Priester vom Bischof und Leiter der CMRI, Mark Pivarunas, als »unserem Bischof«. Tatsächlich studieren Seminaristen des Domus Marcel Lefebvre zumindest teilweise im Priesterseminar des CMRI, und Pivarunas führt Priesterweihen für die Gruppe um Abrahamowicz durch.

<hr>

gewiesen wird, wird hier die männliche Form verwendet. Selbstverständlich besuchen auch Frauen die Gottesdienste dieser Gruppen. Jene, die deren Theologie ausformulieren und diese Gruppen organisieren, sind allerdings fast ausschließlich Männer.

Von seinen theoretischen Grundsätzen her unterscheidet sich Abrahamowicz nicht sehr von der Piusbruderschaft. In vielerlei Hinsicht bleibt er seinem Vorbild Marcel Lefebvre verbunden. Während sich die Piusbruderschaft selbst nach Lefebvre wieder dem Papst angenähert hat, hat sich Abrahamowicz in seiner Ablehnung des Vatikans radikalisiert und die Gratwanderung von Lefebvres Thesen zugunsten einer sedisvakantistischen Position entschieden.

»Padre Floriano«, der von seinem Domus Marcel Lefebvre aus eine kleine Anhängerschaft in mehreren europäischen Staaten betreut, stellt Videos seiner Predigten und Vorträge auf Italienisch und Deutsch in seinen Youtube-Kanal und betreibt eine – allerdings kaum aktualisierte – Website, die wohl vor allem Dissidenten der Piusbruderschaft ansprechen soll. Am 14. März 2010 versuchte er durch die Verbrennung von Dokumenten des Zweiten Vatikanischen Konzils Aufsehen für seine kleine Splittergruppe zu erzielen. Außerhalb einer extrem kleinen Szene an Sedisvakantisten scheint die Gruppe um ihn aber wenig Beachtung zu finden.

Neben dem Sedisvakantismus unterscheidet sich die Gruppe um Abrahamowicz heute noch in einem weiteren entscheidenden Punkt von der Priesterbruderschaft Pius X., aus der Abrahamowicz stammt: Die Gruppe aberkennt nicht nur die Rechtmäßigkeit des Papstes, sondern sie anerkennt auch keine Bischofs und Priesterweihen nach dem Ritus, wie er seit dem Zweiten Vatikanischen Konzil vorgesehen ist. Damit ist aus Sicht dieser Gruppe nicht nur der überwiegende Teil aller Priester und Bischöfe ungültig geweiht, sondern es sind auch die von diesen – aus ihrer Sicht ungültig Geweihten – gespendeten Sakramente ungültig.[89]

Die Gruppe um Abrahamowicz ist allerdings nur eine von mehreren Gruppierungen, die aus der Priesterbruderschaft Pius X. hervorgegangen sind und sich dem Sedisvakantismus zugewendet haben. Schon sehr viel früher, bereits in den 1980er-Jahren, hatte sich innerhalb der Piusbruderschaft in den USA eine andere sedisvakantistische Strömung gebildet, die von den wichtigsten US-ame-

---

89 Dies wurde dem Autor beim Besuch des Domus Marcel Lefebvre am 21. August 2022 von einem Priester der Gemeinschaft als Hauptunterschied zur Priesterbruderschaft Pius X. genannt.

rikanischen Priestern der Gemeinschaft, Daniel Dolan, Clarence Kelly und Donald J. Sanborn, getragen wurde. Diese wurden bereits Anfang der 1983 von Lefebvre persönlich aus der Priesterbruderschaft St. Pius X. ausgeschlossen und gründeten daraufhin die sedisvakantistische *Priesterbruderschaft St. Pius V.*[90]

Die Gruppierung benannte sich damit nach einem von 1566 bis 1572 regierenden Papst, der sich zuvor als besonders unbarmherziger Großinquisitor einen Namen gemacht hatte und während seiner Amtszeit gleich drei Päpstliche Bullen[91] gegen die Juden veröffentlichte. In der 1569 veröffentlichten Bulle *Hebraeorum gens* wurden sämtliche Juden aus dem Kirchenstaat unter Androhung ihrer Hinrichtung ausgewiesen. Der aufgrund seines persönlich einfachen Lebensstils durchaus auch populäre Papst wurde schließlich 1712 heiliggesprochen.

Beim Konflikt der frühen 1980er-Jahre zwischen führenden Mitglieder der Priesterbruderschaft in den USA einerseits und Marcel Lefebvre und der Führung der Priesterbruderschaft in Europa andererseits, ging es allerdings nicht nur um die Sedisvakantismus-Frage, sondern gewissermaßen auch darum, in welche Zeit zur katholischen Kirche zurückgekehrt werden solle. Insbesondere war der Punkt, welche konkrete Form des tridentinischen – also des vorkonziliaren lateinischen – Ritus nun genau zelebriert werden sollte, Teil der Auseinandersetzung. Während Lefebvre und damit auch die heutige Piusbruderschaft die Reformen bis zum Zweiten Vatikanischen Konzil akzeptierten, ihre Messen also nach der Ausgabe des Messbuchs von Johannes XXIII. von 1962 feierten, lehnten die wichtigsten Akteure des US-amerikanischen Zweigs der Piusbrüder auch dieses bereits als Neuerung ab und arbeiteten nach dem unter Pius XII. verwendeten Missale Romanum. Bereits die Berufung auf Pius V. zeigt deutlich, dass die US-amerikanische Gruppe weit vor das frühe 20. Jahrhundert zurückwollte. Auch einige weitere Fragen waren umstritten, insbesondere ob Priesterweihen im

90 Vgl. Dinges, 1995: 250.
91 Als Päpstliche Bulle werden Urkunden bezeichnet, die wichtige Rechtsakte des Papstes verkünden und in der päpstlichen Kanzlei ausgefertigt und besiegelt werden.

nachkonziliaren Ritus gültig seien und Priester, die in diesem geweiht wurden, nochmals *sub conditione* zu weihen seien. Die Führung des US-Zweigs der Priesterbruderschaft, die späteren Gründer der Priesterbruderschaft St. Pius V., vertraten hier eine wesentlich extremere Position als Lefebvre, der letztlich den Bruch mit Rom vermeiden wollte. Der in der Priesterbruderschaft Pius X. heute als Sedisvakantismus-Krise benannte Abspaltungsprozess großer Teile des US-amerikanischen Flügels der Bruderschaft führte für Lefebvre zu massiven Verlusten. Allerdings zeigte sich in weiterer Folge, dass auch die Ausgeschlossenen alles andere als einig waren.

Die Gründer der Priesterbruderschaft St. Pius V. zerstritten sich bald weiter. Während Sanborn heute sedisprivationistische Positionen mit seinen eigenen Organisationen vertritt, wird die Priesterbruderschaft Pius V. derzeit von Clarence James Kelly geleitet, der 1993 von Alfredo Méndez-Gonzalez, dem emeritierten Bischof von Arecibo (Puerto Rico), unerlaubt zum Bischof geweiht wurde. 1996 etablierte die Bruderschaft im Staat New York ihr eigens Priesterseminar (Immaculate Heart Seminary).[92] 2007 und 2018 weihte Kelly zwei Priester der Bruderschaft zu Bischöfen, um damit weitere legitime Priesterweihen über seine Lebenszeit hinaus sicherzustellen. Derzeit hat die Priesterbruderschaft Pius V. fünf permanente Priorate mit Messzentren in 14 US-Bundesstaaten.[93] Seit 1984 gibt es auch einen Frauenorden der Gemeinschaft.

Eine weitere wichtige sedisvakantistische Gruppierung in den USA ist die 1967 von Francis Schuckardt gegrüdete *Congregation of Mary Immaculate Queen* (CMRI). Schuckardt überwarf sich jedoch 1984 – unter anderem im Zusammenhang mit Vorwürfen des sexuellen Missbrauchs von Seminaristen gegen ihn – mit seiner eigenen Gründung und errichtete mit der *Tridentine Latin Rite Church* (TLRC) eine neue, sehr kleine sedisvakantistische Kirche. Heute wird die wesentlich größere CMRI von Mark Pivarunas geleitet, der 1991 vom mexikanischen sedisvakantistischen Bischof Moisés Carmona Rivera zum Bischof geweiht wurde.

92 Vgl. https://congregationofstpiusv.com/about-us/immaculate-heart-seminary (19.7.2022).
93 Vgl. https://www.sspv.org/index.php/locations (19.7.2022).

In den 1970er-Jahren hatte eben dieser Moisés Carmona Rivera in Mexiko gemeinsam mit Joaquín Sáenz y Arriaga und Adolfo Zamora die *Tridentinische Katholische Union* (Union Católica Trento) gegründet, aus der sich die heutige *Tridentinische Priestergesellschaft* (Sociedad Sacerdotal Trento) entwickelte.

Eben diese wird heute von Bischof Martín Dávila Gándara geleitet, der 1996 den Leichnam von Moisés Carmona Rivera exhumieren und in eine Krypta umbetten ließ, wobei die Behauptung aufgestellt wurde, der Leichnam des 1991 verstorbenen Rivera sei unversehrt gewesen – eine Eigenschaft, die historisch immer wieder von Leichnamen katholischer Heiliger behauptet wurde. Die *Sociedad Sacerdotal Trento*[94] stellt heute die größte sedisvakantistische Gruppierung in Mexiko dar.

Im deutschsprachigen Raum galt von 1975 bis zu ihrer Einstellung 1996 die von der in Basel ansässigen Sammlung glaubenstreuer Katholiken (SAKA) herausgegebene Zeitschrift *SAKA-Informationen* als wichtigste Zeitschrift einer lose miteinander verbundenen sedisvakantistischen Szene. Diese wurde teilweise von der Liga katholischer Traditionalisten beerbt, die unter dem 2012 verstorbenen deutschsprachigen belgischen Priester Paul Schoonbroodt die Zeitschrift Kyrie Eleison produzierte.

Konklavisten

Unter jenen, die den Papstthron als vakant ansahen, haben sich einige Gemeinschaften im Laufe der Zeit entschieden, einen eigenen Papst zu wählen. Diese Gemeinschaften werden im Allgemeinen unter dem Begriff der Konklavisten zusammengefasst, da sie ein Konklave zur ›Wahl‹ eines neuen, aus ihrer Sicht rechtmäßigen Papstes – aus Sicht der Katholischen Kirche eines Gegenpapstes – abhielten, also den Versuch unternahmen, mit der Wahl eines neuen Papstes die Katholische Kirche wiederherzustellen.

Die Geschichte der Römisch-Katholischen Kirche kennt zwar eine Reihe von historischen Gegenpäpsten, etwa den Päpsten während des großen abendländischen Schisma von 1378 bis 1417, als in

---

94 Vgl. https://www.obispoenmisiones.com/sociedad-sacerdotal-trento (19.7.2022).

Rom und Avignon rivalisierende Päpste residierten, oder die Gegenpäpste der Obedienz von Pisa, Alexander V. (1409–1410) und Johannes XXIII. (1410–1415). Diese Gegen- oder Parallelpäpste waren allerdings meist Folge politischer Zerwürfnisse und nicht primär eines ideologischen oder religiösen Richtungsstreits innerhalb der Katholischen Kirche. Die modernen Gegenpäpste unterscheiden sich von diesen historischen Beispielen einerseits dadurch, dass keiner dieser Gegenpäpste politische Unterstützung relevanter Staaten oder politischer Gruppierungen hatte und alle nur über eine sehr begrenzte Anhängerschaft verfügten. Anders als frühere Gegenpäpste sind diese aus einem religiösen und ideologischen Zerwürfnis heraus entstanden. Die Ernennung moderner Gegenpäpste basiert auf der Vorstellung, der Papst in Rom sei kein legitimer Papst mehr, die wahre Römisch-Katholische Kirche also führungslos. Ein neuer Papst müsse also installiert werden, um die wahre Kirche wieder herzustellen.

Der erste dieser modernen Gegenpäpste trat sogar schon vor dem Zweiten Vatikanischen Konzil auf, beanspruchte zunächst allerdings nicht, der einzig legitime Papst zu sein. Der 1905 geborene katholische Priester Michel Collin stand zunächst eng in Kontakt mit dem späteren katholischen Heiligen Padre Pio in Italien und fiel schon früh mit extravaganten Behauptungen auf, die überraschend spät zu seiner Exkommunikation führten. Bereits im April 1935 behauptete Collin, auf mystische Weise von Christus persönlich zum Bischof konsekriert geworden zu sein[95] – was nach katholischer Lehre unmöglich ist. 1950 behauptete er schließlich, wiederum durch direkte Intervention Christi zum Papst erwählt geworden zu sein.[96] Auch mit dieser Behauptung stellt Collin eine absolute Ausnahme unter allen Alternativpäpsten dar. Collin, der seither unter seinem Papstnamen Clemens XV. auftrat, behauptete zunächst noch nicht, der einzige Papst zu sein, sondern dem damaligen Papst Pius XII., einem der konservativen Pius-Päpste, zur Hilfe zu eilen. Collin akzeptierte auch noch das Pontifikat des Nachfolgers von Pius XII., Johannes XXIII. Als sich jedoch der Va-

95   Cueno, 1999: 122.
96   Ebd.

tikan weigerte, das dritte Geheimnis von Fátima nach der von den damaligen SeherInnen vorgesehenen Sperrfrist zu veröffentlichen, brach er endgültig mit Rom und gründete seine eigene, nämlich die *Renovierte katholische Kirche* (L' Église catholique Renovée).[97] Mit dem Tod von Johannes XXIII. verkündigte Collin/Clemens XV. nun erstmals, der alleinige wahre Papst zu sein.

Es würde zu weit gehen, das Leben dieses doch sehr exzentrischen ersten modernen Gegenpapstes zu schildern, der schließlich mit weit von der klassisch-katholischen Lehre abweichenden Vorstellungen über Ufos, Außerirdische und eine »interplanetare Kirche«[98] einen gelinde gesagt ungewöhnlichen Sonderweg einschlug. Was ihn allerdings von späteren Gegenpäpsten unterscheidet, ist nicht nur die besondere Extravaganz seiner Lehre, sondern auch seine frühe Trennung von der Römisch-Katholischen Kirche. Dass diese noch vor dem Zweiten Vatikanischen Konzil erfolgte, macht ihn ebenso zu einem Sonderfall, wie die Tatsache, dass er sich einerseits als Traditionalist sah und auch Verbindungen zu späteren traditionalistischen Gruppierungen unterhielt (und einig davon auch beeinflusste), zugleich aber in einigen Fragen wieder progressive Ansätze vertrat.

Das schillernde Leben dieses frühen modernen Gegenpapstes wäre sicher auch aufgrund seines Einflusses eine eigene Biografie wert. Dass jemand wie Collin es in seiner Zeit durchaus zu einer zumindest zeitweise ansehnlichen Anhängerschaft in Frankreich, aber auch in einigen anderen Staaten, darunter Österreich, Deutschland, Kanada, USA und Italien, brachte, zeigt, dass bereits vor dem Konzil das Potenzial für traditionalistische Abspaltungen von der Katholischen Kirche existierte.

Auch wenn von seiner ursprünglichen religiösen Gemeinschaft heute nur noch eine sehr kleine Gruppierung in seinem *Kleinen Vatikan* im französischen Dorf Clémery existiert und Clemens XV. keinen direkten Nachfolger hat, beriefen sich später mehrere alternative Päpste auf diesen Mann, der laut seinen Anhängern nicht nur mit Papst Johannes XXIII., sondern auch mit Kardinal Tis-

---

97 Lundberg, 2017: 45.
98 Eggenberger, 1978: 84.

serant, General de Gaulle, der Königin von Belgien, der Königin der Niederlande und John F. Kennedy in Kontakt gestanden
haben soll.[99]

Die bekanntesten Konklavisten, die in der Nachfolge von
Clemens XV. wieder einen eigenen Papst ernannten, sind die von
einem stark apokalyptischen Marienkult geprägten *Apostel der Unendlichen Liebe vom Orden des Magnifikat der Mutter Gottes* (Les
Apôtres de l'Amour Infini de l'Ordre du Magnificat de la Mère de
Dieu) in der Nähe der kanadischen Stadt Montreal, wo sich der
erst 2011 verstorbene Jean-Gaston Tremblay als Gregor XVII. zum
Papst ernannte. Die sektenhaft abgeschlossene Gruppierung wurde
1999 auf Anordnung der Staatsanwaltschaft Québec durch Polizei-
kräfte durchsucht, wobei mehrere ihrer Mitglieder verhaftet wurden, allerdings wurden die Führer der Gemeinschaft aus Mangel an
Beweisen vom Vorwurf des sexuellen Missbrauchs freigesprochen.
Nach dem Tod Tremblays wurde 2012 Mathurin de la Mère de Dieu
unter dem Namen Gregor XVIII. als Papst der Gemeinschaft inthronisiert.[100] Gemeinden dieser Gruppierung existieren nicht nur
in Kanada, sondern auch in Europa, den USA, Guatemala, der Dominikanischen Republik, Guadeloupe und Südafrika.

Sowohl die ursprüngliche Gruppe um Clemens XV. in Frankreich als auch die Gruppe um Gregor XVII. und Gregor XVIII.
sind stark von einer apokalyptischen Marienverehrung geprägt.
Die Nichtanerkennung vermeintlich authentischer Marienerscheinungen beziehungsweise die Nichtveröffentlichung des dritten
Geheimnisses der von der Römisch-Katholischen Kirche anerkannten Marienerscheinungen von Fátima, spielten jeweils eine
wichtige Rolle bei der Trennung von der Römisch-Katholischen
Kirche.

Für alle anderen konklavistischen Gruppierungen ist hingegen das Zweite Vatikanische Konzil der entscheidende Bruch mit
Rom. Keine dieser Gruppen kann es von der Zahl ihrer AnhängerInnen und ihrer Institutionalisierung her mit den größeren
traditionalistischen Organisationen aufnehmen, und kaum einer

---

99 Vgl. https://petrusderfels.de.tl/Ger.ae.tselt-6-k2-.htm (22. 4. 2022).
100 Vgl. https://magnificat.ca/odm/en/hierarchy (23. 4. 2022).

dieser Päpste schafft es, dass nach seinem Ableben ein Nachfolger gewählt wird. Manche verzichten schon zu ihren Lebzeiten sang- und klanglos auf das von ihnen beanspruchte Amt, da ihr Scheitern als »Papst« zu offensichtlich ist. Neben *Apostel der unendlichen Liebe vom Orden des Magnifikat der Mutter Gottes* hat es nur die Palmarianisch-Katholische Kirche geschafft, Nachfolger zu installieren und eine längerfristige Organisation zu halten. Letzterer wird hier ein eigenes Unterkapitel gewidmet, da sie zwar aus dem katholischen Traditionalismus kommt und sich selbst so versteht, allerdings im Laufe der Zeit mit ihren massiven Veränderungen der Lehre und des Ritus eine Sonderentwicklung genommen hat, die sie weit weg von anderen Formen des Traditionalismus führte.

Als Sonderentwicklung kann auch die *Legio Maria* der Luo in Kenia betrachtet werden – nicht zu verwechseln mit der *Legio Mariae* der Römisch-Katholischen Kirche. Die Legio Maria der Luo besitzt zwar auch sogenannte Päpste, stellt aber keine Strömung des katholischen Traditionalismus dar, sondern bildet eine Art synkretistische Glaubensgemeinschaft mit lokalen und christlichen/katholischen Wurzeln. Diese Gruppierung ist zwar auch aus einem Schisma in der lokalen Römisch-Katholischen Kirche entstanden, allerdings hat auch diese durch die extreme Verehrung von lebenden Personen als Jesus oder Jungfrau Maria einen Sonderweg eingeschlagen, der kaum etwas mit dem katholischen Traditionalismus zu tun hat. Ihr Gründer, Blasio Simeo Malkio Ondetto – der als »Baba Messiah« (Vater Messias) verehrt wurde –, schuf in den 1960er-Jahren vielmehr eine spezifisch ostafrikanische synkretistische Kirche mit katholischen Wurzeln, die heute immerhin über drei Millionen AnhängerInnen verfügt. Ihre drei Päpste, die »Baba Messiah« nachfolgten, spielen eine andere Rolle als Römisch-Katholische Päpste.[101]

Der schwedische Kirchen- und Missionshistoriker Magnus Lundberg, der sich wie kein Zweiter mit modernen Alternativ-Päpsten beschäftigt hat, schreibt in einem 2022 überarbeiteten Text, dass seit dem Zweiten Vatikanischen Konzil mindestens dreißig

---

101 Chryssides, 2012: 214.

Männer von sich behauptet hätten, nicht der Papst in Rom, sondern sie selbst wären der rechtmäßige Papst der Römisch-Katholischen Kirche.[102] Die meisten dieser »Päpste« haben oder hatten allerdings eine sehr beschränkte Anhängerschaft und nur wenige brachten tatsächlich eine zumindest rudimentäre religiöse Gemeinschaft hervor.

Von den im katholischen Traditionalismus verankerten Gruppen, die einen eigenen Papst wählten, ist vermutlich die kleine *True Catholic Church* die einzige Gruppierung mit einer gewissen Kontinuität. Diese in den USA basierte Gruppierung wählte mittels einer teilweise über E-Mail durchgeführten Abstimmung 1998 den 1912 geborenen ehemaligen Kapuziner Lucian Pulvermacher zum Papst, der seither unter dem Namen Pius XIII. auftrat. Nach seinem Tod 2009 blieb die True Catholic Church zwar bestehen, wählte aber bislang noch keinen Nachfolger für den verstorbenen Papst. Aus Sicht dieser Kirche herrscht damit seit 2009 wieder eine Sedisvakanz.

Der Südafrikaner Viktor von Pentz ließ sich 1994 in Assisi als Papst Linus II. inthronisieren. Allerdings dürfte er mittlerweile selbst diesen Anspruch wieder aufgegeben haben. Magnus Lundberg stellt fest, dass es zwar eine Vielzahl an Quellen zur Wahl von Pentz als Papst Linus II. gegeben habe, aber fast nichts über sein Pontifikat. 1998 übersiedelte Pentz/Linus II. nach Hertfordshire in England, wo er eine kleine *Byzantine Catholic Community* etablieren konnte. Er soll einige Anhänger in Deutschland, England und Italien gehabt haben, trat allerdings kaum mehr als Papst auf. Selbst ehemalige Anhänger waren sich einige Jahre nach Beginn seines »Pontifikats« nicht sicher, ob er zurückgetreten war, und werteten das Ausbleiben einer Antwort von ihm als ein »Ja«. Da er die Briefe eines seiner Bischöfe nicht beantwortete, erklärte dieser im Juli 2007 den Heiligen Stuhl für vakant und begann mit der Vorbereitung eines Konklave.[103]

---

102 Vgl. https://magnuslundbergblog.files.wordpress.com/2022/01/chester-olszewski-2021.pdf (5. 8. 2022).

103 Vgl. https://magnuslundberg.net/2016/05/15/modern-alternative-popes-18-linus-ii (6. 8. 2022).

Im US-Bundesstaat Kansas beansprucht David Allen Bawden seit 1990 als Papst Michael, legitimer Papst zu sein. Dieser Anspruch wird allerdings nur von einer sehr kleinen Gruppe von dreißig bis fünfzig Personen akzeptiert. Auf der Website von Bawdens *Vatican in Exile* heißt es, dass sich der Vatikan in den letzten sechzig Jahren vom katholischen Glauben entfernt habe und sich deshalb der wahre Vatikan im Exil befinde. Historisch hätten über zwanzig Papstwahlen außerhalb Roms stattgefunden und heute befinde man sich in einer ähnlichen Situation.[104]

Ebenfalls in den USA erklärte sich der 1943 geborene US-Amerikaner polnischer Abstammung Chester Olszewski 1977 im Zusammenhang mit einem angeblichen zum von Gott erwählten Wiederhersteller der alten Römisch-Katholischen Kirche und nahm den Namen Chriszekiel Elias an, um ab 1979 als Papst Peter II. den Stuhl Petri für sich zu beanspruchen. Er konnte allerdings nur eine sehr kleine Gemeinschaft für sich gewinnen, die sich rasch durch Exkommunikationen reduzierte.[105]

In Spanien wählte 2005 die neu gegründete *Iglesia Católica Apostólica Española Tradicionalista y Mercedaria*, die sich als Nachfolgerin der Römisch-Katholischen Kirche sieht, Joaquín Llorens Grau zu Papst Alexander IX.[106]

Keine dieser konklavistischen Gruppierungen verfügt über eine größere Anhängerschaft. Letztlich sind all diese Päpste nur von regionaler Bedeutung. Ihre Gruppierungen sind im Vergleich zu den größeren sedisvakantistischen Gemeinschaften sehr klein.

Palmarianisch-Katholische Kirche

Einen Sonderfall der Konklavisten stellt wiederum die Palmarianisch-Katholische Kirche dar. Auch sie hat seit dem Tod von Papst Paul VI. 1978 einen eigenen Papst, allerdings wurde dieser nicht in einem Konklave erwählt, sondern Clemente Domínguez y Gómez behauptete, direkt aufgrund göttlicher Intervention

---

104 Vgl. https://www.vaticaninexile.com/about.php (5. 8. 2022).
105 Vgl. https://magnuslundbergblog.files.wordpress.com/2022/01/chester-olszewski-2021.pdf (5. 8. 2022).
106 Vgl. https://iglamerce.blogia.com (5. 8. 2022).

als Gregor XVII. erwählt worden zu sein. Auch seine Nachfolger wurden nicht durch ein Konklave zu Päpsten der Palmarianisch-Katholischen Kirche, sondern jeweils von ihrem Vorgänger als Nachfolger designiert.

Von klassischen Konklavisten unterscheidet sich die Palmarianisch-Katholische Kirche allerdings auch durch den Sonderweg, den die Gemeinschaft seit der Beanspruchung des Papsttums durch Clemente Domínguez y Gómez genommen hat, wodurch diese Kirche heute zu einem der exzentrischsten Sprossen des katholischen Traditionalismus macht.

Dabei bauen die Anfänge dieser im andalusischen Dorf El Palmar del Troya entstandenen Gemeinschaft durchaus auf dem auf, was der katholische Traditionalismus der 1960er- und 1970er-Jahre zu bieten hatte. Die Entstehungsgeschichte dieser Kirche ist zudem eng mit anderen Strömungen des katholischen Traditionalismus, wie der Priesterbruderschaft Pius X. oder der Gruppe um den unter dem Namen Clemens XV. auftretenden französischen Priester Michel Collin, verbunden. Entscheidend für die Entstehung der Gemeinschaft und von nachhaltigem Einfluss auf deren Theologie waren zudem die Marienerscheinungen, die 1968 von vier Mädchen auf einem Feld nahe der kleinen andalusischen Ortschaft El Palmar del Troya behauptet wurden. Wie viele Marienerscheinungen wurden auch diese nicht von der Römisch-Katholischen Kirche offiziell anerkannt, allerdings zum Anziehungspunkt von konservativen und traditionalistischen Katholiken aus aller Welt. Obwohl sich die Botschaften der Marienerscheinung zunächst wenig von früheren Marienerscheinungen unterschieden – auch solchen, die von der Römisch-Katholischen Hierarchie anerkannt wurden wie in Fátima oder Lourdes – wurde El Palmar del Troya insbesondere aufgrund der Ablehnung des zuständigen Bischofs von Sevilla und damit auch der offiziellen Kirche zu einem Anziehungspunkt traditionalistischer KatholikInnen. Wie andere Marienerscheinungen waren auch die Botschaften von El Palmar del Troya Aufforderungen zu Gebet und Umkehr mit einem antimodernistischen und apokalyptischen Unterton. Der Religionswissenschaftler Magnus Lundberg, der 2017 die umfassendste Studie zur Palmarianisch-Katholischen Kirche verfasst hatte, erwähnt dementsprechend den »apokalyptischen Marianismus«[107] als eine der Quellen der Palmarianisch-Katholischen Frömmigkeit.

Der spätere Papst der Palmarianisch-Katholischen Kirche, der kein studierter Theologe war, kontaktierte zunächst den Gründer der Piusbruderschaft Marcel Lefebvre, der jedoch über den Professor an seinem Seminar von Écone, Maurice Revaz, auf den vietnamesischen Alterzbischof Pierre Martin Ngô Đình Thục[108] verwies, der Clemente Domínguez y Gómez am Jahreswechsel 1975/76 zum Priester und bereits am 11. Jänner 1976 zum Bischof weihte. Neben Clemente Domínguez y Gómez selbst weihte Thục dabei auch vier weitere Bischöfe aus der Anhängerschaft von Domínguez y Gómez:

107 Lundberg, 2017: 26.
108 Auf den 1897 geborenen Erzbischof Pierre Martin Ngô Đình Thục gehen eine Reihe von schismatischen Bischofslinien zurück. Der erste katholische Erzbischof des 1960 geschaffenen Erzbistums Huế in Zentralvietnam war Bruder des 1963 gestürzten südvietnamesischen Diktators Jean-Baptiste Ngô Đình Diệm. Thục hatte bereits 1938 eine »außerordentliche Vollmacht« von Pius XI. erhalten, die auch beinhaltete, im Notfall Bischöfe zu weihen. Auf diese berief sich Thục bei seinen späteren Bischofsweihen, nachdem er seit dem Zweiten Vatikanischen Konzil die Kirche in einem Notstand sah. Thục, der aufgrund des Krieges in Vietnam nach dem Konzil in Europa blieb und sein Amt als Erzbischof von Huế niederlegte, näherte sich in den Jahren nach dem Konzil immer stärker sedisvakantistischen Positionen an und weihte neben Domínguez y Gómez und vier seiner Anhänger mindestens sechs weitere unerlaubte Bischöfe, auf die mehrere Weihelinien des katholischen Traditionalismus zurückgehen: 1977 Jean Laborie von der Église catholique latine (Rekonsekration sub conditione), 1978 Jean-Marie Roger Kozik (Rekonsekration sub conditione) von der Fraternité Notre Dame, im Mai 1981 Michel Louis-Bertrand Guérard des Lauriers, den Entwickler der These von Cassiciacum, im Oktober 1981 Moisés Carmona und Adolfo Zamora von der mexikanischen Union Católica Trento und 1982 Christian Marie Datessen von den Petites Églises Catholiques (Rekonsekration sub conditione). Weitere Bischofsweihen, wie jene von Luigi Boni und Jean-Gérard Roux im April 1982, sind auch in der sedisvakantistischen Szene umstritten. Es gibt jedoch eine ganze Reihe von weiteren Bischofsweihen, die Thục zugeschrieben wurde. Da Erzbischof Thục entgegen der Römisch-Katholischen Tradition tatsächlich einige Bischofsweihen im Geheimen durchführte, sind solche behauptete Bischofsweihen nicht immer zu klären, womit auch innerhalb der sedisvakantistischen Szene die apostolische Sukzession einiger dieser Bischofslinien umstritten ist.

zwei Diözesanpriester, einen Benediktinermönch und einen Laien. Auch wenn sich einige dieser Bischöfe später wieder von Domínguez y Gómez abwenden sollten, geht die apostolische Sukzession der Bischöfe der Palmarianisch-Katholischen Kirche genau auf diese fünf Bischofsweihen durch Alterzbischof Pierre Martin Ngô Đình Thục vom Jänner 1976 zurück.

Nach dem Tod von Papst Paul VI. am 6. August 1978 erklärte sich »Bischof Fernando«, wie sich Clemente Domínguez y Gómez zwischenzeitlich nannte, zum Papst, wobei er sich nicht von einem Konklave wählen ließ, sondern seine Ernennung als Papst Gregor XVII. auf direkte göttliche Intervention zurückführte. Erzbischof Thục hatte sich zu diesem Zeitpunkt bereits von dem von ihm geweihten Bischof distanziert und nach dessen Selbsternennung zum Papst auch mit ihm gebrochen.

Die Bischofsweihen wurden vom Vatikan nicht nur als unerlaubt, sondern auch als ungültig gesehen, da Thục »non compos mentis« (nicht im Besitz seiner geistigen Kräfte) gewesen sei. Der Vatikan erklärte Thục damit für unzurechnungsfähig, was die Weihen ungültig machen würde. Allerdings erklärte er noch 1981, dass er zwar keine Beziehung mehr zu El Palmar de Troya habe, die Vorgangsweise von Clemente Domínguez y Gómez jedoch missbillige, allerdings die Ordinationen von 1976 mit klaren Überlegungen vorgenommen habe,[109] womit diese auch aus katholischer Sicht gültig – allerdings unerlaubt – seien. Aus Sicht der offiziellen Römisch-Katholischen Kirche wurde von der Kongregation für die Glaubenslehre bereits am 17. September 1976 hingegen eindeutig festgestellt, dass diese Weihen nicht anerkannt würden, die Kirche »betrachtet diese Personen als dem Stand zugehörig, den sie jeweils vor diesen Ereignissen eingenommen haben«.[110] An dieser Haltung hat sich bis heute nichts geändert. Die Palmarianisch-Katholische Kirche betrachtet die Weihen hingegen selbstverständlich als gültig und beansprucht damit für ihre Bischöfe die apostolische Sukzession.

109 Schmitt, 226: 114.
110 »Dekret betreffend einige unrechtmäßig vorgenommene Priester- und Bischofsweihen«, L'Osservatore Romano, Wochenausgabe in deutscher Sprache, Nr. 40, 1. Oktober 1976, S. 3 (AAS 68 [1976], S. 623).

Nicht nur mit der Wahl eines eigenen Papstes schlug die Palmarianisch-Katholische Kirche in den folgenden Jahren allerdings einen Sonderweg ein, der sie weit vom klassischen katholischen Traditionalismus entfernte. Bereits Papst Gregor XVII. ließ die Bibel umschreiben und veröffentlichte eine *Blaue Bibel*, die in vielen Punkten von jener Bibel abweicht, die von allen anderen christlichen Kirchen verwendet wird. Auch die Messe wurde stark verändert und besteht de facto nur noch aus der Wandlung, die dafür allerdings in einem sogenannten ›Messzyklus‹ zwölfmal wiederholt wird. Das Datum der Osterfeiertage wurde verändert und fixiert. Maria wurde in einen gottgleichen Rang erhoben und dementsprechend erwarten die Anhänger der Kirche nicht nur einen »Antichristen«, sondern auch eine »Antimaria«.

Dass all dies Neuerungen sind, wird von den Bischöfen der Kirche selbst bestritten. Die Bischöfe der Kirche geben vor, dass es in der Römisch-Katholischen Kirche schon immer so Usus gewesen sei.[111]

Immer wieder kam es zu einzelnen Exzessen innerhalb der Kirche, die auch außerhalb der Gemeinschaft Beachtung fanden. So verletzte etwa 1982 ein kubanischer Novize seine Augen und kastrierte sich selbst, um rein zu bleiben. Auch wenn dieser Novize letztlich nicht geweiht und ausgeschlossen wurde, so wurden auch später immer wieder Fälle von genitalen Selbstverstümmelungen bekannt. Die Kirche wurde auch beschuldigt, Jugendliche ohne Erlaubnis der Eltern entführt zu haben.[112] Der Bericht einer ehemaligen Nonne der Palmarianisch-Katholischen Kirche liefert ein anschauliches Bild eines hochgradig regulierten Lebens in den Konventen der Gemeinschaft. Lediglich einige wenige Gebetsbücher der Kirche und die Regeln der Gemeinschaft seien als Lektüre erlaubt gewesen. Selbst Bibellektüre sei verboten gewesen, andere Texte oder Medien sowieso.[113]

---

111 So argumentierte zum Beispiel ein aus der Schweiz stammender Bischof bei meinem Besuch des »Vatikans« der Palmarianisch-Katholischen Kirche in Palmar de Troya am 3. April 2022.

112 Lundberg, 2017: 94.

113 Molina, 2006: 186 ff.

Wie eine Reihe anderer traditionalistischer Gemeinschaften erklärt sich die Palmarianisch-Katholische Kirche den behaupteten Glaubensabfall der Römisch-Katholischen Kirche mit einer freimaurerischen Unterwanderung. In einer Broschüre, die interessierten BesucherInnen der Zentrale der Palmarianisch-Katholischen Kirche bis heute gegeben wird, wird dem »Gegenpapst Johannes Paul II.« vorgeworfen, »der größte Verbreiter von Irrlehren und anderen Lastern«[114] zu sein. Der Papst sei »der Vater des verfluchten Synkretismus«, da er »hinterlistig verkündet« habe, »dass die ewige Rettung das Erbe aller bestehenden Religionen sei«.[115]

Die Geschichte der Kirchenspaltung wird als Übernahme der Römischen Kirche durch den Satan geschildert. Dabei wird die These vertreten, Papst Paul VI. sei durchaus noch rechtmäßiger Papst gewesen, allerdings von satanischen Kräften in Geiselhaft gehalten worden. Damit wird zwar, wie bei anderen traditionalistischen Gruppen auch, von der Palmarianisch-Katholischen Kirche das Zweite Vatikanische Konzil abgelehnt, allerdings wird so getan, als habe Papst Paul der VI., der während des Konzils gewählt wurde und unter dem dieses schließlich 1965 abgeschlossen werden konnte, mit den Inhalten des Konzils nichts zu tun gehabt. Die Römisch-Katholische Kirche könne seit dem 6. August 1978 nicht mehr als rechtmäßige Kirche gesehen werden, da »seit dem Tod des heiligen Papstes Paul VI.«[116] der Gründer der Palmarianisch-Katholischen Kirche als Papst Gregor XVII. durch göttliche Intervention zum Papst erhoben worden sei.

Die Vorstellung, Papst Paul VI. noch als rechtmäßig, ja sogar als heilig, anzuerkennen, ist ein Alleinstellungsmerkmal der Palmarianisch-Katholischen Kirche innerhalb des katholischen Traditionalismus. Diese zunächst widersprüchlich wirkende Vorstellung, den Konzilspapst als Heiligen zu betrachten, wird damit begründet, dass Papst Paul VI. »in seinem ganzen Pontifikat [...] die meiste Zeit unter dem Einfluss von Drogen«[117] gestanden sei, die ihm die

---

114 Palmarianische Kirche, 201?: 33.
115 Ebd.
116 Ebd.: 32.
117 Ebd.: 24.

freimaurerischen Verschwörer im Vatikan eingeflößt hätten. So wird schließlich auch die Ungültigkeit des Konzils begründet:

> »Ein Papst, dem Drogen verabreicht werden, ist nämlich in der Zeit, zu der er unter dem Einfluss von Drogen steht, nicht als Papst zu betrachten. Da also beim Konzil ein Papst, der unter dem Einfluss von Drogen stand, den Vorsitz führte, bedeutet dies, dass das Konzil die meiste Zeit kein Oberhaupt hatte.«[118]

Während also das Zweite Vatikanische Konzil als ungültiges Ketzerkonzil verurteilt wird, wird Konzilspapst Paul VI. als »Märtyrer im Vatikan«[119] verehrt.

Politisch steht die Palmarianisch-Katholische Kirche, wie viele Traditionalisten, der extremen Rechten nahe. Sie treibt dies allerdings noch auf die Spitze, indem sie nicht nur Christoph Columbus, sondern auch den langjährigen faschistischen Diktator Spaniens, Francisco Franco, heiliggesprochen hat. Auf meine Nachfrage an einen Bischof der Palmarianisch-Katholischen Kirche während meines Besuchs ihres »Vatikans« im Frühling 2022 antwortete dieser, Franco sei als Verteidiger der Kirche heiliggesprochen worden.[120] Das teilweise verbreitete Gerücht, dass auch Hitler als Heiliger verehrt werde, stimmt zwar nicht, mit der Heiligsprechung von Langzeitdiktator Franco und seiner langjährigen rechten Hand, Luis Carrero Blanco, ergreift die Kirche jedoch eindeutig Partei für den Faschismus, ebenso mit der Heiligsprechung von dreihunderttausend »Märtyrern« des Spanischen Bürgerkrieges. Gemeint sind mit diesen »Märtyrern« selbstverständlich nur die Bürgerkriegstoten aufseiten von Francos faschistischen Truppen.

Bereits zu Lebzeiten von Papst Gregor XVII. kam es zu ersten Spaltungen der Palmarianisch-Katholischen Kirche. In der zweiten Hälfte der 1990er-Jahre verschärften sich Konflikte innerhalb der Kirche. Dazu trugen nicht nur die immer stärker von der ka-

118 Ebd.: 24f.
119 Ebd.: 29.
120 Besuch des »Vatikans« der Palmarianisch-Katholischen Kirche in Palmar de Troya am 3. April 2022.

tholischen Lehre abweichenden Positionen des Papstes bei, sondern auch dessen Alkoholexzesse und sexuellen Liebschaften.[121] Im Jahr 2000 wurden insgesamt achtzehn Bischofe und sieben Nonnen aus der Gemeinschaft ausgeschlossen. Eine Gruppe von ausgeschlossenen PalmarianerInnen, die heute noch in Archidona, in der Nähe von Malaga, existiert, hält Papst Gregor XVII. zwar weiterhin für den rechtmäßigen Papst, wirft ihm aber vor, ab etwa 1995 zum Häretiker geworden zu sein. Seither sei, nach dieser Dissidentengruppe, der Papstthron vakant.[122] Diese Gruppe stellt damit die Sedisvakantisten der Palmarianisch-Katholischen Kirche dar. In Deutschland kam es zu Abspaltungen der sogenannten Erzbruderschaft St. Michael in München und der sogenannten Erzdiözese Konstanz[123] (beides nicht zu verwechseln mit gleichnamigen Institutionen anderer Kirchen). Viele Ausgeschlossenen kehrten der Palmarianisch-Katholischen Lehre allerdings völlig den Rücken.

Nach dem Tod des palmarianischen Papstes Gregor XVII. – während einer Messe am 22. März 2005 – wurde dessen Kardinalstaatssekretär, Manuel Corral (»Kardinal Isidor Maria«), unter dem Namen Petrus II. zum neuen Papst ernannt. Anders als in der Katholischen Kirche wurde dieser nicht durch ein Konklave gewählt, sondern von seinem Vorgänger als Nachfolger bestimmt. Papst Petrus II. ließ alle Schriften seines Vorgängers vernichten, um selbst frei für Neuerungen zu sein. Dabei führte Petrus II. etwa auch die Regelung ein, dass Gläubige der Palmarianisch-Katholischen Kirche nicht mehr mit Andersgläubigen befreundet sein, ja nicht einmal mehr persönliche Gespräche führen dürften. Lediglich beruflich absolut notwendige Gespräche wurden den Gläubigen erlaubt. Die Gemeinschaft kapselte sich damit noch mehr ab. Insbesondere Kontakte mit DissidentInnen – auch wenn sie enge Familienangehörige waren – mussten abgebrochen werden. Nach dem Tod von Petrus II. am 15. Juli 2011, wurde mit Jesús Ginés Hernández ein ehemaliger Soldat der spanischen Armee unter dem Namen Gregor XVIII. inthronisiert. Dieser verließ jedoch fünf Jahre später, am 22. April

121   Lundberg, 2017: 114f.
122   Lundberg, 2017: 113.
123   Schmid/Schmid, 2003: 52.

2016, mit seiner Geliebten Amt und Kirche und erklärte gegenüber der großen spanischen Tageszeitung *El Pais*, dass die Palmarianisch-Katholische Kirche von Anfang an eine Täuschung gewesen sei.[124] Von der Palmarianisch-Katholischen Kirche wird Gregor XVIII. heute als »der Abtrünnige«[125] bezeichnet. Zum Erstaunen vieler BeobachterInnen überlebte die Palmarianisch-Katholische Kirche allerdings auch den Austritt ihres Papstes. Die verbliebenen Mitglieder der Kirche wählten bereits am Tag nach dem Austritt ihres Papstes mit dem Schweizer Joseph Odermatt einen neuen Papst, der seither unter dem Namen Petrus III. amtiert.

Anhängerschaft konnte die Palmarianisch-Katholische Kirche nicht nur in Spanien gewinnen. Die Anhängerschaft wuchs im Laufe der 1980er-Jahre auf rund zehntausend Angehörige an. Gemeinden oder zumindest permanent präsente Missionsstationen mit Klerikern vor Ort sind für Spanien, Deutschland, der Schweiz, Liechtenstein, Österreich Frankreich, Großbritannien, Irland, Malta, Nigeria, Mexiko, Argentinien, Kolumbien, Peru, Paraguay, Brasilien, USA, Kanada, die Philippinen, Australien, Neu Seeland, Bangladesch und Indien bekannt.[126] In den 1980er- und 1990er-Jahren wurde die Kirche zu einer wirklich globalen Gemeinschaft.

Anfang des 21. Jahrhunderts implodierten diese globalen Missionsbestrebungen allerdings, da immer wieder ganze Gruppen des Klerus ausgeschlossen wurden. Heute ist die Kirche neben Spanien laut eigenen Angaben in Argentinien, Brasilien, Deutschland, England, Irland, Kenia, Kolumbien, Liechtenstein, Malta, Nigeria, Neuseeland, Österreich, Paraguay, Peru, Philippinen, Schweiz, Schottland, Südafrika, USA und Venezuela[127] vertreten. In Frankreich, wo die Präsenz der Palmarianer schwach war, gibt es heute keine Gruppe mehr, und offenbar hat sich mittlerweile auch die auf Südtirol konzentrierte Gruppe in Italien aufgelöst. Die beiden Hauskapellen in Tschengls (Gemeinde Laas, im Vinschgau) und

---

124 Vgl. https://elpais.com/politica/2016/05/21/actualidad/1463867670_909 220.html (1.9.2022).

125 Palmarianische Kirche, 201?: 42.

126 Lundberg, 2017: 100.

127 Vgl. https://www.palmarianischekirche.org/missionen (10.9.2022).

Innichen (im Pustertal, direkt an der Grenze zu Osttirol)[128] werden heute auf Webseiten und in Publikationen der Palmarianisch-Katholischen Kirche nicht mehr erwähnt, was darauf hindeutet, dass diese nicht mehr existieren.

Die Palmarianisch-Katholische Kirche ist heute auf etwa ein Fünftel ihrer einstigen Anhängerschaft geschrumpft und dürfte dadurch auch mit finanziellen Problemen zu kämpfen haben. Allerdings scheint sie sich unter Petrus III. auf deutlich niedrigerem Niveau wieder etwas stabilisiert zu haben. Sie ist weiterhin in mehreren Staaten Europas, Afrikas und Amerikas vertreten und sorgt mit ihrer strikten Abgeschlossenheit dafür, dass die Kinder in palmarianischen Familien strikt nach den Vorstellungen dieser Gemeinschaft erzogen werden, was auch von einigen Staaten respektiert wird. Noch 2012 urteilte etwa der Staatsgerichtshof des Fürstentums Liechtenstein als Verfassungsgerichtshof in seiner nichtöffentlichen Sitzung vom 29. Oktober, dass die Schule Kindern der von Palmarianisch-Katholischen Familien in Liechtenstein einen Dispens vom Schwimmunterricht habe einräumen müssen, da Mitglieder dieser Religionsgemeinschaft »ihren Körper nicht entblössen« dürften, wie es beim Schwimmunterricht der Fall wäre.[129]

Im Gegensatz zu vielen anderen konklavistischen Gruppierungen ist es der Palmarianisch-Katholischen Kirche mit einer strikten Abschottung nach außen gelungen, einen Teil der eigenen Anhängerschaft trotz massiver Krisen und Abspaltungen bis heute zu halten. Ob dies dauerhaft der Fall sein wird, lässt sich nicht sagen. Allerdings gibt es mittlerweile eine Reihe von bereits in zweiter oder sogar dritter Generation innerhalb dieser Kirche aufgewachsenen Gläubigen, für die angesichts der strikten Kontaktverbote mit Abtrünnigen, der Ausstieg sehr schwierig ist.

---

128 Lundberg, 2017: 103.
129 StGH 2012/130: https://www.gerichtsentscheidungen.li/default.aspx?
z=qwSkkLaknwqFSu7Ky1G9KxpQiRhhyvSKguR3E6tJw_rMgEpK7G-
vKrZ5BWXzVw2 (10.9.2022).

Katholischer Traditionalismus in Österreich

Im Bereich des katholischen Traditionalismus existiert in Österreich eine Reihe von Strömungen und Gemeinschaften, die ein breites Spektrum abbildet, das von innerhalb der offiziellen Römisch-Katholischen Kirche anerkannten Gemeinschaften bis zu extremistischen Gemeinschaften am Rande oder außerhalb der Katholischen Kirche reicht. Dabei handelt es sich um unterschiedliche Milieus, die zwar teilweise über Kontakte zueinander verfügen, allerdings auch miteinander rivalisieren oder in Konflikt stehen. Obwohl es dabei durchaus personelle Überschneidungen zwischen konservativ-fundamentalistischen innerkirchlichen Gruppierungen – wie dem Opus Dei, dem Neokatechumenat, den Legionären Christi (Regnum Christi) oder der seit der Übernahme des Klosters Thalbach von den Dominikanerinnen von Bregenz aus geleiteten geistlichen Familie »Das Werk«[130] – und extremistischen Gruppierungen gibt, wurde für diese Forschungsarbeit entschieden, nur auf solche Gruppierungen näher einzugehen, die nach der dieser Arbeit vorliegenden Extremismusdefinition[131] eindeutig als extremistisch zu werten sind. Im katholischen Bereich fallen hier einerseits Gruppierungen auf, die als Vereine oder NGOs auftreten, die überwiegend gegen Abtreibung, Sexualerziehung und Homosexualität kämpfen, sowie extremistische Sondergemeinschaften mit volksreligiösem Ursprung und heterodoxen Privatoffenbarungen, sowie Sondergemeinschaften am Rand der Kirche, die diese Positionen mit einer Ablehnung von Religionsfreiheit, Ökumene und den Reformen des Zweiten Vatikanischen Konzils verbinden. An den extremen Ausläufern dieser Szene stehen sedisvakantistische Gruppen, die davon ausgehen, dass es derzeit keinen legitimen Papst gebe beziehungsweise der amtierende Papst in Rom vom Glauben

130 Hofer, 1998: 176.
131 Schmidinger/Peham, 2022: 347 ff.

abgefallen sei. Generell sind diese mittlerweile außerhalb der Römisch-Katholischen Amtskirche stehenden Gruppierungen allerdings sehr viel kleiner und weniger stark im Bildungsbereich aktiv als extremistische Gruppierungen innerhalb oder am Rande der Römisch-Katholischen Kirche. Unter den weltweit aktiven sedisvakantistischen Gruppierungen, die sich selbst zwar für katholisch halten, allerdings von einem Glaubensabfall des Papstes und der Führung der Katholischen Kirche ausgehen, sind in Österreich nur kleine Gruppen aktiv, die nur über einzelne Familien als Anhängerschaft verfügen.

Viel bedeutender sind für Österreich zwei Strömungen, die eine verortet sich noch innerhalb der Römisch-Katholischen Kirche (Petrusbruderschaft), die andere wurde nach Phasen der Distanzierung von der Amtskirche unter dem emeritierten Papst Benedikt XVI. wieder zumindest partiell in die Römisch-Katholische Kirche integriert (Piusbruderschaft), sowie die aus volksreligiösen Sonderoffenbarungen schöpfende Gemeinschaft des Engelwerks. Dazu gibt es mehrere Medienprojekte aus dem katholischen Extremismus, die teilweise spezifisch österreichisch sind oder aber auch transnational für den gesamten deutschsprachigen Raum agieren, sowie einige NGOs, die sich vor allem gegen die Fristenlösung engagieren und mitunter zu verschiedenen Strömungen und Organisationen Kontakte unterhalten.

Medien und NGOs dienen dabei auch als gemeinsame Diskursplattformen unterschiedlicher extremistischer und rechtskonservativer Strömungen und damit als Bindeglied in den konservativen Mainstream. Zu den wichtigsten diesbezüglichen Zeitschriften im Übergangsbereich zwischen rechtskonservativen und extremistischen Gruppen in Österreich zählt die seit 1985 von Friedrich Engelmann[132] herausgegebene Monatszeitschrift *Der 13.*, die von Anfang an von Kurt Krenn unterstützt wurde und in dessen Zeit als Diözesanbischof von St. Pölten (1991–2004) in dessen Diözese starke Verbreitung fand, sowie das ursprünglich schon 1928 als Kampfschrift gegen die Freidenkerbewegung gegründete und 1970

---

132 Mittlerweile ist Friedrich Engelmann erblindet, die Zeitschrift wird von seinem Sohn Albert Engelmann fortgesetzt.

wiederbelebte und heute von Gerhard Maria Wagner[133] produzierte *Neue Groschenblatt*. Die klassischen auf Papier erscheinenden Zeitschriften befinden sich allerdings in der Krise, da ihnen ihre AbonnentInnen wegsterben. Im Editorial der Ausgabe von *Der 13.* vom November 2021 klagt der Herausgeber, allein »im Jahr 2021 einhundertvierzig bezahlende Abonnenten verloren«[134] zu haben: »Der Großteil ist gesundheitlich nicht mehr in der Lage uns zu lesen« und viele wären »leider auch verstorben.«[135]

Insgesamt zeigt sich in Österreich ein breites Spektrum verschiedener, oft auch miteinander rivalisierender extremistischer Strömungen aus der katholischen Tradition mit unterschiedlich ausgeprägten extremistischen Einstellungen und unterschiedlichen Organisationsversuchen, die von klerikalen Bruderschaften über NGOs und Medienprojekten bis zu Parteigründungsversuchen gehen. Die Grenzen zwischen extremistischen und rechtskonservativen Strömungen sind dabei in vielfacher Hinsicht fließend und die Szenen überlappen sich teilweise. Insbesondere an Schnittstellen zur Politik wirken rechtskonservative und extremistische Kreise mitunter zusammen. Neben formalen Gruppierungen dienen hier auch informelle Kreise – etwa aus dem ehemaligen österreichischen Adel – oder das in der Katholischen Kirche in Oberösterreich als »Linzer Priesterkreis« bekannte informelle Netzwerk um *Groschenblatt*-Redakteur Gerhard Maria Wagner der Vernetzung durchaus unterschiedlicher Strömungen, die sich in ihrer Feindschaft gegen innerkirchlichen Liberalismus und die Moderne zusammenfinden.

Katholischer Extremismus im Internet

In den letzten Jahren haben extremistische Gruppen auch das Internet zunehmend für sich entdeckt. Von 2004 bis 2012 wurde die Website *kreuz.net* zu einem zentralen Medium extremistisch-

---

133 Gerhard Maria Wagner war 2009 für kurze Zeit als Weihbischof in Linz nominiert, verzichtete allerdings aufgrund massiver Proteste auf die Übernahme des Amtes. Wagner gilt als Engelwerk-nahe und gehört dem »Linzer Priesterkreis« an, der von seinen KritikerInnen innerhalb der Katholischen Kirche als »Wagner-Kreis« bezeichnet wird.

134 In eigener Sache. Der 13., 37. Jg., Nr. 11, November 2021, S. 1.

135 Ebd.

katholischer Gruppen. 2005 kam mit einer ähnlichen Stoßrichtung *gloria.tv* als Videoportal hinzu. Die stets anonym auftretenden Betreiber beider Webseiten behaupteten immer wieder, hauptamtliche Mitarbeiter der Römisch-Katholischen Kirche zu sein. Letztere geht allerdings deutlich auf Distanz zu den dort veröffentlichten Inhalten. Sowohl in Deutschland als auch in Österreich wurde kreuz. net vom Verfassungsschutz beobachtet.[136] Die offen antisemitisch und antimuslimisch agierende Website mit vielen inhaltlichen – und möglicherweise auch personellen – Überschneidungen zum Rechtsextremismus fiel immer wieder durch bedrohliche Angriffe auf Einzelpersonen und massive verbale Attacken auf. Im August 2013 wurde bei einer Hausdurchsuchung gegen gloria.tv und kreuz.net der Rechner von kreuz.net beschlagnahmt. Dabei wurden Wohnungen von zwei Priestern in Wien und Oberösterreich durchsucht. Die Schwester eines der Priester, die versucht haben soll, die Daten am Computer zu löschen, soll dabei nach Medienberichten auch einen Polizisten verletzt haben.[137] Nachdem kreuz. net 2012 abgeschaltet worden war, tauchte in Österreich die Website *kreuz-net.at* auf, die bis heute ähnliche Inhalte vertritt wie kreuz.net und wahrscheinlich als Nachfolgeprojekt zu betrachten ist. Auch hier stehen wieder der Kampf gegen die Fristenlösung, Antifeminismus, antiislamische und antisemitische Inhalte im Mittelpunkt. Das Christentum nimmt dabei eine stark identitäre Rolle ein. Anders als kreuz.net ist kreuz-net.at allerdings stärker auf Österreich bezogen und weniger ein gesamtdeutschsprachiges Projekt als kreuz.net. Im August 2020 wurde etwa ein Fackelmarsch auf dem Kahlenberg zur Erinnerung an den Entsatz von Wien 1683 mit folgendem Sujet beworben:[138]

136   Siehe u. a.: https://www.derstandard.at/story/1353206847629/kreuznet-oesterreichischer-verfassungsschutz-ermittelt-wegen-verhetzung; https://religion.orf.at/v3/stories/2559936; https://www.sueddeutsche.de/politik/ultrakatholische-hetzseite-verfassungsschutz-brandmarkt-kreuz-net-1.1321684 (8. 2. 2021).

137   Vgl. https://taz.de/Durchsuchungen-bei-kreuz-net/!5061465 (8. 2. 2021).

138   Vgl. http://www.kreuz-net.at/index.php?id=870 (8. 2. 2021).

12. September 2020
Kahlenberg

1683

fackelzug1683

Für ein freies und starkes Christliches Europa

Feier der erfolgreichen Abwehr der islamischen Osmanen in der Schlacht am Kahlenberg

Kundgebung – Fackelzug – Gemeinschaftserlebnis
Reden prominenter patriotischer Europäer aus befreundeten Ländern

Termin: Samstag, 12. September 2020, 17.30 Uhr
Ort: Kahlenberg, Platz vor der Kirche

Anmeldung erbeten (Name, Email-Adresse, Tel.-Nummer, Whats App, Viber) an verein@provita.at
Wer auch die Anfahrt entspannt genießen will, ist eingeladen, den gemeinsamen Bustransfer zu nutzen (Kostenbeitrag 10 Euro). Anmeldung (wie oben) erforderlich

Ankündigung auf kreuz-net.at.

In einem Beitrag, der den Direktor des als betont konservativ bekannten Priesterseminars in Heiligenkreuz kritisiert, wird behauptet, dass es sich bei den Flüchtlingen, die nach Europa kommen, um »millionenfach illegal nach Europa eingeschleuste Mohammedaner« handle, »Terroristen und Söldnern, nicht um Flüchtlinge im Sinne der Genfer Flüchtlingskonvention, sondern um den größten sozialistischen Menschenversuch aller Zeiten, nämlich eine mohammedanische Massenansiedlung in Europa durch die Vereinten Nationen (UNO)«.[139]

Auf der Website wird allerdings nicht nur regelmäßig gegen Muslime angeschrieben, sondern es werden auch klassisch antisemitische Topoi verbreitet. So wird im September 2018 über die damals neue SPÖ-Vorsitzende Rendi-Wagner ein Artikel mit dem Titel »Joy Pamela Rendi (Rosenbaum) – SPÖ-Führerin mit dem Segen der Rabbis« publiziert, in dem behauptet wird, die SPÖ-Parteichefin habe »die beiden wesentlichsten Karriereprämissen erfüllt: die Aufnahme bei den Bilderbergern und den Nachweis jüdischer Verbandelung«[140].

Auch der christlich-soziale Bürgermeister Karl Lueger wird gegen die Kritik von »SOZIS und anderen linken Consorten« verteidigt, die auf seinen Antisemitismus hinweisen, was auf der Website als Verleumdung gewertet wird. Stattdessen sollten sich die Kritiker »beispielsweise dem jüdisch-sozialdemokratischen Wiener Stadtrat Julius Tandler, einem Verfechter und Propagandisten des ›lebensunwerten Lebens‹ und der ›Volkshygiene‹«[141], widmen. Auch Begriffe wie »Antisemitismuskeule«[142] werden verwendet.

Die Feindschaft gegen Juden, Muslime und die offiziellen Vertreter der Römisch-Katholischen Kirche kulminiert in einem Beitrag unter dem Titel »Juden und Muselmanen glauben an einen anderen Gott als die Christen«, in dem eine Kolumne von Kardinal Schönborn in der *Kronenzeitung* zerlegt wird und in dem nicht nur Muslimen eine Feindschaft gegen die Christen unterstellt wird, son-

---

139 Siehe: http://www.kreuz-net.at/index.php?id=801 (8. 2. 2021).
140 Siehe: http://www.kreuz-net.at/index.php?id=817 (8. 2. 2021).
141 Siehe: http://www.kreuz-net.at/index.php?id=864 (8. 2. 2021).
142 Siehe: http://www.kreuz-net.at/index.php?id=867 (8. 2. 2021).

dern auch Juden eine Feindschaft gegenüber Christi, die »schließlich zum Tod Jesu führte«.[143]

Weiterhin wird auch Kritik an liberalen und konservativen Theologen geübt, die den ExtremistInnen zu wenig konservativ sind. So wird etwa in einem Artikel zum 75. Geburtstag von Kardinal Schönborn, dieser als »Fehlbesetzung« bezeichnet, er sei der »Sohn eines Freimaurers«, suche »die Nähe linker Einflüsterer« und sei »fast sprachlos beim Abtreibungsmord«[144]. Selbst sedisvakantistische Kritik an der Piusbruderschaft wurde 2018 auf der Seite publiziert, und zwar aus der Feder von Richard Williamson, jenem 2012 aus der Piusbruderschaft ausgeschlossenen Bischof, der 2009 durch holocaustleugnende Aussagen bekannt wurde.[145]

Im Internet präsent sind auch weniger extremistische Medienprojekte, die im Übergangsbereich zwischen rechtskonservativem und extremistischem Katholizismus zu finden sind, wie etwa das für den gesamten deutschsprachigen Raum aktive kath.net[146] oder glaube.at[147]. Auch letztgenannte Websites verbreiten stark antiislamische, antifeministische und antimodernistische Inhalte, wehren sich gegen Kirchenschließungen als Folge der Corona-Pandemie und stehen dem liberalen Flügel der Katholischen Kirche feindselig gegenüber, zeigen aber keinen offenen Antisemitismus und versuchen, sich einen seriöseren Anstrich zu geben als die Website kreuz-net.at.

Parteipolitik

Versuche katholischer TraditionalistInnen und ExtremistInnen, parteipolitisch aktiv zu werden, blieben in Österreich bislang weitgehend ohne Erfolg. Es gab aber zumindest eine Reihe von Versuchen von Gruppierungen – teilweise sowohl im traditionalistischen als auch im »nur« sehr konservativen Bereich der Katholischen Kirche bis hin zu evangelikalen Gruppen –, partei-

---

143 Siehe: http://www.kreuz-net.at/index.php?id=800 (8. 2. 2021).
144 Siehe: http://www.kreuz-net.at/index.php?id=861 (8. 2. 2021).
145 Vgl. http://www.kreuz-net.at/index.php?id=759 (8. 2. 2021).
146 Vgl. http://www.kath.net (8. 2. 2021).
147 Vgl. http://www.glaube.at (8. 2. 2021).

politisch Fuß zu fassen. Die in den 1990er-Jahren vom Vorarlberger Geografielehrer Dietmar Fischer gegründete *Christliche Wähler-gemeinschaft* (CWG) kandidierte zwar bei mehreren Landtags- und Nationalratswahlen, blieb aber ebenso chancenlos wie die 2005 unter dem Namen *Die Christen* gegründete und 2008 in *Christen-partei Österreichs* (CPÖ) unbenannte Gruppierung. Personell existierten zwischen beiden zwar Überschneidungen – so kandidierte etwa CWG-Gründer Fischer 2008 für die *Die Christen* bei den niederösterreichischen Landtagswahlen. Die CPÖ ist aber nicht als direktes Nachfolgeprojekt der CWG zu betrachten, sondern wird heute stark vom früheren langjährigen ÖVP-Mitglied Rudolf Gehring geprägt, der eher für einen klassisch rechtskonservativen als für einen aktivistisch extremistischen Kurs steht, allerdings weiterhin homophob, antifeministisch und antimodernistisch auftritt. Auch die vom 2013 aus dem BZÖ ausgeschlossenen und bis 2008 mit der Piusbruderschaft kooperierenden Ewald Stadler gegründeten Reformkonservativen (REKOS), die von Gehrings CPÖ und einigen StudentInnen aus der Jungen europäischen Studenteninitiative (JES) unterstützt wurden, blieben bei den EU-Wahlen 2014 mit 1,18 Prozent weit unter ihren Erwartungen zurück.

Aufgrund der politischen Misserfolge eigener Parteien versuchten aktivistischere Teile der Szene auf die Unterstützung von »Pro-Life-Kandidaten« oder »Pro-Life-Kandidatinnen« innerhalb der ÖVP umzusteigen. Die erste Vorzugsstimmenkampagne der Szene stellte 2005 die Kandidatur von Gudrun Kugler (geb. Lang) für den Wiener Gemeinderat dar.

Damals erklärte der ehemalige CWG-Chef Fischer in einem Interview auf der rechtskatholischen Website kath.net:

»Gott sei Dank ist es gelungen, eine echte Pro-Life-Kandidatin bei der kommenden Wiener Landtagswahl auf die ÖVP-Liste zu bringen: Gudrun Kugler-Lang kandidiert jetzt am 18. Listenplatz der Landesliste der ÖVP. Wir werden sie mit einem Vorzugsstimmen-Wahlkampf unterstützen, sodass in Zukunft in der ÖVP und somit im ganzen Wiener Landtag das Thema Lebensschutz und christliche Familienpolitik einen besonderen Stellenwert einnehmen wird. Ich bin sehr hoffnungsvoll und vertraue natürlich besonders im Rosenkranzmonat Oktober auch auf die Macht des Gebetes.«[148]

Die Unterstützung einzelner ÖVP-KandidatInnen mit gezielten Vorzugsstimmenkampagnen brachte die katholische Theologin und Juristin Gudrun Kugler schließlich zehn Jahre später, 2015 mit 2 276 Vorzugsstimmen in den Wiener Gemeinderat[149] und 2017 in den Nationalrat. 2019 wurde die mit dem ehemaligen Pressesprecher von Opus Dei verheiratete Initiatorin der ersten katholischen Heiratsplattform kathtreff.org erneut in den Nationalrat gewählt. Im Nationalrat ist Kugler immer wieder mit entsprechenden Aktivitäten aufgefallen. Zuletzt lud sie im September 2022 gemeinsam mit dem ÖVP-Abgeordneten Norbert Sieber den rechtsextremen US-amerikanischen Kommentator, Autor und Filmemacher Matt Walsh zu einem Filmabend mit seinem transgender- und LGBTQ-feindlichen Film *What is a Woman?* in das zum Parlament gehörende Palais Epstein ein, verlegte die Veranstaltung dann aber – angeblich aufgrund des großen Andrangs – in einen »größeren Saal außerhalb des Parlaments«.[150]

Sieber gehört wie Kugler einem rechtskonservativen Netzwerk innerhalb der ÖVP an und ist diesbezüglich auch international vernetzt. Der Familiensprecher der ÖVP in Nationalrat ist Teil des International Catholic Legislators Network (ICLN), das 2010 in Wien von Christiaan Alting von Geusau gemeinsam mit dem späteren wichtigsten Berater von Sebastian Kurz, Bernhard Bonelli, gegründet worden ist. Bonelli, der wie Kugler im Umfeld von Opus Dei zu finden ist, sollte später zum Kabinettchef von Kanzler Kurz aufsteigen und zu einem der mächtigsten Männer in der ÖVP werden. Auf eine Anfrage der Tageszeitung *Der Standard* bestritt Sieber seine Mitgliedschaft im ICLN, die er als »kirchliche Initiative, zu

148   Siehe: http://www.kath.net/news/11634 (8. 2. 2021).
149   Vgl. https://www.wienerzeitung.at/nachrichten/politik/wien/780123_Ein-bisschen-Tea-Party.html (8. 2. 2021).
150   Siehe: https://www.derstandard.at/story/2000139044047/oevp-abgeordnete-laden-zum-filmabend-mit-theokratischem-faschisten (30. 9. 2022).

der Politiker eingeladen werden« bezeichnete.[151] Das auch bestens mit Kardinal Schönborn verbundene Netzwerk hat allerdings eine Agenda, die eindeutig am reaktionären Rand der Katholischen Kirche anzusiedeln ist. Nicht nur die Abtreibung, sondern auch Verhütung, Homosexualität und Scheidung werden auf der Website des Netzwerkes in Berufung auf den Katechismus der Römisch-Katholischen Kirche strikt abgelehnt.[152]

2020 betrieben dieselben Kreise für die Wiener Gemeinderatswahl eine Vorzugsstimmenkampagne für Jan Ledóchowski, der auf seiner Website erklärte: »Österreich ruht auf christlichen Werten. Der Staat kann sich diese Werte nicht selbst geben.«[153] Ledóchowski, der als Präsident der *Plattform Christdemokratie* versucht, einen christlich-fundamentalistischen Flügel innerhalb der ÖVP aufzubauen, indem er auch mit Vertretern von evangelikalen Freikirchen und koptischen Christen kooperiert, erreichte 2020 ähnlich wie Kugler 2015 mit 1758 Vorzugsstimmen nach Parteichef Blümel die zweitmeisten Vorzugsstimmen der ÖVP.[154] Weitere 1168 Vorzugsstimmen erhielt die evangelikale Aktivistin Suha Dejmek-Kahlil, die aus der aus den USA stammenden LIFE Church kommt[155] und sich in der Vergangenheit vor allem durch Kritik an Sexualkunde-Workshops an Schulen einen Namen gemacht hatte.[156]

Eine heterogene Allianz fundamentalistischer ChristInnen aus dem katholischen und evangelikalen Bereich dürfte in Wien also auf knapp 2000 permanente UnterstützerInnen zählen kön-

151 Siehe: https://www.derstandard.at/story/2000139619669/oevp-abgeord
     nete-bei-netzwerk-das-schwulenfeinde-ehrt-und-scheidung-ablehnt
     (4.10.2022).
152 Vgl. https://icln.at/resources/marriage-and-family (10.9.2022).
153 Vgl. http://www.ledochowsky.at (8.2.2021).
154 Vgl. https://www.glaube.at/news/politik/oesterreich/article/1000003578-
     vorzugsstimmen-sieger-oevp-kandidaten-punkten-mit-christlichen-posi
     tionen (8.2.2021).
155 Vgl. https://www.glaube.at/news/politik/oesterreich/article/1000003555-
     wiener-gemeinderatswahl-2020-suha-dejmek-setzt-sich-fuer-christliche-
     werte-ein (8.2.2021).
156 Vgl. https://www.ief.at/christdemokratie-bekommt-erste-sprecherfunk
     tion-in-wiener-oevp (8.2.2021).

nen, die mittlerweile durch Vorzugsstimmenwahlkämpfe in der Lage sind, innerhalb der ÖVP Umreihungen zustande zu bringen und damit einzelne KandidatInnen der Szene in den Wiener Gemeinderat und in den Nationalrat zu bringen.

Diese politischen Aktivitäten gehören nicht allein zum katholischen, sondern zu einem strömungsübergreifenden – teilweise sogar konfessionsübergreifenden – Aktivismus rechtskonservativer und traditionalistischer Gruppierungen an den Rändern der Katholischen Kirche, die versuchen eine reaktionäre Agenda des politischen Katholizismus wieder stärker in der Regierungsparte ÖVP zu verankern.

Ein Bereich, in dem traditionalistische Gruppierungen aus dem katholischen Bereich sehr stark präsent sind, ist die sich selbst als »Lebensschützer« begreifende Anti-Abtreibungsszene, die mehrere NGOs hervorgebracht hat. Gerade dieses Thema stellt allerdings auch ein wichtiges Bindeglied zwischen dem rechten Rand der ÖVP und extremistischeren Gruppierungen dar. Während katholische TraditionalistInnen das Rückgrat der AktivistInnen des »Marsch fürs Leben« bilden, veröffentlicht Ledóchowski Videos der *Plattform Christdemokratie*, in denen die GegendemonstrantInnen als »gefährlich« und »gewaltbereit« darstellt werden und diesen unterstellt wird, sie würden »gegen das Leben« demonstrieren.[157] In einem Video vom Oktober 2021 wird zum Beispiel im klassischen Anti-Antifa-Stil, »die Antifa« und der »Schwarze Block« als gewaltbereite Organisationen dargestellt und behauptet die Österreichische Hochschülerschaft habe einen »Aufruf zu Gewalt und Hetze« unterstützt.[158]

Anti-Abtreibungsaktivismus

Aktivitäten gegen die Straflosigkeit von Schwangerschaftsabbrüchen bilden ein zentrales Thema für die Szene, mit dem neue AktivistInnen gewonnen werden können, und das hochgradig emotionalisiert und letztlich auch radikalisiert. Ist eine Abtreibung

---

157 Siehe: https://www.youtube.com/watch?v=N_lmgWIuoB4 (7. 12. 2021).
158 Siehe: https://www.youtube.com/watch?v=N_lmgWIuoB4 (7. 12. 2021).

einmal als »Mord« an einem Menschen definiert, gilt fast alles als legitim, um diesen zu verhindern.

Ein wichtiges organisatorisches Zentrum der »Lebensschützer« in Österreich ist die Gruppierung *Human Life International* (HLI), eine international in achtzig Staaten tätige Gruppierung von aktivistisch auftretenden AbtreibungsgegnerInnen. Für die österreichische Sektion spielte dabei der ehemalige CWG-Gründer Dietmar Fischer eine zentrale Rolle und wird auch als Kontaktperson auf der Website angegeben.[159] HLI sorgt in Österreich vor allem durch ihre »Gebetsvirgilien« für Aufsehen, eine Art als Gebet getarnte Demonstrationen in der Nähe von Kliniken, in denen Abtreibungen stattfinden und bei denen AnhängerInnen der Gruppe mit Marienbildern und Rosenkränzen gegen die Abtreibung beten. Nach einer Eucharistiefeier, die oft von Priestern der Piusbruderschaft gehalten wird, marschiert der betende Zug zu einer Klinik, die Abtreibungen durchführt. Laut Eigendarstellung verharrt der Zug dort, »vor der Abtreibungsstätte [...] gleichsam wie Maria und Johannes unter dem Kreuz auf Golgotha« und alle Teilnehmenden beten den Rosenkranz: »Laut dem Begründer der Gebetsvigilien, dem Priester Msgr. Philip Reilly, ist überall dort, wo unschuldige Kinder getötet werden, Golgotha heute gegenwärtig.«[160] Das Auftreten der Betenden im Rahmen dieser Gebetsvirgilien ist zwar gewaltfrei, allerdings betont martialisch inszeniert und erinnert an mittelalterliche Gebetsprozessionen, die sowohl von den Kliniken als auch von den Patientinnen, als psychologische Belästigung empfunden werden.[161]

159 Vgl.: https://www.hli.at/kontakt (8. 2. 2021).
160 Solche Veranstaltungen werden nach eigenen Angaben in Wien zweimal monatlich und in Salzburg, Graz, Sankt Pölten, Villach, Klagenfurt, Linz und Gmünd einmal monatlich abgehalten, vgl. https://www.hli.at/was-sind-gebetsvigilien (8. 2. 2021).
161 Etwas weniger martialisch tritt der einmal jährlich stattfindende *Marsch für das Leben* auf, der formal von einem unabhängigen Verein organisiert wird, allerdings von teilweise überschneidenden AktivistInnengruppen besucht wird. Neben einem bundesweiten Marsch finden auch regionale Märsche statt. 2020 gab es einen Marsch für das Leben in Kärnten und einen in Vorarlberg. Die Märsche für das Leben haben im Gegensatz zu den Gebetsvirgilien von HLI einen positiven Impetus und wollen

Mit dem Abtreibungsthema gelang es der Szene in der Vergangenheit sogar, in das Regelschulwesen vorzudringen. 2018 wurde bekannt, dass der Verein *TeenSTAR* unter dem Mäntelchen der Sexualpädagogik an Schulen Workshops abhielt, in denen einerseits gegen Schwangerschaftsabbrüche andererseits auch gegen Homosexualität und Selbstbefriedigung agitiert wurde. In den Schulungsunterlagen des Vereins wurden zudem natürliche Familienplanung und kein Sex vor der Ehe propagiert. 2019 wurde schließlich vom Bildungsministeriums eine striktere Überprüfung solcher Workshops erlassen. In diesem Zusammenhang wurden folgende Kriterien für die Feststellung der Eignung externer Anbieter von Workshops für Sexualerziehung festgelegt:

a)   Übereinstimmung mit der vom Lehrplan bzw. dem Grundsatzerlass für Sexualpädagogik vorgeschriebenen Bildungs- und Lehraufgabe, den didaktischen Zielsetzungen und den wesentlichen Inhalten des Lehrstoffes. Berücksichtigung des Grundsatzes der aktiven Teilnahme der Schülerinnen und Schüler am Unterricht.

b)   Berücksichtigung des Grundsatzes der Anpassung des Inhaltes an die Lebenswelt bzw. das Auffassungsvermögen der Schülerinnen und Schüler (Schülerin- oder Schüleradäquatheit des Unterrichtsmittels in Bezug auf Aufnahmekapazität, Lebenswelt, Alter, Interessen und Bedürfnisse der Schülerinnen und Schüler).

c)   Sachliche Richtigkeit des Inhaltes und seine Übereinstimmung mit dem jeweiligen Stand der Wissenschaft des betreffenden Wissensgebietes.

d)   Ausreichende Berücksichtigung der Lebenswelt der Schülerinnen und Schüler sowie ihrer zukünftigen Arbeitswelt ein-

---

auf den ersten Blick Lebensfreude vermitteln. Inhaltlich unterscheiden sich die Anliegen wenig. Marsch für das Leben ist allerdings im Gegensatz zu HLI keine rein konservativ-katholische Veranstaltung, sondern bemüht sich um Ökumene. Neben fundamentalistischen KatholikInnen treten hier auch evangelikale Gruppen auf. Im Rahmen des *Marschs fürs Leaba* am 26. Juli 2020 in der Vorarlberger Landeshauptstadt Bregenz wurden gleich drei verschiedene Messen abgehalten, davon eine »Katholische Messe im alten Ritus«, also die vorkonziliare lateinische Messe.

schließlich der spezifischen österreichischen und europäischen Verhältnisse.

e) Orientierung am Prinzip der Gleichstellung der Geschlechter sowie Vielfalt der Lebensformen und Ausrichtung an den internationalen Menschenrechten.

f) Das Indoktrinationsverbot (Art. 2, 1. Zusatzprotokoll zur Europäischen Menschenrechtskonvention), wonach die Lehrkräfte der Schule verpflichtet sind, einen vorurteilsfreien Unterricht ohne geschlechtsstereotypen Zuweisungen anzubieten.[162]

Dieser von den Koalitionsparteien ausgehandelte Erlass stellt mit Sicherheit einen gewissen Fortschritt dar. Ob damit solche unzeitgemäßen Inhalte völlig aus den Schulen verbannt sind, wird sich in den kommenden Jahren weisen, sobald in den Schulen nach dem Ende der Corona-Pandemie wieder mehr Workshops von Externen stattfinden.

Katholische Impf- und Corona-MaßnahmengegnerInnen und die nahende Apokalypse

Ein weiteres öffentlichkeitswirksames Themenfeld stellte in den letzten Jahren die Corona-Pandemie dar. Dabei treten immer wieder organisatorisch oft nicht klar zuordenbare konservative und traditionalistische Priester an die Öffentlichkeit. Für Aufregung sorgte etwa in Tirol eine Broschüre, die vom Kooperator[163] der Pfarrgemeinde Gerlos, dem vom ohnehin als erzkonservativ bekannten Erzbistum Vaduz (Liechtenstein) eingesetzten Ferdinand Schnaiter, und vom Salzburger Kloster Maria Loreto[164] verbreitet wurde, in dem vor der »Gesundheitsdiktatur« gewarnt wurde.

---

162 Siehe: Zusammenarbeit mit außerschulischen Organisationen im Bereich Sexualpädagogik, Rundschreiben Nr. 5/2019, Geschäftszahl: BMBWF-33.543/0048-I/2/2018.

163 Ein Kooperator ist eine Art Hilfsgeistlicher, ein Pfarrvikar, der weitgehend die Funktion eines Pfarrers erfüllt, jedoch ohne den Rechtsstatus eines Pfarrers.

164 Laut einem Interview mit Schnaiter sind im Loreto-Kloster zwei seiner leiblichen Schwestern Kapuzinerinnen.

Herr,
rette uns,
wir gehen zu
Grunde!

Rette uns vor dem Wolf
im Schafspelz
der Gesundheitsdiktatur

Im Erzbistum Salzburg und im Bistum Tirol verbreitete Broschüre
gegen die Corona-Maßnahmen.

In der Broschüre, die erstmals vom Blogger Markus Wilhelm problematisiert wurde,[165] werden verschiedenste Verschwörungstheorien eines »verbrecherischen Plans mit der Menschheit« verbreitet, der von Bill Gates ausgeheckt worden wäre. Die Schrift wendet sich gegen den »Maskenterror« und die »kriminelle Genmanipulation« und behauptet, zur Herstellung der Impfstoffe seien »abgetriebene Kinder« verwendet worden.[166] Schnaiter gehört keiner der organisierten extremistischen Bruderschaften an, hat allerdings im betont konservativen Zisterzienserstift Heiligenkreuz in Niederösterreich studiert. Seine Vernetzung zu verschiedenen fundamentalistischen Kreisen wird auch sichtbar durch eine gemeinsam mit dem Salzburger Loreto-Kloster, Alexander Mehlich (D) und Eva Hänggi (CH) veröffentlichte Broschüre, die in einigen Kirchen der Petrusbruderschaft aufliegt, in der »die Macht des Heiligsten Namens Jesu im Endzeitlichen Kampf« heraufbeschworen wird und für die der aus dem Engelwerk stammende Weihbischof der Erzdiözese der Heiligen Maria in Astana, Athanasius Schneider, ein Vorwort beigesteuert hat.[167]

In dieser Broschüre wird die apokalyptische Ausrichtung der Verfasser deutlich, die moralischen Verfall und eine »neue Weltordnung« als Zeichen für die nahende Endzeit betrachten.

Die Verbreitung solcher Broschüren durch Priester, Laien und Ordensleute zeigt, dass die katholisch-fundamentalistische Szene nicht nur von stramm organisierten Gemeinschaften, sondern auch von persönlichen Netzwerken Einzelner geprägt ist.

Auf den Demonstrationen gegen die Corona-Maßnahmen und insbesondere gegen die Impfpflicht Ende 2021 und Anfang 2022 trat in diesem Zusammenhang immer wieder eine Gruppierung unter

---

165 Vgl. http://www.dietiwag.org/index.php?id=6180 (12. 10. 2021).
166 »Herr rette uns, wir gehen zu Grunde! Rette uns vor dem Wolf im Schafspelz der Gesundheitsdiktatur«, 2021. Im Impressum sind sowohl das Kloster Maria Loreto in Salzburg als auch Ferdinand Schnaiter und Alexander Mehlich, ein Unternehmer aus dem bayrischen Ort Regenstauf, genannt, aber keine eindeutige Herausgeberschaft ersichtlich.
167 Sein Name ist auf ihre Stirn geschrieben. Die Macht des Heiligsten Namens Jesu im endzeitlichen Kampf.

dem Namen *Katholischer Widerstand* auf.[168] Diese Gruppierung, die von Alexander Tschugguel angeführt wird, versuchte die Corona-Impfung über die Frage der Verwendung von Stammzellen in der Forschung mit der Abtreibungsfrage zu verbinden und die Corona-Proteste für sich selbst zu nutzen. Tschugguel, der aus einer Tiroler Adelsfamilie stammt und vom Protestantismus zum Katholizismus konvertiert ist, hat zuvor mit Ewald Stadlers REKOS zusammen-gearbeitet und ist einer der Organisatoren des jährlichen *Marsch fürs Leben* gegen den straffreien Schwangerschaftsabbruch. Seine Hochzeitsmesse wurde 2019 von Bischof Athanasius Schneider ab-gehalten, der dem Engelwerk angehört. In der katholisch-traditio-nalistischen Szene hatte er sich 2019 einen Namen gemacht, als er fünf Statuen, die die indigene Gottheit Pachamama (»Mutter Erde, Mutter Welt«) symbolisierten und anlässlich der Amazonas-Synode aufgestellt worden waren, aus der römischen Kirche Santa Maria in Traspontina entwendete und im Tiber versenkte. Damit setzte er nicht nur ein demonstratives Zeichen gegen den interreligiösen Dialog mit den Indigenen Amerikas, sondern stellte sich auch offen gegen den Vatikan, der insbesondere über die Amazonas-Synode einen respektvollen Austausch mit den lokalen religiösen Tradi-tionen und deren ökologische Zugänge anstrebte. Für Tschugguel stellten die Statuen jedoch einen Rückfall in das Heidentum dar. Dementsprechend gründete er im selben Jahr auch das St. Boni-fatius Institut, »um für den klaren, traditionellen Katholischen Glauben zu kämpfen und diesen wo auch immer notwendig zu verteidigen.«[169] Tschugguel war auch einer der führenden Orga-nisatoren einer Kundgebung gegen eine Kinderbuchlesung durch eine Dragqueen in der Türkis-Rosa-Lila-Villa am 16. April 2013. Sie hatte aufgrund einer wesentlich größeren Gegenkundgebung linker und queerer AktivistInnen zwar nur wenig Erfolg, offenbarte aller-dings eine Zusammenarbeit Tschugguels mit den rechtsextremen Identitären um Martin Sellner sowie mit Personen aus dem rechts-extremen Hooligan-Umfeld.

168 Vgl. https://www.derstandard.at/story/2000132634392/katholischer-wi derstand-wenn-impfen-eine-suende-ist (10. 2. 2022).
169 Siehe: https://www.boniface-institute.com/de (10. 2. 2021).

••• Das Kennzeichen des Tieres

*Die Kleinen und die Großen, alle zwang es,
auf ihrer rechten Hand oder ihrer Stirn ein Kennzeichen
anzubringen. Kaufen oder verkaufen konnte nur,
wer das Kennzeichen trug: den Namen des Tieres
oder die Zahl seines Namens. [...]
Seine Zahl ist sechshundertsechsundsechzig (666).
Wer das Tier und sein Standbild anbetet und wer das
Kennzeichen auf seiner Stirn oder seiner Hand annimmt,
der muss den Wein des Zornes GOTTES trinken. [...]
Hier muss sich die Standhaftigkeit der Heiligen bewähren,
die an den Geboten GOTTES
und an der Treue zu JESUS festhalten.*
(Offb 13, 16-18; 14, 9-12)

Schon vor über zweitausend Jahren warnte der hl. Apostel Johannes vor einer allumfassenden Überwachung der Menschheit durch das *Tier* und seinen falschen Propheten, dessen Name die biblische Zahl 666 ist, jenen, den man auch als Antichrist kennt. Wer im Licht des Heiligen Geistes aufrichtigen Herzens nach der Bedeutung dieser prophetischen Schriftstelle fragt, darf ganz sicher im Blick auf die weltweiten Ereignisse die Wahrheit entdecken.

Denn der Plan zur Durchsetzung einer neuen Weltordnung *(novus ordo saeculorum)*[24], die geprägt ist von anti-

---

[24] Der Begriff *novus ordo saeculorum* ist der ideologische und programmatische Code der Eine-Welt-Regierung. Die Freimaurerei formuliert als ihr

48

*Apokalyptisches Narrativ in der Broschüre »Sein Name ist
auf ihre Stirn geschrieben. Die Macht des Heiligsten Namens Jesu
im endzeitlichen Kampf«, 2021.*

christlichen Gesetzen und Ideologien, verbunden mit einer zunehmenden Überwachung der Menschheit sowie der Einschränkung ihrer Grundrechte, offenbart sich immer deutlicher.

Wenn man sich fragt, warum das Böse in solch bedrohlicher Weise überhand nehmen konnte, dann müssen wir nur einen Blick in die Heilsgeschichte werfen. Sobald sich der Mensch von GOTT trennt und sich in die schwere Sünde verstrickt, verlässt er die durch die Gebote gewährleistete Schutzzone GOTTES und liefert sich den Machenschaften des Bösen und damit seinem Unheil aus.
Schon im Alten Testament klagt GOTT schmerzvoll durch den Mund des Propheten:

> *Ach, hättest du doch Meine Gebote geachtet!*
> *Dann gliche dein Friede dem Strom,*
> *dein Glück den Wogen des Meeres.*
>
> (Jes 48,18)

---

wesentliches und letztes Ziel die Errichtung eines *novus ordo saeculorum*, einer neuen gesellschaftlichen und politischen Ordnung auf globaler Ebene, um den Menschen diktatorisch religiöse Gleichgültigkeit und Synkretismus (Vermischung verschiedener Religionen) aufzuzwingen, moralische Pervertiertheit und radikale antichristliche und vor allem antikatholische Politik. Eine solche neue gesellschaftliche Ordnung zielt letztlich auf die Verehrung und Anbetung des Menschen, die radikalste Form des Atheismus. (*Christus vincit*, S. 285)

49

Die Corona-Maßnahmen-Kritik Tschugguels wiederum dürfte von den Positionen von Bischof Athanasius Schneider geprägt sein. Schneider gehört gemeinsam mit Bischof Carlo Maria Viganò, Gerhard Ludwig Kardinal Müller, dem ehemaligen Bischof von Regensburg und Präfekten der Kongregation für die Glaubenslehre (2012–2017), und dem ebenfalls zum Engelwerk gehörenden, aus der Ukraine stammenden ehemaligen Bischof von Karaganda Jan Paweł Lenga zu den Initiatoren des Aufrufs *Veritas liberabit vos!* (»Die Wahrheit wird Euch befreien!«) Der Aufruf, überwiegend von traditionalistischen und sehr konservativen Bischöfen unterschrieben und am 7. Mai 2020 veröffentlicht, stellt gewissermaßen das Manifest der katholischen Corona-Maßnahmen- und Impfkritiker dar. Als Unterzeichnende fanden unterschiedliche Strömungen des katholischen Konservativismus und Traditionalismus zusammen.

Der Aufruf kritisiert zunächst, dass durch die Corona-Maßnahmen »unveräußerliche Rechte der Bürger verletzt und ihre Grundfreiheiten unverhältnismäßig und ungerechtfertigt eingeschränkt wurden, einschließlich des Rechts auf Religionsfreiheit«[170], und er attestiert:

> »Viele maßgebliche Stimmen in der Welt der Wissenschaft und Medizin bestätigen, dass dieser Alarmismus seitens der Medien gegenüber Covid-19 in keinster Weise gerechtfertigt zu sein scheint.«[171]

Weiters wird vor einer »Einmischung von fremden Mächten«[172] und vor einer Verschwörung gewarnt:

> »Diese Formen des Social Engineering müssen von denen, die Regierungsverantwortung tragen, verhindert werden, indem Maßnahmen zum Schutz der Bürger ergriffen werden, deren Vertreter sie sind und in deren Interessen sie zu handeln haben, wie es ihre

170 Siehe: https://www.kath.net/news/71579 (15. 1. 2022).
171 Siehe: https://www.kath.net/news/71579 (15. 1. 2022).
172 Siehe ebd. (15. 1. 2022).

ernste Pflicht ist. Sie müssen der Familie, der Zelle der Gesellschaft, helfen und vermeiden, schwache und ältere Menschen unangemessen zu bestrafen und sie zu schmerzhaften Trennungen von Angehörigen zu zwingen. Die Kriminalisierung persönlicher und sozialer Beziehungen muss als inakzeptabler Bestandteil eines Projekts beurteilt werden, mit dem die Isolation von Personen gefördert wird, um diese besser manipulieren und kontrollieren zu können.«[173]

Einschränkungen bei den Feiern von Gottesdiensten werden ebenso scharf kritisiert wie Tracingsysteme, um schließlich zum Kampf aufzurufen:

»Wir sind alle zu einer Bewertung der gegenwärtigen Tatsachen im Einklang mit der Lehre des Evangeliums aufgerufen. Diese beinhaltet eine Kampfentscheidung: entweder mit Christus oder gegen Christus! Lassen wir uns nicht von denen einschüchtern oder gar erschrecken, die uns glauben machen wollen, wir seien nur eine Minderheit: Das Gute ist viel weiter verbreitet und mächtiger als das, was die Welt uns weis machen will. Wir kämpfen gegen einen unsichtbaren Feind, der die Bürger untereinander, die Kinder von ihren Eltern, Enkelkinder von Großeltern, Gläubige von ihren Seelsorgern, Schüler von Lehrern und Kunden von Verkäufern trennt. Wir lassen nicht zu, dass Jahrhunderte christlicher Zivilisation unter dem Vorwand eines Virus ausgelöscht werden, um eine hasserfüllte technokratische Tyrannei zu begründen, in der Menschen, deren Namen und Gesichter man nicht kennt, über das Schicksal der Welt entscheiden können, um uns in einer nur virtuellen Wirklichkeit einzuschließen. Wenn dies der Plan ist, mit Hilfe dessen uns die Mächtigen der Erde beugen wollen, dann mögen sie wissen, dass Jesus Christus, König und Herr der Geschichte, versprochen hat, dass die Tore der Unterwelt nicht siegen werden (Mt 16,18).«[174]

173 Siehe: https://www.kath.net/news/71579 (15.1.2022).
174 Ebd. (15.1.2022).

Da im Mai 2020 noch keine Impfstoffe vorlagen, spielte die Impfung damals noch keine zentrale Rolle in der Argumentation von *Veritas liberabit vos!*. Der Aufruf, der scharfe Kritik von anderen Bischöfen erntete, blieb allerdings das wichtigste Manifest konservativer und traditionalistischer katholischer Corona-Maßnahmen-GegnerInnen. Die Impf-Kritik, auf die sich die Szene dann ab 2021, als Impfstoffe vorhanden waren, konzentrierte, kam im Wesentlichen aus der gleichen Szene.

Als Beispiel für diese Argumentation sei hier Pater Bernhard Kaufmann, ein der Petrusbruderschaft verbundener Priester, zitiert, der beim *Marsch fürs Leaba* am 30. Mai 2021 in der Vorarlberger Landeshauptstadt Bregenz eine Rede gegen die Impfstoffe hielt, weil diese »embryonale Zelllinien« enthalten beziehungsweise daran getestet würden. Ihm sei kein Impfstoff bekannt, der nicht mit dieser »verbrauchenden Embryonenforschung« verbunden sei. Pater Kaufmann forderte die Versammelten auf, sich »im Internet zu informieren«, um zu vermeiden, sich an Dingen zu beteiligen, die sie später bereuen würden. Im Verlauf seiner Rede behauptete der Priester sogar, dass für die Stammzellengewinnung bereits lebensfähige Kinder im fortgeschrittenen Stadium der Schwangerschaft per Kaiserschnitt entbunden und anschließend lebendig ausgeweidet würden.[175] Dieses Bild, von dem mit Schaudern berichtet wird, erinnert stark an antisemitische Ritualmordlegenden, die in der Römisch-Katholischen Kirche historisch verbreitet waren.

Mit Tschugguels *Katholischem Widerstand* ist Pater Kaufmann insbesondere über gemeinsame Anti-Abtreibungsaktivitäten, wie dem *Marsch fürs Leben* – der in Vorarlberg mit Anbiederung an den lokalen Dialekt als *Marsch fürs Leaba* bezeichnet wird – verbunden. Persönliche Netzwerke ultrakonservativer und traditionalistischer KatholikInnen über verschiedene Strömungen hinweg wurden so auch in der Corona- und der Impf-Frage mobilisiert.

175 Ehemals auf https://www.youtube.com/watch?v=q1YYDoqE8gw (1. 12. 2021). Das Video wurde mittlerweile, nachdem sein Inhalt öffentlich bekannt wurde, entfernt.

Das Schloss Jaidhof beherbergt den Sitz des Distrikts Österreich der Priesterbruderschaft Pius X., der die gesamte ehemalige Habsburgermonarchie umfasst.

Kirche und Gemeindezentrum der Priesterbruderschaft Pius X. in Graz.

Priorat Maria Hilf der Priesterbruderschaft Pius X. in Innsbruck.

Messe in der Kapelle der Priesterbruderschaft Pius X. in Lienz in Osttirol.

Kapelle der Priesterbruderschaft Pius X. in Klagenfurt.

Messe der Priesterbruderschaft Pius X. in ihrer Kapelle in Steyr.

Wallfahrt der Priesterbruderschaft Pius X. nach Maria Luggau
am 23. Oktober 2021.

Erster Gottesdienst der Priesterbruderschaft Pius X. in der
neu übernommenen Minoritenkirche in Wien am 12. September 2021.

Sonntagsgottesdienst der Priesterbruderschaft St. Petrus
in der Minoritenkirche in Linz.

Sonntagsgottesdienst der Priesterbruderschaft St. Petrus in der Rektoratskirche St. Sebastian in Salzburg.

In diesem Gartenhaus in Altenburg befindet sich die Kapelle der sedisprivationistischen Gemeinschaft um den zum Institut Mater Boni Consilii gehörenden Pater Trauner.

Das Innere der Kapelle der Sedisprivationisten in Altenburg im niederösterreichischen Waldviertel.

Kundgebung katholischer TraditionalistInnen gegen die Regenbogenparade in Wien am 11. Juni 2022.

Kirche im von Florian Abrahamowicz (Padre Floriano) gegründeten
sedisvakantistischen Domus Marcel Lefebvre in Paese (Italien).

Hauptkirche der Palmarianisch-Katholischen Kirche am Sitz ihres Papstes in Palmar de Troya (Spanien).

*Hauptkirche der Palmarianisch-Katholischen Kirche am Sitz ihres Papstes
in Palmar de Troya (Spanien).*

Organisationen des katholischen Traditionalismus in Österreich

In diesem Kapitel werden keine kleineren NGOs, Vereine oder informelle Gruppierungen behandelt, die bereits weiter oben Thema waren, sondern jene Organisationen beschrieben, die als hierarchisch organisierte priesterliche beziehungsweise religiöse Gemeinschaften für verschiedene Formen des katholischen Traditionalismus in Österreich stehen.

Nicht thematisiert werden hier die teilweise sogar größeren konservativen bis reaktionären Strömungen der Römisch-Katholischen Kirche, die grundsätzlich das Zweite Vatikanische Konzil und die damit verbundenen Reformen der Katholischen Kirche anerkennen und die sich selbst lediglich als konservativ verstehen, wie etwa das *Opus Dei* (lat. Werk Gottes), das seit 1982 offiziell als *Prälatur vom Heiligen Kreuz und Opus Dei* (lat. Praelatura Sanctae Crucis et Operis Dei) fungiert, oder private kirchliche Vereinigungen wie die *Loretto Gemeinschaft*, die sich zwar durch starken Missionseifer und ein sehr konservatives Menschenbild auszeichnen, allerdings eher Anleihen an Elementen freikirchlicher und pfingstlerischer Bewegungen nehmen denn am katholischen Traditionalismus.

Diese konservativen Strömungen verfügen mitunter zwar über einen großen politischen und gesellschaftlichen Einfluss und sind auch über Medien und gemeinsame Aktivitäten zum Beispiel gegen den legalen Schwangerschaftsabbruch mit den traditionalistischen und extremistischen Gemeinschaften vernetzt, lassen sich zugleich, aber weniger klar vom Mainstream der Römisch-Katholischen Kirche abgrenzen. Priester aus diesen Gemeinschaften betreuen »normale« Pfarrgemeinden und halten sich mit offener Kritik am säkularen Staat und an den Reformen des Zweiten Vatikanischen Konzils zurück.

Für die Priesterbruderschaften St. Pius X. und St. Petrus, für das Institut Mater Boni Consilii und kleinere sedisvakantistische und konklavistische Gruppierungen ist jedoch sowohl die Wiederherstellung der Einheit von Kirche und Staat als auch die Ablehnung sämtlicher Reformen des Zweiten Vatikanischen Konzils, insbesondere die Aussöhnung mit Menschenrechten, Religionsfreiheit und dem säkularen Staat, Programm. Diese verstehen sich selbst als Traditionalisten und lehnen die liturgischen Formen der aus ihrer Sicht »neuen Messe« ab. Einen Sonderfall stellt das Engelwerk dar, für das die Ablehnung des Zweiten Vatikanischen Konzils weniger zentral ist als in den genannten Priesterbruderschaften und das sich durch eine aus der Volksreligion stammende Sonderlehre auszeichnet. Priester des Engelwerkes feiern teilweise sowohl die »alte«, also lateinische, als auch die »neue« Messe in der jeweiligen Volkssprache. Während die Priesterbruderschaften von Klerikern gegründet wurden und sehr stark auf die kirchliche Hierarchie fixiert sind, steht am Beginn des Engelwerks eine Laiin, eine Frau, die sich als Seherin betrachtet. Während sich Erstere in langen Traktaten über die Frage der Legitimität des nachkonziliaren Papsttums und deren Verhältnis zur Amtskirche beschäftigen, geht es Letzterem eher um mystische Erfahrungen von Gläubigen. Stehen die Priesterbruderschaften damit gewissermaßen für einen Traditionalismus von oben, so steht das Engelwerk – obwohl es auch Priester umfasst – für einen Traditionalismus von unten, der weniger die Amtskirche des 19. Jahrhunderts weiterentwickelt, als eine mit esoterischen Vorstellungen gemischte Volksreligiosität vertritt.

Engelwerk
In Tirol liegt die weltweite Zentrale des *Engelwerks* (Opus Sanctorum Angelorum), einer 1949 von Gabriele Bitterlich gegründeten Gemeinschaft, die neben einer extrem konservativen bis traditionalistischen Auslegung der Römisch-Katholischen Lehre auch eine Reihe zusätzlicher Privatoffenbarungen der Gemeinschaftsgründerin über Engel und Dämonen verwendet, weshalb die Organisation immer wieder mit Spiritismus in Verbindung gebracht wird. 1976 belebten die AnhängerInnen Bitterlichs den bereits aus-

gestorbenen Orden der *Regularkanoniker vom Heiligen Kreuz* wieder[176] und konnten sich damit eine gewisse kirchliche Anerkennung sichern. Das Engelwerk blieb jedoch innerhalb der Römisch-Katholischen Kirche umstritten, wobei es besonders um den Vorwurf ging, es bilde eine Sekte innerhalb der Katholischen Kirche und verstoße mit den Privatoffenbarungen über Engel und Dämonen gegen die Lehren der Katholischen Kirche. Erst 2008 wurde die Gemeinschaft von Papst Benedikt XVI. kirchlich anerkannt.[177] Die zentrale Verehrung der Engel wird in dieser Gemeinschaft rituell durch verschiedene Schutzengelversprechen, Schutzengelweihe und Engelweihe praktiziert. Das erst 1987 bekannt gewordene, geheim gehaltene Handbuch des Engelwerks enthält eine Reihe von obskuren Beschreibungen von Engel, Dämonen oder Tieren, die angeblich besonders empfänglich für »dämonische Strahlung« seien.[178]

Während viele Aspekte der Dämonen- und Engelslehre des Engelwerkes als bloßer Obskurantismus abgetan werden können, werden allerdings auch politische Feindbilder der Gruppierung deutlich, wenn etwa von 243 namentlich bekannten Dämonen ausgegangen wird, von denen einige speziell für »jüdischen Handel, rote Arbeiter und Journalisten«[179] zuständig seien. Auch der antisemitische Mythos von Ahasver, dem »ewigen Juden« wird in den Geheimschriften der Bewegung bedient. Im Handbuch des Engelwerks, eine Art Lexikon der Engel und Dämonen, das von Gabriele Bitterlich verfasst wurde, wird Ahasver folgendermaßen beschrieben:

»aus der Rangstufe der gestürzten Erzengel, der Dämon Israels. Er ist der Geist der Unruhe, des Vorteils und der Übervorteilung, der skrupellosen Politik und des rastlosen Geldverdienens, des

176 Willms, 2012: 103.
177 Facius, Gernot: Bizarres »Engelwerk« feiert Anerkennung durch Papst, Die Welt, 10.10.2010: https://www.welt.de/politik/ausland/article1019 6656/Bizarres-Engelwerk-feiert-Anerkennung-durch-Papst.html (8.2. 2021).
178 Ebd.
179 Stehle, Hansjakob. 1990: Die Zeit, 15.6.1990. Nr. 25.

übersteigerten Fortschritts und Konkurrenzkampfes, der Hüter der satanischen Weihen und Weihegrade.«[180]

Darüber hinaus wird auch ein »Dämon der Judenviertel« beschrieben, der zugleich »Dämon aller Schlangenhaftigkeit und schönen Vorspiegelungen, Versprechungen und Zukunftsaussichten, Dämon der Hehler, Falschspieler (auch geistig!) und Streber in falscher Richtung«[181] sei. Von Dämonen befallen seien auch »Zigeuner« und Hebammen.[182] 1990 hatte der Innsbrucker Diözesanbischof Reinhold Stecher von den Priestern des Engelwerks eingefordert, sich von den im Handbuch der Engel formulierten Lehren zu distanzieren.[183]

Unter den Dämonen verstehen die AnhängerInnen des Engelwerks gefallene Engel. Nach ihnen sei nicht nur Luzifer ein gefallener Engel, sondern etwa ein Drittel aller Engel durch Auflehnung gegen Gott zu Dämonen geworden.

Auch wenn sich viele diese Sonderlehren sehr exzentrisch anhören, so stehen sie innerhalb alpiner katholischer Traditionen keineswegs allein. Gerade im Alpenraum kam es in den letzten Jahrhunderten immer wieder zu Privatoffenbarungen, die sehr oft mit Dämonen, Engeln oder anderen Geistwesen, aber auch mit Prophezeiungen und Wahrsagerei in Zusammenhang standen. Das Engelwerk ist damit bis zu einem bestimmten Grad auch eine organisatorische Ausformung und gewissermaßen eine Systematisierung und Radikalisierung volksreligiöser Elemente, die durchaus in alpinen Regionen teilweise über Jahrhunderte vorhanden waren. Dies machte diese Privatoffenbarungen erst anschlussfähig an vorhandene religiöse Traditionen.

Als problematisch erwiesen sich dabei einige politische Konnotationen, insbesondere antisemitische Vorstellungen, die in der Dämonenlehre durchscheinen. Selbst Verteidiger der Organisation, wie der Theologe und Journalist Heinz Gstrein, attestieren

180 Gstrein, 1990: 219.
181 Ebd.
182 Hans, Barbara. 2009: Kirche der Extreme. Der Spiegel, 5. 2. 2009.
183 Alexander, 1999: 413.

der Organisation nicht nur, konservativ zu sein und in ihren Schriften eine »Charakterisierung des ›Weltjudentums‹« zu zeichnen, die von »Reichspropagandaminister Joseph Göbbels stammen«[184] könnte, sondern auch: »hervorragende seelsorgerische Praxis und vorbildliche Laienarbeit, doch fragwürdiger Hintergrund einer umstrittenen Privatoffenbarung«[185].

Anders als bei den traditionalistischen Priesterbruderschaften spielt die vorkonziliare lateinische Messe beim Engelwerk eine weniger zentrale Rolle als die Privatoffenbarungen, insbesondere die Engels- und Dämonenlehre. Der Sohn der Gründerin und langjährige Leiter der Gemeinschaft, Hansjörg Bitterlich, führte als Priester eine Mischung als alter und neuer Messe durch. Während die Wandlung und einige andere zentrale Teile der Messe auf Latein im vorkonziliaren Ritus durchgeführt wurden, entsprechen andere Teile sehr wohl den Vorgaben des Zweiten Vatikanischen Konzils. Priester und Bischöfe des Engelwerks lesen immer wieder lateinische Messen, bestehen allerdings zumeist nicht auf deren alleinige Gültigkeit.

Das Engelwerk blickt dennoch auf eine umfangreiche Konfliktgeschichte innerhalb der Römisch-Katholischen Kirche zurück, da die Engels- und Dämonenlehre die Gruppe immer wieder in den Geruch einer innerkatholischen Sekte brachten. 1983 verbot die Kongregation für die Glaubenslehre den Gebrauch der von Gabriele Bitterlich verwendeten Engelnamen und das bis dahin obligatorische Schweigeversprechen nach außen.[186]

Am 6. Juni 1992 erklärte die Kongregation für die Glaubenslehre das Verbot der Engelsweihe und des Gebrauchs der Privatoffenbarungen Gabriele Bitterlichs.[187] Als sich der langjährige Leiter des Engelwerks, der 1953 zum Priester geweihte Sohn der Gründerin, Hansjörg Bitterlich, dieser Anordnung angeblich widersetzte, wurde er als Abt abgesetzt und exklaustriert. Die verbliebenen AnhängerInnen Bitterlichs bestreiten zwar, dass dieser sich widersetzt

---

184 Gstrein, 1990: 219.
185 Ebd.: 235.
186 Boberski, 1993: 278.
187 Ebd.: 279.

habe. Bitterlich habe sich, so etwa eine der ihm bis zuletzt treu ergebenen Klosterschwestern, nur unglücklich über die Vorgangsweise geäußert,[188] allerdings wurden Äußerungen Bitterlichs von der Kirche so gedeutet, dass diese 1993 zu seiner Exklaustrierung führten. Aus Sicht der AnhängerInnen Bitterlichs war dies teilweise auch eine Folge interner Machtkämpfe innerhalb des Engelwerks, wo sich Gegner Bitterlichs mithilfe der Glaubenskongregation gegen Bitterlich durchgesetzt hätten.[189]

Zusammen mit zwei ihm weiterhin loyalen Nonnen des Engelwerks lebte Bitterlich daraufhin bis zu seinem Tod 1998 in Fusch an der Großglocknerstraße, wo er versuchte, das ehemalige Kurhotel in Bad Fusch wieder aufzubauen und zu einer neuen Zentrale eines weiterhin den Lehren seiner Mutter treu ergebenen Flügels des Engelwerks auszubauen. Das leerstehende Hotel und die Kirche sind die letzten Reste eines auf 1188 m Seehöhe gelegenen ehemaligen Kurortes in einem Seitental des Fuscher Tales, in dem bis zur ersten Hälfte des 20. Jahrhunderts reges Leben herrschte. Ein von Bitterlich und seinen Anhängern kontrollierter Verein mit dem Namen *Gesellschaft für religiöses Brauchtum* hatte die Anlage vom Industriellen Herbert Turnauer, der selbst als konservativer Katholik und Monarchist galt, um einen rein symbolischen Preis ›gekauft‹, also de facto geschenkt bekommen. Allerdings gelang es dem Verein bis zum Tod von Hansjörg Bitterlich im Mai 1998 nicht, das Gebäude zu sanieren. Lediglich das Dach und der Rohbau einer Gebäudehälfte, die Bibliothek Bitterlichs und eine Kapelle wurden weitgehend fertiggestellt. Die Kapelle wird dabei von einer überlebensgroßen Marienstatue dominiert, die von Gönnern der Gemeinschaft aus Vorarlberg zur Verfügung gestellt wurde.

Mitte der 1990er-Jahre hatte ich aufgrund familiärer Beziehungen nach Fusch noch persönlich die Möglichkeit, mich von Hansjörg Bitterlich durch die Anlage führen zu lassen. Für mich machte die Kapelle damals einen stark unfertigen Eindruck, um die Marienstatue waren alle möglichen Dinge abgestellt. In meiner jugendlichen Naivität fragte ich damals Hansjörg Bitterlich, wie

---

188 Interview mit Schwester Herma, 14. Mai 2022.
189 Ebd.

die Kapelle denn aussehen solle, wenn der Altar einmal fertig wäre. Ich kann mich bis heute an seine entsetzte Reaktion gut erinnern. Bitterlich fragte mich, ob ich denn nicht die Symbolik dieses Altars erkennen würde: Hier sei das »Chaos der Welt«, und er zählte Krieg, Abtreibung und Gewalt als Charakteristika davon auf, während »sie« über alldem thronte. Der verzückte Gesichtsausdruck des Geistlichen bei der Betrachtung Mariens über dem »Chaos der Welt«, hatte mich damals nachhaltig beeindruckt.

Da das ehemalige Hotel in Bad Fusch nie fertig renoviert wurde, lebte Bitterlich mit den beiden ihm weiterhin treuen Nonnen im Dorf Fusch an der Großglocknerstraße, im Nebengebäude des stillgelegten ehemaligen Wirtshauses Fuscherhof, wo von 1992 bis 1998 die Fäden des Bitterlich'schen Erbes zusammenliefen.

Neben der *Gesellschaft für religiöses Brauchtum* war es insbesondere der *Engelbund*, den der Lippstädter Verleger Claus Peter Clausen gegründet hatte, der das alte Engelwerk fortsetzen sollte. Dieser erreichte allerdings nie die Bedeutung des Engelwerks selbst. Clausens Engelbund und die Gruppe in Fusch, die nach dem Tod Bitterlichs von dessen Neffen, Pater André Wingen, geleitet wurde, zerstritten sich über das Erbe Bitterlichs, gerade auch, was die auf Microfilm gespeicherten Originalschriften von Gabriele Bitterlich betraf. Clausens Engelbund hörte mit dem Tod Clausens de facto auf zu existieren. Von der Gruppe, die sich selbst als das »ungehorsame« Engelwerk versteht, existiert heute nur noch die Gruppe um André Wingen, die weiterhin die Immobilien in Fusch und Bad Fusch verwaltet und über Bischof Kurt Krenn in der Diözese St. Pölten Unterschlupf gefunden hat. In Reinsberg in Niederösterreich hat sich mit dem *Verein für Religionswissenschaften* ein weiterer Verein von traditionellen Engelwerk-Mitgliedern gebildet, der eng mit dem Verein in Fusch in Austausch steht. Bitterlich-Neffe André Wingen, der als geistlicher Vater beider Vereine auftritt und als Nachfolger seines Onkels gilt, konnte in der Diözese St. Pölten bis August 2020 als Pfarrmoderator der Pfarren Neunkirchen an der Wild und St. Bernhard im Waldviertler Bezirk Horn die Rolle eines Pfarrers ausüben. Für überregionalen Unmut erzeugten in dieser Zeit homophobe Äußerungen Wingens, der 2014 im Pfarrblatt Homosexualität als »pervers, widernatürlich und schwerste Sünde«

bezeichnet hatte, die »geheilt« gehöre. Medien wie *Der Standard*,[190] der *ORF*,[191] die die Gratisblätter *heute*[192] und *Österreich*[193] und eine ganze Reihe weiterer berichteten damals darüber, allerdings ohne die Verbindung zum Engelwerk zu erwähnen. Die Diözese St. Pölten verteidigte vorsichtig den Priester, die bereits erwähnte Website kreuz-net.at antwortete auf die mediale Aufmerksamkeit hingegen mit einem Artikel über eine »satanische Priesterverfolgung« und die »Journaille als Homo-Lobby«: »Der regimetreue und zwangsfinanzierte Staatsfunk (ORF)« hetze »ebenso gegen den echt katholischen Priester wie alle anderen Massenmedien, die von der Finanzoligarchie zum Zwecke einer Meinungsdiktatur gehalten werden.«[194]

Nach seiner Pensionierung zog sich Pater André Wingen überwiegend in das offiziell als Verein geführte Kloster in Reinsberg zurück, agiert aber weiterhin als spiritueller Vater des Salzburger Vereins in Fusch an der Großglocknerstraße. Dort lebt derzeit nur noch eine der beiden Nonnen. Das nur teilweise renovierte Kurhotel verfällt mittlerweile wieder. Wingen ist zwar immer noch das De-facto-Oberhaupt des verbliebenen Rests des ursprünglichen Engelwerks, alles deutet aber darauf hin, dass diese ›orthodoxe‹ Abspaltung der Gruppierung wohl kaum eine weitere Generation überleben wird. Dass dies auch die Betroffenen selbst so sehen, zeigt eine Äußerung der letzten verbliebenen Schwester, die in einem Interview im Frühling 2022 resümierte: »Wir sind klein und, wenn nicht noch was Besonderes von oben passiert, dem Aussterben geweiht.«[195]

Wie weit sich hingegen der »gehorsame« Teil des Engelwerks den Vorgaben der Kongregation für die Glaubenslehre gebeugt hat,

190 Siehe: https://www.derstandard.at/story/2000001831267/pfarrer-wettert-gegen-homosexuelle (15. 3. 2022).
191 Siehe: https://noe.orf.at/v2/news/stories/2651198 (15. 3. 2022).
192 Siehe: https://www.heute.at/s/wirbel-um-pfarrblatt-zum-thema-homosexualitat-17296575 (15. 3. 2022).
193 Siehe: https://www.oe24.at/oesterreich/chronik/pfarrer-hetzt-gegen-homosexuelle/146104702 (15. 3. 2022).
194 Siehe http://www.kreuz-net.at/index.php?id=408 (15. 3. 2022).
195 Interview mit Schwester Herma, 14. Mai 2022.

ist schwer zu sagen, zumindest spricht die kirchliche Anerkennung von 2008 unter Papst Benedikt XVI. dafür, dass der Vatikan davon überzeugt werden konnte, dass sich die neue Führung des Engelwerks an die 1992 verordneten Auflagen hielt. Die Organisation bleibt allerdings bis heute am ultrakonservativen Rand der katholischen Kirche angesiedelt und hat sich nie selbstkritisch mit der eigenen Vergangenheit auseinandersetzt. Es gibt einige Indizien dafür, dass zwar die kirchlich verbotenen Schriften der Gemeinschaftsgründerin nicht mehr offiziell verwendet werden, die grundsätzliche Lehre der Organisation, insbesondere ihr Antisemitismus und ihre extrem reaktionären gesellschaftspolitischen Haltungen, sich aber nicht geändert haben.[196] Auch wenn das Engelwerk in den letzten Jahren aufgrund ihrer auch in traditionalistischen und konservativen Kreisen auf Befremden stoßenden Privatoffenbarungen an Einfluss verloren hat, handelt es sich dabei vor allem im Westen Österreichs immer noch um eine relevante Gruppierung. Verbindungen gibt es auch zum »Linzer Priesterkreis« um Gerhard Maria Wagner.

Aus dem Engelwerk stammt auch der bereits erwähnte Weihbischof der Erzdiözese der Heiligen Maria in Astana, Athanasius Schneider, der in einer russlanddeutschen Familie geboren wurde und dessen Bistum zwar in Kasachstan ist, der allerdings im gesamten deutschsprachigen Raum ein Verbindungsglied zwischen Engelwerk und traditionalistischen Kreisen darstellt, die die »alte Messe« propagieren; seine Texte sind sowohl bei kath.net als auch bei kreuz.net erschienen. Schneider, der als scharfer Gegner von Papst Franziskus gilt, unterhält gute Beziehungen zu den beiden Priesterbruderschaften St. Pius X. und St. Petrus und steht weiterhin in enger Verbindung mit dem Mutterhaus des Engelwerks in Tirol.

Das Engelwerk hat eine eigene Jugendorganisation, die *Angelus-Jugend*, die mit Exerzitien, Schweigewochenenden, Bergwochen

196 In den Publikationen des Engelwerks, insbesondere in deren Zeitschrift *Der heilige Engel*, werden bis heute ganz ähnliche Engels- und Dämonengeschichten publiziert wie vor 1992, allerdings wird auf explizite Namensnennungen von Engeln und Dämonen verzichtet. Auch der Antisemitismus ist heute in den zugänglichen Publikationen nicht mehr zu finden.

aber auch ›alternativen‹ Silvesterfeiern Jugendliche ansprechen soll. Die meisten dieser Veranstaltungen finden am Hauptsitz des Engelwerks in St. Petersberg in Tirol statt. Dort gibt es auch einen eigenen Ave-Crux Jugend-Gebetskreis. Die Jugend wird auch mit einem eigenen Jugend-Newsletter, der online verschickt wird, angesprochen.[197] Einkehrtage und Exerzitien werden allerdings auch in Wien, im Don Bosco Haus in der St.-Veit-Gasse, sowie in Graz, Klagenfurt, Linz, Lienz, Reichersberg (OÖ), Gisingen (Pfarre bzw. Ortsteil von Feldkirch, Vorarlberg)[198] abgehalten.[199] Damit gibt es in fast allen Bundesländern Österreichs Bildungsaktivitäten für die eigene AnhängerInnenschaft.

Priesterbruderschaft St. Pius X.

Die Priesterbruderschaft Pius X. ist schon seit den 1970er-Jahren in Österreich aktiv. In Wien wurde in einer Kapelle im Souterrain eines Hauses in der Piaristengasse durch den in München ansässigen Pater Philippe François seit 1979 die Messe gemäß dem römischen Ritus nach dem Konzil von Trient gelesen,[200] welcher durch das Zweite Vatikanische Konzil eigentlich abgeschafft wurde. Am 29. November 1981 hielt der Gründer der Bruderschaft, Erzbischof Marcel Lefebvre, zur Errichtung des ersten Priorats der Priesterbruderschaft in Österreich einen Vortrag im Großen Sophiensaal in Wien, in dem er zum Widerstand gegen den »libe-

197 Vgl. https://engelwerk.at/?page_id=1321 (8. 2. 2021).
198 Die Pfarrer von Gisingen sind seit Jahrzehnten als äußerst konservativ bekannt. Im Gegensatz zu anderen Pfarren gab es dort nie weibliche Ministrantinnen und die Priester sind über die Ortsgrenzen hinweg als Hort sehr strikter Lehre bekannt. Unter dem 2005 verstorbenen langjährigen Pfarrer Armin Michler hatte sich dort eine extrem konservative Gemeinschaft herausgebildet, deren Linie auch unter seinen Nachfolgern bis heute beibehalten wurde. Die Pfarre ist eng mit dem Kloster Thalbach in Bregenz und der dort untergebrachten geistlichen Familie »Das Werk« verbunden, in dem Doris Reisinger über Jahre hinweg spirituellen und sexuellen Missbrauch erlebt hatte. Auch der aktuelle Pfarradministrator Peter Willi kommt aus dieser Gemeinschaft.
199 Vgl. https://docplayer.org/172550576-Opus-angelorum-2020-programm-fuer-oesterreich-suedtirol-und-die-schweiz.html (8. 2. 2021).
200 Vgl. https://fsspx.at/de/distrikt (10. 11. 2021).

ralen Geist« in der Katholischen Kirche und zu einem »Kreuzzug
des Gebetes«[201] aufrief. Damit wurde das erste Priorat der Priesterbruderschaft in Österreich gegründet. Bereits damals wurden auch
in Graz, Klagenfurt, Lienz und Schwaz in Tirol lateinische Messen
durch Priester der Bruderschaft gelesen. Die meisten dieser Messen wurden ursprünglich in privaten Wohnungen abgehalten. In
Oberösterreich fanden die ersten Messen in der Schlosskapelle des
Grafen Walderdorff in Enns statt.[202]

Damit zeichnete sich schon früh die enge Verbindung der
Priesterbruderschaft zu konservativen und vielfach immer noch
monarchistisch orientierten Adelskreisen besonders in Nieder- und
Oberösterreich ab. Insbesondere in den ländlichen Regionen dieser
Bundesländer, in denen der Adel bis heute über großen Landbesitz
verfügt und damit eine wichtige ökonomische Rolle einnimmt,
historisch eng mit der Gegenreformation verbunden, bereitete
eine kulturelle Verbindung mit dem vorkonziliaren Ritus und die
Ablehnung der in der 1965 von Papst Paul VI. promulgierte Erklärung »Dignitatis humanae«, in der erstmals die Gewissens- und
Religionsfreiheit als Menschenrecht kirchlich anerkannt wurde,
einen fruchtbaren Boden für antikonziliare traditionalistische Bewegungen in der Katholischen Kirche. Diese Verbindung zu konservativen Adelskreisen zeigte sich auch bei der Übernahme des
Schlosses Jaidhof, das der österreichischen Unternehmerfamilie
von Gutmann gehörte. Der jüdische Unternehmer Wilhelm Isaak
Wolf, der das größte Kohleunternehmen Österreich-Ungarns führte
und 1878 als Ritter von Gutman geadelt wurde, hatte Schloss Jaidhof 1884 erworben und seinem Sohn Max von Gutmann vererbt,
der dann zur Römisch-Katholischen Kirche konvertierte. Dessen
Schwiegertochter Rosa Gutmann vermietete 1985 und vererbte nach
ihrem Ableben 2003 Schloss Jaidhof der Piusbruderschaft. Von dort
aus wird seither der Distrikt Österreich der Priesterbruderschaft
geleitet. Der Distrikt deckt nicht nur das heutige Österreich ab,

201 Vortrag von S. E. Erzbischof Marcel Lefebvre am 29. November 1981 in
     Wien. Priesterbruderschaft St. Pius X. Wien: St. Josephsblatt. Dezem-
     ber 2021, S. 8–11.
202 Vgl. https://fsspx.at/de/distrikt (10. 11. 2021).

sondern die gesamten Territorien der ehemaligen Österreichisch-Ungarischen Monarchie, was als weiteres Indiz für die enge Verbindung mit monarchistischen Kreisen gewertet werden kann. Die spendenbasierte Finanzierung der Bruderschaft dürfte zu großen Teilen auf wohlhabende Mitglieder konservativer ehemaliger Adelsgeschlechter zurückgehen, wird allerdings nirgendwo transparent aufgelistet.

Parteipolitisch ist die Piusbruderschaft trotz ihrer extrem konservativen Weltanschauung nicht aktiv. Unter den AnhängerInnen finden sich MonarchistInnen, ÖVP- und FPÖ-WählerInnen ebenso wie UnterstützerInnen »christlicher« Kleinstparteien. Zu den öffentlich bekannten UnterstützerInnen der Piusbrüder zählte lange der ehemalige FPÖ- und spätere BZÖ-Politiker Ewald Stadler, der sich allerdings Anfang 2009 öffentlich von den Piusbrüdern distanzierte und der Piusbruderschaft vorwarf, dass diese »die Einheit mit Rom gar nicht will«[203]. Heute ist von keinem aktiven Politiker auf Bundesebene eine Nähe zur Piusbruderschaft bekannt.

Die einzelnen Gemeinden der Piusbrüder in der heutigen Republik Österreich sind unterschiedlich groß, auch ihre Kirchengebäude unterscheiden sich stark voneinander. In Wien konnte 2021 mit der Minoritenkirche ein großes, repräsentatives historisches Kirchengebäude übernommen werden. In Graz, Innsbruck und Klagenfurt existieren auch von außen als Kirchen erkennbare repräsentative Kirchengebäude oder größere Kapellen, die von den Piusbrüdern selbst errichtet wurden. In Lienz wurde eine Kapelle an ein Haus der Piusbrüder angebaut, die zwar weniger repräsentativ ist als etwa die Kirche in Graz oder Innsbruck, allerdings durchaus noch von außen als Kapelle erkennbar ist. In Salzburg, Linz und Steyr sind die Kapellen in Räumen in Wohnhäusern untergebracht, wobei für Salzburg bereits konkrete Pläne für die Errichtung eines repräsentativen Kirchenbaus existieren. Am Distriktssitz in Jaidhof wird neben der Kapelle und dem Distriktssitz auch ein Bildungshaus unterhalten.

In den »Messzentren« auf dem Boden der Republik Österreich werden regelmäßig Messen nach dem vorkonziliaren römi-

203 Siehe: https://noev1.orf.at/stories/340861 (2. 12. 2021).

schen Ritus von Priestern der Bruderschaft gelesen. Dies bedeutet jedoch nicht, dass all diese Messzentren auch Pfarrgemeinden mit einem eigenen Priester darstellen. Allerdings gibt es um jedes dieser Messzentren eine Gemeinschaft von AnhängerInnen der Piusbruderschaft, die meist regional aus dem weiteren Umfeld kommen. Auffallend ist, dass es in allen Bundesländern, außer im Burgenland und in Vorarlberg, Messzentren gibt. Die Vorarlberger AnhängerInnen der Piusbruderschaft nehmen an den Messen und Veranstaltungen des direkt an der Schweizer Grenze gelegenen Priorats St. Karl Borromäus in Oberriet teil. Beim Besuch einer dortigen Sonntagsmesse hatte etwa ein Viertel der Autos beim Parkplatz der Kirche ein Vorarlberger Kennzeichen.

Grundsätzlich leben Priester der Priesterbruderschaft jeweils in kleinen Gemeinschaften, den sogenannten Prioraten, zusammen, von denen aus weitere Messzentren betreut werden. Das Priorat St. Klemens Maria Hofbauer in Wien betreut neben den Kirchen in Wien auch jene in Graz. Das Priorat im Distriktssitz Jaidhof betreut Steyr, Linz und Klagenfurt. Das Priorat Mariahilf in Innsbruck betreut Lienz, Salzburg, Piesendorf/Walchen, Umhausen und Brixen in Südtirol.

Da für diese Studie alle Messzentren besucht wurden, lässt sich eine ungefähre Schätzung über die Verteilung der AnhängerInnenschaft der Piusbrüder aus den BesucherInnen der Sonntagsmesse schließen. Die größten Gruppen befinden sich demnach in Wien, Graz und Innsbruck, wobei in allen drei Gemeinden Familien aus dem jeweiligen Umland dazuzählen.

Das Priorat Mariahilf in Innsbruck, mit einer Kirche in der relativ zentral unmittelbar nördlich des Inns gelegenen Höttinger Gasse, versorgt ganz Nordtirol. Aus den Nummerntafeln der KirchenbesucherInnen zu schließen, wird die Messe auch von Gläubigen aus den Bezirken Innsbruck-Land, Imst, Schwaz und Kufstein besucht. Unter den etwa 110 Gläubigen, die die Kirche besuchen, befinden sich viele Familien mit Kindern und Jugendlichen, die den Eindruck eines aktiven Gemeindelebens vermitteln. Es gibt in Tirol auch eine aktive Jugendorganisation der Gemeinde, die Katholische Jugendbewegung (KJB) sowie zahlreiche Ministranten. Vom Priorat Mariahilf aus werden auch die unregelmäßig stattfindenden Gottesdienste in der Kapelle St. Josef in Umhausen im Ötztal abgehalten.[204]

Die Gemeinde in Graz besitzt ein relativ großes Kirchengebäude mit angeschlossenem Pfarrsaal, das zwar etwas dezentral im Norden der Stadt liegt, aber auch von außen relativ repräsentativ wirkt. Auch hier besuchten bei der Feldforschung über 100 Gläubige den Gottesdienst, von denen ein Teil ebenfalls aus den Nachbarbezirken der südlichen Steiermark stammte.

Im Verhältnis zu ihrem kleinstädtischen Charakter stellten sich die Gemeinden in Steyr und in Lienz als relativ groß heraus. In Lienz ist ganz Osttirol als Einzugsgebiet zu sehen, in Steyr sind es die umliegenden Bezirke Steyr-Land (OÖ) und Amstetten (NÖ). Beide Regionen scheinen regionale Hochburgen der Piusbruderschaft zu sein. Steyr hat eine aktivere und größere Gemeinde als die Landeshauptstadt Linz. Dies dürfte damit zusammenhängen, dass die Piusbruderschaft in Linz in Konkurrenz mit einer sehr gut etablierten Gemeinde der Petrusbruderschaft steht, also jener katholisch-traditionalistischen Gemeinschaft, die sich 1988 nach den illegalen Bischofsweihen von Marcel Lefebvre von der Piusbruderschaft abgespalten hatte, um weiterhin vom Vatikan anerkannt zu bleiben. Die Petrusbruderschaft in Linz zelebriert Messen in der Minoritenkirche, wo seit dem Zweiten Vatikanischen Konzil für eine kleine Gemeinschaft um den pensionierten Domkapellmeister Josef Kronsteiner[205] die vorkonziliare Messen gelesen wird, sowie in einem eigenen Gemeindezentrum und dominiert damit die katholisch-traditionalistische Szene. Die Piusbruderschaft zog erst 2009 mit der Kapelle St. Margareta Maria Alacoque von Wels nach Linz und hatte in der Konkurrenz zur Petrusbruderschaft das Nachsehen.

Auch in Salzburg ist die Petrusbruderschaft, die mit der Kirche St. Sebastian über ein sehr repräsentatives Gotteshaus verfügt,

204 Die Messen in Umhausen werden vor allem während der Sommerzeit abgehalten. In der Gottesdienstordnung des Priorats Mariahilf wird etwa eine Messe für den Juli angekündigt und dann festgestellt, dass »H. P. Wolfgang Göttler« vom 23. August bis zum 10. September »im Ötztal sein und vielfach in St. Josef (Umhausen) zelebrieren« werde.
205 Vgl. http://www.fssplinz.at/index.php/home (5. 9. 2021).

stärker als die Piusbruderschaft. Letztere plant allerdings mit dem Ankauf eines Grundstücks am Meierhof ein neues großes Zentrum mit einer Kirche zu bauen, die Platz für insgesamt 150 Gläubige bieten soll; bislang ist die Piusbruderschaft in einem schmucklosen Einfamilienhaus in der Schillinghofstraße untergebracht. Die wachsende Gemeinde will mit dem auf 2 500 000 Euro projektierten Neubau ein Seelsorgezentrum »im 21. Jahrhundert, ganz in der Römisch-Katholischen Tradition stehend, ein Bekenntnis zur Kirche und ein Beweis unseres persönlichen Glaubens«[206] mit Pfarrsaal und einem eigenen neuen Priorat errichten.

In der kleinen Pinzgauer Kapelle in Piesendorf/Walchen, die sich in der Tenne des Bauernhofes der Familie eines Priesters der Piusbruderschaft befindet, wird nur etwa alle zwei Wochen ein kleiner Gottesdienst abgehalten.

In Wien gelang der Piusbruderschaft 2021 mit der Übernahme der Minoritenkirche ein bedeutender Schritt zur Etablierung in einer großen historischen Kirche im Zentrum der Stadt. Die »Besetzung« der Kirche, wie der erste Gottesdienst der Priesterbruderschaft in der neuen Kirche angekündigt worden war,[207] fand am 12. September 2021 in einem feierlichen Gottesdienst statt, der von über 400 Gläubigen besucht wurde und auf den eine kleine Prozession mit der Musikkapelle »Die Kaiserjäger« folgte. Zu der Messe waren jedoch nicht nur Wiener FreundInnen der Piusbruderschaft gekommen, sondern auch UnterstützerInnen aus anderen Bundesländern angereist. Gottesdienste werden auch nach der Übernahme der Minoritenkirche zusätzlich weiterhin im Priorat St. Klemens Maria Hofbauer in der Fockygasse und in der Kirche St. Josef in der Bernardgasse gefeiert.

Insgesamt dürften in ganz Österreich jeweils bis zu 1 000 Gläubige die Gottesdienste der Piusbruderschaft besuchen, wobei es sich überwiegend um Personen handelt, die relativ eng mit der Priesterbruderschaft verbunden sind, sodass ein Wechsel zwischen Mainstreamgemeinden der katholischen Kirche und der Piusbruderschaft kaum vorkommt. Schließlich gilt ein Gottesdienst nach

206 Priesterbruderschaft St. Pius X.: Salzburg. Ein Heim für die Tradition.
207 Sonntagsmesse im Priorat Mariahilf in Innsbruck am 29. 8. 2021.

den kultischen Regeln des Zweiten Vatikanischen Konzils der Piusbruderschaft nicht als Heilige Messe.

Die Erfahrungen beim Versuch, Interviews für diese Fallstudie
zu erhalten, zeigen, dass es sich bei der Piusbruderschaft um eine
relativ zentralistisch aufgebaute Struktur handelt; in der Außen-
kommunikation wird gemeinsam mit einem professionellen PR-
Berater versucht, sämtliche Entscheidungen zentral zu treffen.

Priesterbruderschaft St. Petrus

Wie bereits erwähnt, verließen einige Priester der Piusbruderschaft diese, als Erzbischof Lefebvre 1988 aufgrund der vom Vatikan nicht legitimierten Weihe von vier Bischöfen exkommuniziert
wurde, und gründeten daraufhin die vom Heiligen Stuhl als Klerikergemeinschaft des apostolischen Lebens päpstlichen Rechts anerkannte Priesterbruderschaft St. Petrus. Ihren Anfang nahm diese
Abspaltung der Piusbruderschaft in Österreich, wo sich Priester der
Piusbruderschaft am 2. Juli 1988 in Sigmundsherberg in Niederösterreich trafen und in der dortigen Bahnhofswirtschaft »die Ini-
tialzündung der Petrusbruderschaft« gaben.[208]

Die Petrusbruderschaft hat drei Niederlassungen mit Priestern
in Wien, Linz und Salzburg, in denen jeweils mehrere Priester in
einer Gemeinschaft zusammenleben, und feiert in 19 verschiedenen
Kirchen in ganz Österreich, mit Ausnahme Kärntens und des
Burgenlandes, die vorkonziliare lateinische Liturgie. Neben der
Paulanerkirche und der Hauskapelle des Haus St. Leopold in der
Kleinen Neugasse in Wien feiern Priester der Petrusbruderschaft
Messen in Graz, Bad Walterdorf (Steiermark), Brand (Tirol), Ehr-
wald (Tirol), Innsbruck, Föhrenau (NÖ), Haidershofen (OÖ),
Schardenberg (OÖ), St. Konrad (OÖ), Köppach (OÖ), in zwei
Kirchen in Linz, Rankweil (Vbg.), Gortipol (Vbg.), Werfen (Sbg.)
und in einer Kirche und im Loreto-Kloster in Salzburg-Stadt.[209] Die
größte Gemeinde existiert mit Sicherheit in Linz, wo an Sonnta-

208 P. Walthard Zimmer FSSP: Land des Anfangs, Land der Kirchen, Infor-
     mationsblatt der Priesterbruderschaft St. Petrus, Januar 2014, S. 16f.
209 Vgl. http://petrusbruderschaft.de/pages/wo-wir-sid/oesterreich.php und
     https://www.fssp.org/de/wo-wir-sind/hauser-und-apostolate (8. 2. 2021).

gen drei gut besuchte Gottesdienste in der ehemaligen Minoriten-kirche stattfinden.[210] Die Linzer Petrusbrüder führen auch Messen in einer Hauskapelle der Familie Messner sowie in den Pfarrkirchen Schardenberg, Wolfern und St. Konrad durch.[211] In Linz werden zu-dem an Werktagen täglich zwei Messen gelesen.[212] Die Stärke der Petrusbrüder in Linz hat damit zu tun, dass schon vor der Etab-lierung der Petrusbrüder in der Linzer Minoritenkirche »durch-gehend seit dem Zweiten Vatikanischen Konzil die heilige Messe im tridentinischen Ritus gefeiert«[213] wurde. Um den pensionierten Domkapellmeister Josef Kronsteiner hatte sich hier unabhängig von den Pius- und Petrusbrüdern eine eigenständige altritualistische Ge-meinschaft gebildet, die dann in den 1990er-Jahren die Betreuung dieser Gemeinde übernahm.

In Wien und Salzburg verfügen die Petrusbrüder auch noch über eine signifikante Gefolgschaft, allerdings bei Weitem nicht in der Stärke von Linz. Gottesdienste in Salzburg und Linz wer-den von weniger als einem Drittel der Linzer Gemeinde besucht.[214] In Vorarlberg liest mit Pater Bernhard Kaufmann ein grenzüber-schreitend in der Schweiz und Vorarlberg tätiger Priester der Pe-trusbruderschaft auch in einigen anderen Pfarrkirchen gelegentlich lateinische Messen.

Der österreichische Teil der Petrusbruderschaft gehört zum Distrikt »deutschsprachiger Raum«, der von Wigratzbad in der bayrischen Gemeinde Opfenbach aus geleitet wird, wo auch ein Priesterseminar unterhalten wird, in dem unter anderem die öster-reichischen Petrusbrüder ihre Ausbildung absolvieren. Insgesamt dürften etwas mehr Gläubige die Gottesdienste der Petrusbruder-schaft besuchen als jene der Piusbruderschaft. Da die Gemeinschaft

---

210 Teilnehmende Beobachtung der Messen am 12. Dezember 2021 in der Minoritenkirche in Linz.

211 Vgl. http://www.fssplinz.at/index.php/gottesdienstorte (2.12.2021).

212 Vgl. http://www.fssplinz.at/index.php/gottesdienstordnung (2.12.2021).

213 Siehe: http://www.fssplinz.at/index.php/home (13.12.2021).

214 Teilnehmende Beobachtung der Gottesdienste der Petrusbrüder am 28. November 2021 in der Paulanerkirche in Wien, am 5. Dezember 2021 in der St. Sebastiankirche in Salzburg und am 12. Dezember 2021 in der Minoritenkirche in Linz.

nicht so stark in sich geschlossen ist und teilweise auch Gemeinde-priester stellt, ist die Abgrenzung zu Mainstreamgemeinden der Katholischen Kirche nicht immer so einfach wie bei der Piusbru-derschaft.

In einer Sondernummer ihrer Zeitschrift zum 25. Jahrestag ihres Bestehens lobt die Petrusbruderschaft ihre Akzeptanz durch die Amtskirche in Österreich:

> »In Wien, Linz und Salzburg feiert die Petrusbruderschaft in wunderschönen Barockkirchen die heilige Messe im außerordent-lichen Ritus. In Salzburg und Linz stehen Kirchen zur Verfügung, die fast ausschließlich für das Meßopfer in dieser Form genützt werden. Dies ist möglich, weil die österreichische Gemütlichkeit von Anfang an verhindert hatte, dass Bischöfe diesen Ritus vehe-ment bekämpften.«[215]

Tatsächlich ist die Priesterbruderschaft St. Petrus in Österreich stär-ker in die jeweiligen Diözesen eingegliedert und akzeptiert als in vielen anderen Staaten, was auch die Abgrenzung ihrer AnhängerIn-nenschaft gegenüber Mainstreamgemeinden erschwert. Trotz ideo-logischer Übereinstimmungen mit der Piusbruderschaft fehlt der Petrusbruderschaft die strikte Abgrenzung zu anderen Teilen der Römisch-Katholischen Kirche, was diese offener für Kooperationen mit rechts-konservativen Teilen der Römisch-Katholischen Kirche macht, die nicht zum Kern des Traditionalismus gehören.

Im Umfeld der Petrusbruderschaft hat sich, ähnlich wie in der Piusbruderschaft und in anderen christlich-extremistischen Grup-pierungen, im Zusammenhang mit den Corona-Maßnahmen eine starke Ablehnung der Impfungen entwickelt, was auch hier mit der »Verwendung von Zelllinien aus abgetriebenen Kindern [...] nicht nur für den Covid-Impfstoff«[216] begründet wird. Pater Bernhard Kaufmann hielt auf dem »Marsch fürs Leaba« in Bregenz am 30. Mai

215 P. Walthard Zimmer FSSP: Land des Anfangs, Land der Kirchen, Infor-mationsblatt der Priesterbruderschaft St. Petrus, Januar 2014, S. 16 f.
216 Siehe: https://petrusbruderschaft.de/pages/wo-wir-sind/deutschland/stuttgart/aktuelles.php (2. 12. 2021).

2021 eine Rede gegen die Impfstoffe, da diese »embryonale Zelllinien« enthielten oder auf solchen getestet würden. Dabei erklärte Pater Kaufmann, dass für die Gewinnung dieser Zellen Zellen lebender Kinder benötigt würden:

> »Die Kinder werden dafür meistens einige Zeit nach der zwölften Woche mit Kaiserschnitt aus dem Leib der Mutter herausgeholt, damit sie noch lebendig sind. Dann werden sie ohne Betäubung aufgeschnitten und die Organe werden herausgeschnitten. Mit Betäubung sind die Stammzellen nicht mehr brauchbar. Deshalb bekommt das zu ermordende Kind keine Betäubung.«[217]

Weiters behauptete der Priester, dass die Kinder zur längeren Haltbarkeit danach eingefroren würden. Diese Schauergeschichte übertrifft selbst die meisten Erzählungen aus den Reihen anderer fundamentalistischer Gruppen.

Im Gegensatz zur Piusbruderschaft hält sich die Petrusbruderschaft mit einer generellen Maßnahmenkritik zurück. Bei Messen der Petrusbrüder im Dezember 2021 tragen Teile der MessbesucherInnen die von den Diözesen vorgeschriebenen Masken. Allerdings wird nicht auf Gesang oder die Mundkommunion verzichtet.[218]

Wie die Piusbruderschaft ist auch die Petrusbruderschaft in der Jugend- und Bildungsarbeit tätig. Dafür wird eine eigene Jugendorganisation, die *Christkönigsjugend* (CKJ) unterhalten, die allerdings in der Schweiz und Deutschland stärker vertreten ist als in Österreich. In Österreich ist die CKJ primär in Linz aktiv. Die Gruppen der CKJ in Linz treffen sich in der dortigen Niederlassung der Petrusbruderschaft in der Wiener Straße 262, wo es Kindergruppen für ErstkommunikantInnen, Katechesen, Firmunterricht

---

217 Die Rede war als Video auf https://vereinsanktjoseph.at (6. 12. 2021) zugänglich, wurde aber am 12. Dezember, nachdem die Position Kaufmanns durch einen Artikel in der Gratiszeitung *Wann & Wo* thematisiert wurde, wieder gelöscht.
218 Teilnehmende Beobachtung der Gottesdienste der Petrusbrüder am 28. November 2021 in der Paulanerkirche in Wien, am 5. Dezember 2021 in der St. Sebastiankirche in Salzburg und am 12. Dezember in der Minoritenkirche in Linz.

und eine Gruppe für junge Erwachsene gibt. Im Sommer wird zudem in Oberösterreich jedes Jahr ein Zeltlager für Kinder abgehalten.[219] In Wien und Salzburg besteht die Jugendarbeit überwiegend in Ministrantengruppen. Insgesamt ist die eigenständige Jugendarbeit der Petrusbruderschaft in Österreich allerdings weniger ausgebaut als jene der Piusbruderschaft.

Das Institut Mater Boni Consilii

Die sedisvakantistischen Gruppierungen in Österreich sind sehr klein. Die größte dieser Gruppen sammelt sich um Pater Arnold Trauner, einem ehemaligen Mitglied der Piusbruderschaft, das sich nach seiner Trennung von den Piusbrüdern 2017 dem *Institut Mater Boni Consilii* (Mutter vom Guten Rat) angeschlossen hatte. Trauner hatte im deutschsprachigen Seminar der Piusbruderschaft in Zaitzkofen Theologie studiert und war am 25. Juni 1994 von Bischof Alfonso de Galaretta zum Priester geweiht worden. Er arbeitete als Priester in Gabun (1996–1999 und 2001–2011), in Neuseeland (1999–2001) und in Südafrika (2011/12), ehe er aus gesundheitlichen Gründen wieder nach Europa zurückkehrte, wo er sich im Juni 2013 von der Piusbruderschaft abwandte.[220]

Über Kontakte mit dem sedisvakantistischen Bischof Donald Sanborn in den USA kam er schließlich 2017 zum Institut Mater Boni Consilii, das mit der *These von Cassiciacum* eine sehr spezifische Sonderform des Sedisvakantismus, den sogenannten Sedisprivationismus vertritt. Im Gegensatz zum klassischen Sedisvakantismus geht der Sedisprivationismus davon aus, dass der Heilige Stuhl zwar besetzt ist, allerdings nicht von einem rechtmäßigen Papst, sondern von einem Usurpator. Das Zweite Vatikanische Konzil wird, anders als etwa bei den Piusbrüdern, nicht nur in Teilen abgelehnt, sondern als Ganzes. Mit Konzepten des »Recongnize and Resist« (R&R) kann diese Position nicht in Einklang gebracht werden. Es wird zwar zur Kenntnis genommen, dass der Papstthron besetzt

---

219 Vgl. http://www.fssplinz.at/index.php/ckj-linz (8.2.2021).
220 Vgl. https://www.sodalitium.biz/de/eintritt-ins-institut-mater-boni-con silii-von-hw-pater-arnold-trauner (2.3.2022).

ist, allerdings wird jener, der auf diesem sitzt, eben nicht als rechtmäßig anerkannt.

Zwischen den Positionen der beiden auf Marcel Lefebvre zurückgehenden Priesterbruderschaften und den Haltungen des Institut Mater Boni Consilii gibt es damit einige grundlegende Unterschiede. Pater Trauner, der als ehemaliger Piusbruder beide Positionen gut kennt, erklärt diese so:

»Ein kleiner Irrtum am Anfang wird am Ende zu einem großen Irrtum, wie der Lateiner sagt: Parvus error in principio fit magnus error in fine. Ein falscher theologischer Ansatz oder Grundsatz bleibt nicht ohne weitreichende Folgen. So ist die Piusbruderschaft der Überzeugung, dass das Zweite Vatikanum ein allgemeines Konzil ist, das 21. ökumenische Konzil, dass es aber mit ein paar Irrtümern und Akzentverschiebungen behaftet ist, wenn man es mit der Zeit vor diesem Konzil vergleicht. Es hat Aussagen gegeben, nach denen 95 Prozent der Konzilstexte in Ordnung seien und die übrigen kontroversiellen 5 Prozent im Lichte der Tradition interpretiert werden müssten. Bei dieser ›Interpretation im Lichte der Tradition‹ handelt es sich aber bei genauerem Hinsehen um eine reine Sprachregelung, die für den Katholiken jeden tieferen Sinnes entbehrt. Denn ein allgemeines Konzil ist allgemeines ordentliches Lehramt, eventuell auch außerordentliches Lehramt (wenn es eine Glaubenswahrheit definiert). Damit ist ihm die Unfehlbarkeit garantiert, wenn es sich über Fragen des Glaubens ausspricht. Es geht also nicht an, das Zweite Vatikanum als Konzil der katholischen Kirche hinzustellen und gleichzeitig seine Aussagen zu relativieren oder auslegen zu wollen, insofern sie Glaubens- oder Sittenfragen betreffen. Das aber gilt mindestens für die Lehre über die Religionsfreiheit sowie über die bischöfliche Kollegialität, wie sie in den Texten des Zweiten Vatikanischen Konzils gefasst ist. Diese sind mit dem katholischen Lehramt nicht unter einen Hut zu bringen. Bei der Art und Weise, wie die Piusbruderschaft mit der Lehre der Kirche in diesen grundlegenden Punkten – Papst und Lehramt – umgeht, handelt es sich also um die Ursünde des Subjektivismus. Die Ansicht oder Überzeugung des Individuums wird über die objektive Richtlinie gestellt, wie sie von der von Christus gestifteten Kirche gelehrt wird. Diese grundsätzliche Abweichung vom katholischen Denken und Lehren in der Ekklesiologie führt notwendigerweise vielfach zu Verhaltens- und Sichtweisen, die nicht zu rechtfertigen sind. Man kann das zusammenfassen in dem Satz: Die Piusbruderschaft spielt Kirche. Sie gibt sich in vielen Dingen den Anschein, das zu tun, was die Kirche immer getan hat. Da sie aber das eigentliche, spezifische Problem, mit dem sich die Kirche spätestens seit 1965 konfrontiert findet, nicht erkennt beziehungsweise nicht Position beziehen will, stehen ihre Verhaltensweisen nicht mehr auf solidem lehrmäßigem Grund, sondern alles schwimmt – panta rhei ...«[221]

Aus diesen unterschiedlichen Ansätzen zwischen der Piusbruderschaft und der Position des Sedisprivationismus würden sich sehr viele praktische und auch äußerlich leicht feststellbare Unterschiede ergeben. Pater Trauner schildert, wie ein französischer Priester im Seminar der Piusbruderschaft in Zaitzkofen in Bayern, der dort Kirchenrecht unterrichtet hatte, es »einmal ungewollt brillant-witzig auf den Punkt gebracht« habe, als er sagte: »Wir machen, was wir wollen, und das ist gut so!«[222]

Dies sei ein paar Jahre nach der Veröffentlichung des ›neuen Kirchenrechts‹ durch Johannes Paul II. im Jahre 1983 gewesen. Die Kritik von Pater Trauner trifft dabei aber weniger den Erfinder der R&R-Doktrin als dessen Nachfolger:

»Während Monsignore Lefebvre klar erkannt hat, dass es sich dabei um nichts anderes handelt als eine Anwendung und Ausweitung der Konzilsdoktrin, hat die damalige Führung der Piusbruderschaft – Pater Schmidberger ist genau 1983 als Generaloberer aktiv geworden, nachdem ihn Monsignore Lefebvre im Jahr zuvor für diesen Posten nominiert hatte – sehr bald auch hier das R&R-Prinzip angewendet: ein Lippenbekenntnis zur Rechtmäßigkeit des neuen Rechtsbuches, weil es ja vom Papst promulgiert worden

---

221 Interview mit Pater Arnold Trauner, 21. April 2022.
222 Ebd.

ist; und ein Auswählen und Vermischen im praktischen Leben. Diese Doktrin ist dann unmittelbar nach dem Ableben von Erzbischof Lefebvre auch schriftlich niedergelegt worden. – Sie macht aber weder theologisch noch juristisch Sinn. Denn ein Gesetzbuch ist ein Ganzes, das entweder als solches gilt oder nicht. Die Piusbruderschaft hat aber festgelegt, dass sie ganze Teile des neuen Kirchenrechts durch jene des alten ersetzt.«[223]

Konkret habe die Piusbruderschaft damit selbst genau diese Beliebigkeit des Zweiten Vatikanischen Konzils auf die Spitze getrieben, indem sie vertrat, dass sich jeder selbst von der katholischen Überlieferung aussuchen könne, was er wolle, und damit dazu beitrug, die Verbindlichkeit der katholischen Tradition zu zerstören.[224]

Pater Trauner betreibt eine Website mit dem Namen *Einfach Katholisch*[225] über die er seine Sicht auf die katholische Kirche und die Welt verbreitet. Auf dieser Website werden auch viele seiner Predigten veröffentlicht, in denen er Kritik sowohl an der aktuellen Führung der Römisch-Katholischen Kirche als auch an der Piusbruderschaft übt. Zur Selbstkritik der nachkonziliaren Kirche heißt es dort:

»Inquisition, Kreuzzüge, Hexenverfolgung, Ketzerverbrennung, Wissenschaftsfeindlichkeit sind nur die bekanntesten, wahnsinnigsten und lächerlichsten Lügen über die Kirche, welche ausgestreut wurden. Modernistische Besetzer des Stuhles Petri haben es sich zur Aufgabe gemacht, um Vergebung zu bitten, nicht etwa für ihre eigenen Verfehlungen, sondern für die vermeintlichen Sünden und Schandtaten der Kirche! Kein Wunder also, dass viele Katholiken, selbst wohlmeinende Gemüter, große Vorurteile haben und einen Minderwertigkeitskomplex vor der Welt.«[226]

223 Ebd.
224 Interview mit Pater Arnold Trauner, 10. Mai 2022.
225 Vgl. http://einfachkath.net (1. 3. 2022).
226 Siehe: http://einfachkath.net/2022/08/21/die-kirche-die-geheimnisvolle-frau-der-apokalypse (29. 9. 2022).

Auf Distanz geht Pater Trauner allerdings nicht nur gegenüber der Piusbruderschaft, sondern auch gegenüber jenen katholischen TraditionalistInnen, die sich auf Privatoffenbarungen berufen, wie beispielsweise das Engelwerk oder die Palmarianisch-Katholische Kirche:

> »Viele Traditionalisten und konservative Katholiken halten sich mehr an Privatoffenbarungen als an das kirchliche Lehramt! Ein schwerer Fehler, der den wahren Glauben unmöglich bzw. kaputt macht. Die Muttergottes ist keine Megäre, die dem Lehramt der Kirche ›dazwischen funkt‹ … ganz im Gegenteil!«[227]

Im Gegensatz zu diesen Gruppierungen basiert die Lehre des Instituts Mater Boni Consilii stark auf der klassischen Lehrmeinung und der Hervorhebung der Bedeutung des Klerus durch die vorkonziliare Kirche, ohne Marienerscheinungen und der Volksfrömmigkeit einen besonderen Stellenwert einzuräumen.

Ähnlich wie bei anderen traditionalistischen Gemeinschaften wird auch in den hier veröffentlichten Predigten immer wieder der Modernismus als Feind benannt, den Freimaurer in die Kirche getragen hätten. Dagegen wird ein politischer Klerikalismus vertreten und offen eine christlich-katholische Gesellschaftsordnung angestrebt.[228]

Von 2019 bis 2021 hielt Trauner in der Stanislaus-Kostka-Kapelle in der Kurrentgasse 2 hinter der Kirche Am Hof in Wien Gottesdienste ab. Diese kleine Rokoko-Kapelle, die im ehemaligen Wohnzimmer des polnischen Heiligen Stanislaus Kostka eingerichtet wurde und sich im Besitz des Verbands christlicher Arbeitnehmer im hauswirtschaftlichen Dienst befindet, wurde für zwei Jahre zur Heimat der kleinen sedisvakantistischen Gemeinschaft um Pater Trauner.[229] Renovierungsarbeiten, allerdings wohl auch

---

227 Siehe: http://einfachkath.net/2019/05/20/lehramt-und-privatoffenbarun gen (29. 9. 2022).
228 Vgl. http://einfachkath.net/2020/05/18/die-christlich-katholische-gesell schaftsordnung (1. 9. 2022).
229 Interview mit Pater Arnold Trauner, 10. Mai 2022.

die verstärkte Sensibilität gegenüber katholischen Traditionalisten durch *Traditionis custodes*, führten 2021 dazu, dass dieser Gottesdienstort im Stadtzentrum aufgegeben werden musste und nur noch im Waldviertel Gottesdienste gefeiert werden konnten.

Im kleinen Dorf Altenburg unterhält die Gruppe im Ortszentrum in einem Privathaus eine kleine Hauskapelle, in der Pater Trauner bis Mitte März 2022 wöchentlich eine Messe nach dem alten lateinischen Ritus abhielt. Da die Messe allerdings nur jeweils von etwa zwanzig Gläubigen – überwiegend Frauen – besucht wurde, übersiedelte Pater Trauner Ende März nach Budapest, wo er bereits zuvor eine etwa dreimal so große Gemeinde betreute. Seit seiner vorerst letzten Messe in Altenburg am 20. März 2022 betreut ein älterer Priester, der auch schon vorher dort die Messe gelesen hat, die kleine Gemeinde im Waldviertel. Dort fand nach der Übersiedelung von Pater Trauner nach Budapest damit zwar weiterhin fast jeden Sonntag ein Gottesdienst statt, allerdings war der Website *einfachkath.net* zu entnehmen, dass dieser immer wieder einmal ausfiel.[230] Im Herbst 2022 richtete sich das Hauptaugenmerk der Gruppe darauf, in Wien einen neuen Ort für eine Heilige Messe zu finden.

Sedisvakantistische und konklavistische Gruppierungen

Die anderen sedisvakantistischen und konklavistischen Gruppierungen in Österreich sind sehr klein. Über einige Anhänger verfügt Florian Abrahamowicz (Padre Floriano), der ehemalige Leiter der Piusbruderschaft in Italien, der sich mit dem Domus Marcel Lefebvre selbstständig gemacht hat und in Italien ein ausgesprochenes Naheverhältnis zur extremen Rechten pflegte. Seit seinem Ausschluss aus der Piusbruderschaft 2009 verfügt er auch über eine kleine Gruppe von Anhängern in Österreich, die die Annäherung der Piusbruderschaft an den Heiligen Stuhl ablehnen und eine – im Vergleich zum Institut Mater Boni Consilii jedoch weniger theoretisch untermauerte – sedisvakantistische Position ein-

---

230 So war auf http://einfachkath.net (15. 9. 2022) im September 2022 zu lesen, dass am 18. und 25. September 2022 der Gottesdienst in Altenburg ausfalle und ein Zelebrationsort in Wien gesucht werde.

nehmen. In Niederösterreich und der Steiermark gibt es einzelne Familien, die früher bei der Piusbruderschaft waren und die heute sedisvakantistische Anhänger von »Padre Floriano« sind, allerdings keine organisierte Gemeinschaft.[231] Die AnhängerInnen der Gemeinschaft in Österreich werden gelegentlich von Priestern des Domus Marcel Lefebvre besucht, die ihnen die Sakramente spenden und Heilige Messen im privaten Rahmen für diese Familien abhalten. Bei einem Besuch des Domus Marcel Lefebvre im August 2022 erzählte mir ein aus Österreich stammender Priester, dass es ein langsames Wachstum der Gruppe in Österreich gebe, das aber noch nicht zur Gründung einer stabilen Gemeinde geführt habe.[232]

Abrahamowicz und sein *Domus Marcel Lefebvre* haben sich in den letzten Jahren international der US-amerikanischen Congregation of Mary Immaculate Queen (Congregatio Mariae Reginae Immaculatae, CMRI) von Mark Pivarunas angenähert, der in Deutschland mit dem *Arbeitskreis katholischer Glaube* kooperiert. Im Priesterseminar dieser Kongregation, dem Mater Dei Seminary in Omaha, Nebraska, studieren derzeit auch zwei österreichische Anhänger Abrahamowiczs. Es ist also durchaus möglich, dass die derzeit noch lose organisierte Gruppe in Zukunft mehr von sich hören lassen wird.

Andere sedisvakantistische Gruppen fanden zwar auch immer wieder AnhängerInnen in Österreich, allerdings handelte es sich dabei um Einzelpersonen, die oft nach wenigen Jahren wieder ihre Verbindungen wechselten und keinerlei dauerhafte Gruppierung aufbauen konnten. Dasselbe gilt für konklavistische[233] Gruppierungen: Zwar gab es auch in Österreich Einzelpersonen, die sich vom Anspruch verschiedener Alternativ-Päpste beeindrucken ließen, aber keine dieser Personen konnte auch nur eine kleine Gruppierung von längerer Dauer aufbauen.

---

231 Auskunft von Angehörigen der Piusbruderschaft in Jaidhof, 2021, und einem Priester des Domus Marcel Lefebvre in Paese, 2022.

232 Besuch des Domus Marvel Lefebvre, 21. 8. 2022.

233 Als Konklavismus bezeichnet man die Idee, nicht nur den derzeitigen Papst als unrechtmäßig zu betrachten, sondern in einem Konklave einen anderen zum Papst zu wählen.

Von den Gruppierungen mit einem Alternativ-Papst existiert in Österreich mit einer gewissen Konstanz nur die derzeit von einem Schweizer Papst geleitete Palmarianisch-Katholische Kirche an drei Standorten. Dabei handelt es sich allerdings nur jeweils um einzelne Familien. Ihr Missionsbischof in Österreich, Bruder Valerio, hat seinen Sitz in Salzburg. In den 1990er-Jahren, vor den großen Ausschlusswellen, waren die Palmarianer in Österreich noch stärker vertreten. Basierend auf Gesprächen mit ehemaligen Mitgliedern erwähnt der schwedische Religionswissenschaftler Magnus Lundberg palmarianische Kapellen in Hollenstein (Bezirk Amstetten, NÖ), Ludersdorf (Gemeinde Ludersdorf-Wilfersdorf, Bezirk Weiz, Steiermark), Mittlern (Kärnten), Vergein (Osttirol), Oberperfuss (Bezirk Innsbruck-Land, Tirol), Sollenau (Bezirk Wiener Neustadt-Land, NÖ), Leonding (Bezirk Linz-Land, OÖ) und Salzburg.[234] Ende 2020 berichtete mir der für Österreich zuständige Missionsbischof noch von drei Hauskapellen in Salzburg, Imst (Tirol) und »in der Nähe von Graz«,[235] womit vermutlich Ludersdorf gemeint sein wird. In Nieder- und Oberösterreich, sowie Kärnten und Osttirol scheinen die AnhängerInnen der Kirche mittlerweile die Palmarianisch-Katholische Kirche verlassen zu haben oder ausgeschlossen worden zu sein. Zumindest ein Teil dieser ehemaligen Mitglieder scheint sich den Dissidentengruppen um die Erzbruderschaft St. Michael in München und der Gruppe in der andalusischen Kleinstadt Archidona angeschlossen zu haben. Diese Dissidentengruppen sind heute allerdings so stark geschrumpft,[236] dass es unwahrscheinlich ist, dass sie in Österreich noch über Anhänger verfügen.

234 Lundberg, 2017: 103.
235 Telefonische Auskunft von Pater Valerio, 17. 11. 2020.
236 Lundberg, 2017: 121.

Bildungs- und Jugendarbeit des katholischen Traditionalismus in Österreich am Beispiel der Piusbruderschaft

Für alle traditionalistischen Gemeinschaften innerhalb oder außerhalb der Römisch-Katholischen Kirche ist die Frage der Bildungs- und Jugendarbeit zentral. Schließlich ist sie Grundvoraussetzung für das Weiterleben und die Verbreitung der eigenen Gemeinschaft. In diesem Kapitel wird nun am Beispiel der Piusbruderschaft als Fallstudie die Bildungs- und Jugendarbeit einer dieser Gemeinschaften in Österreich und im angrenzenden deutschsprachigen Raum – der auch für Österreich relevant ist – dargestellt.

Auf der Website des österreichischen Zweigs der Piusbruderschaft wird die Bedeutung einer »wahren katholischen Erziehung«, also einer Erziehung im Sinne des Katholizismus der Piusbruderschaft, die offensichtlich von einer »falschen katholischen Erziehung« abgegrenzt wird, sehr deutlich formuliert und in Zusammenhang mit dem postulierten Niedergang katholischer Werte gebracht: »Wahre katholische Erziehung ist jetzt, angesichts des heute weit verbreiteten Verlusts von Glauben und Moral, wichtiger denn je.«[237]

Schulgründungsversuche in Österreich

In Österreich gibt es bislang noch keine Schule der Piusbruderschaft, sehr wohl gab es aber bereits mehrmals Bemühungen, eine solche zu errichten. Bereits Ende der 1990er-Jahre versuchte die Piusbruderschaft in Österreich eine eigene Schule in Ternberg bei Steyr zu gründen. Geplant war eine Hauptschule (St. Josef Schule) mit einem Internat für zehn- bis vierzehnjährige Buben.[238]

237 Siehe: https://www.fsspx.at/de/Schulen (12. 1. 2023).
238 Hofer, 1998: 52.

Das Gebäude wurde angekauft, allerdings konnten die Schulden aus dem Ankauf nie beglichen werden und so wurde die Schule nicht eröffnet. 2014 wurde eine neue Initiative zu einer Schulgründung im Distriktsitz Jaidhof im niederösterreichischen Waldviertel gesetzt. Das dort von Adeligen der Piusbruderschaft vererbte Schloss wird bislang nur zum Teil von der Bruderschaft für ein Bildungshaus und die Verwaltung des Distrikts (zu dem neben Österreich auch Südtirol, Kroatien, Tschechien und Ungarn gehören) genutzt und würde Platz für eine Schule bieten. Im Dezember 2014 schrieb die Organisation ihre Familien in Österreich an und bat sie mitzuteilen, »inwieweit sie bereit wären, die Gründung einer Neuen Mittelschule mit Internat in Jaidhof zu unterstützen«[239].

Da es darauf allerdings nur elf verbindliche Zusagen für die vier Hauptschulklassen im Schuljahr 2016/17 gab, entschied das Generalhaus der Bruderschaft in Menzingen (Schweiz), dass eine Schulgründung in Österreich verfrüht sei. Der österreichische Zweig der Piusbruderschaft bedauerte zwar diese Entscheidung, hofft aber weiterhin auf eine Schulgründung in den nächsten Jahren. In einer Erklärung dazu heißt es:

»Die von laizistischen Schulen ausgehenden Gefahren sind einfach gewaltig, und der Segen einer rundum katholischen Erziehung und Schulbildung ist für das zeitliche und ewige Wohl der Kinder unschätzbar. Genau dies ist der Grund, warum die Kirche den Einsatz großer Opfer einfordern kann. Und zahlreiche Generationen unserer Vorfahren haben dies verstanden, auch in den vergangenen Jahrzehnten, als auch viele Familien aus Österreich ihre Kinder nach Diestedde und Schönenberg schickten.«[240]

Der österreichische Zweig der Bruderschaft bewirbt damit in Ermangelung eigener Schulen weiterhin nicht etwa andere konservative katholische Privatschulen, sondern die Schulen der Bruder-

239 Siehe: https://fsspx.at/de/katholische-schule-der-fsspx-%C3%B6sterreich (6.9.2021).
240 Ebd.

schaft im deutschsprachigen Ausland, konkret in Deutschland und in der Schweiz. Der österreichische Distrikt der Piusbrüder betrachtet die Entscheidung, vorerst keine Schule in Österreich zu errichten, jedenfalls als provisorisch und erklärt:

> »Wir werden unsere Gebete für eine Schulgründung in Österreich fortsetzen und wir bitten auch um den Beitrag der Ihrigen. Wir werden aber auch Gott um die Gnade für unsere Familien bitten, das große Opfer bringen zu können, wenn die Umstände es erlauben, ihre Kinder in der Zwischenzeit an unsere weiter entfernten Schulen zu schicken – aus Liebe zu deren Seelen und für die Zukunft Österreichs.«[241]

Tatsächlich liegen an vielen Messstandorten der Piusbruderschaft Informationsbroschüren über die Schulen der Bruderschaft im deutschsprachigen Raum auf. SchülerInnen aus Österreich besuchen Schulen in Deutschland und der Schweiz. Die quantitativ wichtigste dieser Schulen, die auch am aktivsten beworben wird, ist dabei das Institut Sancta Maria in der Schweiz, das als Bubenschule mit Internat geführt wird. In ihrem aktuellen Jahresrückblick 2020/2021, der nicht nur in der Schule, sondern etwa auch im Priorat Mariahilf in Innsbruck aufliegt, wird stolz darauf verwiesen, dass die Schule im Schuljahr 2020/21 von insgesamt 124 Schülern aus der Schweiz, Deutschland. Österreich, Luxemburg, Frankreich, dem Fürstentum Liechtenstein und Italien besucht wird.[242] Laut Jahresrückblick 2020/21 stammten in diesem Schuljahr 16 der 124 Schüler aus Österreich, davon die meisten aus Vorarlberg.[243] Diese Zahl ist nicht sehr hoch, allerdings gibt es auch an anderen Schulstandorten der Piusbruderschaft SchülerInnen aus Österreich. Auf der Website des österreichischen Distrikts wird neben dem Institut Sancta Maria auch noch die ebenfalls relativ grenznahe Schule Dominik Savio mit Internat für Mädchen für die Sekundarschule (fünfte bis neunte Schulstufe) in Wil (Schweiz), das St.-Theresien-

---

241 Siehe: https://fsspx.at/de/Schulen (1. 10. 2021).
242 Vgl. Sancta Maria, 2021: 4.
243 Auskunft eines Lehrers beim Besuch der Schule.

Gymnasium für Mädchen in Schönenberg (Deutschland) sowie ein Mädchen- und ein Bubengymnasium in Frankreich und ein Bubengymnasium in England – alle mit Internat – beworben. Insbesondere in den deutschsprachigen Mädchenschulen gibt es auch einige Kinder und Jugendliche aus Österreich. Ein näherer Blick auf das am stärksten von Österreichern besuchte Institut Sancta Maria ermöglicht allerdings auch einen Einblick beziehungsweise Ausblick auf die in Österreich geplante Schule der Piusbruderschaft.

Das Institut Sancta Maria in Wangs (CH)

Das Institut Sancta Maria befindet sich in der Schweizer Ortschaft Wangs im Kanton St. Gallen an der Grenze zu Liechtenstein und besitzt ein relativ großes Einzugsgebiet. Die Privatschule mit Internat wird vor allem von Schülern aus der deutschsprachigen Schweiz, Liechtenstein, den deutschen Bundesländern Baden-Württemberg und Bayern sowie aus Westösterreich besucht, wobei die meisten österreichischen Schüler aus Vorarlberg kommen. Ein Teil der Schüler geht nach der Schule in das Priesterseminar Herz Jesu in Zaitzkofen (Deutschland) oder nach Ecône (Schweiz). Die Schule ist sehr religiös geprägt, allerdings ist sie keine gezielte Vorbereitung auf das Priesterseminar, sondern für verschiedenste Berufswege.

Die überwiegende Mehrheit der Schüler sind Internatsschüler und werden von ihren Eltern jeden Freitag abgeholt. 2020/21 waren nur neun Schüler »extern«, also aus der näheren Umgebung und nicht im Internat untergebracht. Die Fahrtzeit nach Vorarlberg beträgt von Wangs gerade einmal 15 Minuten, was die Schule für Familien mit einer Nähe zur Piusbruderschaft aus Vorarlberg relativ attraktiv macht.

Zu den Aufnahmebedingungen der Schule zählt explizit, dass die Eltern »mit der geistlichen Ausrichtung der Schule einverstanden sein«[244] müssen: »Kinder sind verpflichtet, an den religiösen Übungen teilzunehmen, z. B. an den Schülermessen und am Religionsunterricht.«[245]

244 Sancta Maria, 2021: 5.
245 Ebd.: 5.

Im Jahresbericht wird argumentiert, dass in einer Zeit, »in der Gott und der christliche Glaube in der Gesellschaft immer mehr an Bedeutung verlieren,« katholische Eltern für ihre Kinder Schulen suchen würden, »die nicht nur die notwendigen Kompetenzen, sondern auch bleibende Werte vermitteln und ihre Kinder insbesondere im christlichen Glauben erziehen und bestärken.«[246] In Berufung auf den strikt konservativen Papst Pius XII., der das Papstamt von 1939 bis 1976 bekleidete, allerdings nicht der Namensgeber der nach Pius X. benannten Piusbruderschaft ist, wird argumentiert, dass auch die »die äussere Organisation der Schule, ihre Hausordnung und ihr Unterrichtsplan einen geeigneten Rahmen für ihre wesentliche und selbst in ihren scheinbar belanglostesten und materiellsten Einzelheiten von echter Geistigkeit durchdrungene Funktion bilden«[247] sollten. Dieser Vorstellung folgend beginnt an der Schule jeder Tag mit einem Morgengebet und endet mit einem Abendgebet. Zweimal in der Woche findet eine Schulmesse statt, an der die Teilnahme verpflichtend ist. Zu diesem Behufe gibt es direkt an das im historischen Gebäude untergebrachte Internat angeschlossen eine Kirche. Die Schule selbst ist in einem modernen Schulgebäude installiert, das über helle Klassenzimmer und gut ausgerüstete Physik- und Werkräume sowie einen großen Saal verfügt. Alle Klassenzimmer sind mit Kruzifixen und Heiligenbildern ausgestattet. Auch im Schulgebäude sind Informationsbroschüren über die Schule und die Ideologie der Piusbruderschaft ausgelegt. Dem Rektor, Pater Primin Sutner, der zugleich als Schulleiter fungiert, sind Sekretariat, Internatsleiter (Pater Georg Kopf) und Betriebsleiter unterstellt.

Die Tatsache, dass fast alle Schüler auch im Internat leben, ermöglicht eine sehr starke Kontrolle der Schüler durch die Bruderschaft, die damit auch für die Freizeitgestaltung zuständig ist. Diese besteht teilweise aus interessanten erlebnispädagogischen Angeboten, wie zum Beispiel gemeinsamen Bergtouren, Schitagen oder Hallenklettern, allerdings auch aus einem stark religiös geprägten Angebot. So wurden etwa im August 2020 eine gemeinsame

246 Ebd.: 6.
247 Ebd.: 6.

Wallfahrt zum Heiligen Bruder Klaus von Flüe durchgeführt[248] und vier Nachprimizen neuer Priester der Priesterbruderschaft an der Schule gefeiert.[249] In Projekttagen werden Messgewänder genäht.[250] Im Juni 2021 fuhr die gesamte Schule nach Ecône zum ersten Priesterseminar der Piusbruderschaft und zur Grabstätte von deren Gründer Marcel Lefebvre, der im Jahresrückblick als »Heiliger unserer Zeit«[251] bezeichnet wurde.

Ein Schulprojekt vom Mai 2021, das sich mit einem Brief des Bedauerns des belgischen Königs Philippe zum 60. Jahrestag mit der Unabhängigkeit des Kongos auseinandersetzte, relativierte die massiven Kolonialverbrechen Belgiens im Kongo deutlich. In dem Projekt wurden die Aussagen der kongolesischen Politikerin Justine Kasa-Vubu und eines ehemaligen belgischen Kolonialbeamten einander gegenübergestellt. In der Projektzusammenfassung im Rahmen des Jahresberichtes heißt es dazu:

> »Bei der Gegenüberstellung dieser beiden Zeitzeugen wurde deutlich, dass die belgische Kolonialherrschaft den Kongolesen einerseits zwar sehr viel Positives, andererseits aber auch Leiden gebracht hat. So hat Belgien zum Beispiel im Kongo ein Verkehrsnetz mit modernster Eisenbahntechnik aufgebaut, so dass sich die blühende Wirtschaft entwickeln konnte. Andererseits hatten die Einheimischen im Bildungsbereich nicht die gleichen Rechte und Chancen wie die Weissen – und zwar aus rassistischen Gründen.«[252]

Eine solche vordergründig neutrale Gegenüberstellung von Aussage gegen Aussage, kann heute, nachdem etwa mit David Van Reybroucks Buch über den Kongo auch ausgezeichnete Literatur auf Deutsch vorliegt,[253] nur als Verharmlosung der belgischen Kolonialverbrechen gedeutet werden.

248 Ebd.: 9.
249 Ebd.: 11.
250 Ebd.: 66.
251 Ebd.: 78.
252 Sancta Maria, 2021: 52.
253 Vgl. Reybrouck, 2012.

Wie sehr dabei verschiedenste Bereiche des gesellschaftlichen Lebens als religiös durchdrungen gedacht werden, zeigt etwa der Politik- und Wirtschaftsclub der Schule, der 2020 von zwei Gymnasiasten gegründet wurde und seine Ausrichtung wie folgt charakterisiert:

>»Gerade in unserer heutigen Zeit, in der sich Wirtschaft und Politik zusehends von christlichen Grundsätzen verabschieden, ist eine aktive und gezielte Auseinandersetzung mit diesen Fragen von grosser Bedeutung. Wichtig ist, dass wir wieder Gott ins Zentrum stellen. Wir sind der Überzeugung, dass dadurch viele Probleme der heutigen Gesellschaft gelöst würden.«[254]

Religion spielt nicht nur in Gruppen der Freizeitgestaltung der Internatsschüler, sondern im gesamten Unterricht eine Rolle. Selbstverständlich wird in Mathematik primär Mathematik oder in Physik eben Physik unterrichtet. Dass Religion auch außerhalb des Religionsunterrichts eine Rolle spielt, zeigen etwa Ikonenmalereien im Rahmen des Unterrichtsfaches »Bildnerisches Gestalten«[255] oder Tafelbilder, die sich mit der Beziehung von Gott und Natur auseinandersetzen, die während eines Besuchs der Schule in einem der Physiksäle zu finden waren. Besonders problematisch ist dies im Biologieunterricht, wo nicht nur Aufklärungsunterricht ausschließlich nach extrem konservativen und damit homophoben traditionalistisch-katholischen Vorstellungen stattfindet, sondern etwa auch ein Konflikt mit der Evolutionstheorie auftritt. Bereits 2017 wurde dieses Problem nach der Veröffentlichung eines kreationistischen Videos durch den am Institut unterrichtenden Philosophielehrer Matthias Gaudron öffentlich in Schweizer Medien debattiert.[256] Das Video ist bis heute auf Youtube zu finden.[257] Die Schule hält dem entgegen, dass am Institut Sancta Maria die Evolutionstheorie mit offiziellen Lehrbüchern der Volksschule unterrichtet werde:

254 Sancta Maria, 2021: 55.
255 Ebd.: 83.
256 Vgl. https://www.infosperber.ch/gesellschaft/ethnien-religionen/pius brueder-huldigen-dem-kreationismus (10.9.2021).
257 Siehe: https://www.youtube.com/watch?v=hG7F-aKZKp4 (10.9.2021).

»Im Bereich der Mikroevolution habe die Piusbruderschaft kein Problem mit Darwins Selektionstheorie. Doch im Bereich der Makroevolution könnten selbst Naturwissenschafter einige Evolutionsschritte nicht plausibel erklären. So zum Beispiel der Übergang von der unbelebten Materie zu den Lebewesen. Hier müsse der Schöpfergott eine gewisse Rolle gespielt haben«,[258]

ließ der Rektor der Schule, der studierte Biologe Pirmin Suter, auf entsprechende Kritik verlauten.

In der Folge kam es bereits 2017 zu politischen Protesten von ParlamentarierInnen von SP (Sozialdemokraten), FDP (Liberalen) und SVP (Rechtpopulisten) gegen die Indoktrinierung von Schülern durch die Piusbrüder im Institut Sancta Maria.[259] Bis heute hat die Schule den Status einer anerkannten Privatschule allerdings nicht verloren. Lediglich das Kurzzeitgymnasium wird nicht staatlich anerkannt. Wer nach Abschluss desselben studieren will, muss die schweizerische Maturitätsprüfung ablegen und wird darauf mit Latein als Schwerpunktfach vorbereitet. Diese Maturitätsprüfung wird auch in Österreich anerkannt. Österreichische Absolventen können damit an österreichischen Universitäten studieren.

Die inhaltliche Ausrichtung der Schule wird in Informationsblättern deutlich, die im Eingangsbereich der Schule zur freien Entnahme zu finden sind und sich direkt an die Schüler richten. Eines dieser Informationsblätter mit dem Titel »An Jungs, die von Mädchen träumen!« richtet sich gegen Flirts oder Liebesbeziehungen der Schüler und wird mit folgenden Worten eingeleitet:

> »Es gibt Kontakte von Mädchen mit einigen unserer Schüler, kleine Flirts und Informationsaustausche über die sozialen Medien (Telegramm, WhatsApp, Instagram …), teils über Mittelspersonen.«

---

258 Vgl. https://www.tagblatt.ch/ostschweiz/stgallen-gott-wirkt-im-biologie unterricht-ld.007282 (10. 9. 2021).
259 Ebd.

Im vom Rektor der Schule gezeichneten Brief wird gegen solche Kontakte argumentiert und die betroffenen Mädchen werden entsprechend abwertend charakterisiert: »Ein Mädchen, das sich von einem Teenager angeln lässt, zeigt dadurch, dass es naiv, unreif und kurzsichtig ist. Für solche Mädchen lohnte es sich nicht zu kämpfen!«[260] Der Rektor führt aus, dass ein »tapferer Junge« seinen Blick auf ein Ziel richte und Kontakte mit solchen Mädchen verweigern würde und bringt seine Überzeugung zum Ausdruck, »dass sich intensive Kontakte über die sozialen Netzwerke und zu frühe Bekanntschaften negativ auf die gesunde Entwicklung der Jungs auswirken, ja sogar zu einem Abbruch der Ausbildung oder zum Aufgeben höherer Berufsziele führen kann; auch manche Berufung zum Priestertum oder Ordensleben geht dabei verloren!«[261] Ob es so weit kommen würde, hänge auch davon ab, wie das Mädchens sich verhält:

> »Es macht einen riesigen Unterschied für Jungs, ob ein Mädchen durch sein Verhalten und seine Kleidung die Aufmerksamkeit der Jungs auf sich ziehen will, oder ob es bescheiden und dezent nach höheren Zielen strebt.«[262]

Um zu vermeiden, dass etwa eine Berufung zum Priesteramt verloren gehe, solle jeder Schüler sich zuerst damit auseinandersetzen, ob er nicht zum Priester berufen sei, und »in diesem Zusammenhang an ignatianischen (!) Exerzitien[263] teilnehmen, und zwar **bevor** [Hervorhebung im Original] irgendwelche Liebeleien und Bekanntschaften angefangen werden«[264]. Erst nach einer »Standeswahl« solle

---

260 Institut Sancta Maria: An Jungs, die von Mädchen träumen, 18. 10. 2019.
261 Ebd.
262 Ebd.
263 Ignatianische Exerzitien sind eine Sammlung geistlicher Übungen, Gebete und Meditationen, die Ignatius von Loyola nach seinen eigenen Praktiken in einem eigenen Buch mit dem Titel *Geistliche Übungen* öffentlich zugänglich machte.
264 Institut Sancta Maria: An Jungs, die von Mädchen träumen, 18. Oktober 2019.

man sich, wenn man sich für eine Familie entschieden habe, auf die Suche nach einem »Mädchen« machen:

> »Als junger Mann sollst Du das Herz des Mädchens erobern, den ersten Schritt tun. Nimm dabei nicht das nächstbeste Mädchen, das Dir schöne Augen macht. Oft sind jene Mädchen, die in jungen Jahren bescheiden und dezent nach höheren Zielen streben wie verborgene Perlen, die es zu finden gilt, auf die es sich zu warten und um die es sich zu kämpfen lohnt.«[265]

Schließlich gibt der Rektor noch den guten Rat, sich auf die Ausbildung und sein »persönliches Wachstum in der Tugend« zu konzentrieren:

> »Dann wirst Du in einigen Jahren bestimmt eine Prinzessin finden, an die Du jetzt noch gar nicht denkst. Diese Prinzessin will nämlich jetzt auch noch keinen Freund, sie wartet vielmehr auf einen reifen, tugendhaften Prinzen, der auch ein paar Jahre – vielleicht sogar 10 Jahre – älter sein darf!«[266]

Analog dazu gibt es auch einen Brief »An Mädchen, die gerne von Jungs schwärmen!«, der sich an Mädchen richtet, die mit Schülern der Schule flirten. Der Brief ist genau gleich aufgebaut und in vielen Textpassagen identisch, appelliert aber an Mädchen, sich von Jungen fernzuhalten. Die Mädchen werden dazu aufgerufen, sich nur ja als Teenager keinen gleichaltrigen Freund zu suchen:

> »Bete vielmehr dafür, dass Du später einmal den richtigen Mann findest, mit dem Du eine glückliche, katholische Familie gründen kannst! Viele Mädchen scheitern später, weil sie zu früh auf der Suche nach dem Traummann waren und sich zu wenig Zeit genommen haben, sich auch durch das Üben der natürlichen

---

265 Ebd.
266 Ebd.

Tugenden auf die Ehe vorzubereiten, um der Familie einmal ein schönes Heim bieten zu können. Das Warten lohnt sich!«[267]

Ein weiterer Brief widmet sich dem Musikhören. Dabei werden ganze Musikstile abgewertet, Rap sei »als Musikart nicht tolerierbar«, klassische Musik entspreche hingegen »dem Wesen des Menschen am besten«.[268] Die Texte der »modernen Unterhaltungsmusik« seien zu einem hohen Prozentsatz »nicht mit der christlichen Morallehre zu vereinbaren«: An die neunzig Prozent des Mainstream-Pop habe Sexualität zum Thema, oft auf derbe Weise, wobei die Frau vielfach als »blosses Lustobjekt« dargestellt werde.[269] Die Popmusik vermittle ein Lebensgefühl, »das vor dem Hintergrund der 1968er Kulturrevolution besser verstanden werden kann. Im Geiste der Frankfurter Schule« habe die »68er Ideologie unter anderem folgende Ziele« verfolgt:

»Zerstörung der herkömmlichen Familienstruktur; Emanzipation von der bestehenden Moral, besonders die ›sexuelle Befreiung‹ gemäß Theorien von Wilhelm Reich; Auflösung hierarchischer Strukturen, besonders aber die Emanzipation der Gesellschaft von Gott und der Kirche.«[270]

Auch in einem ebenfalls in der Schule aufliegenden Brief »An Jugendliche, die gerne am Smartphone hängen!« wird vor der damit verbundenen sexuellen Verführung gewarnt:

»Zwei Drittel der 15-jährigen in der Schweiz konsumieren auch sexuelle Inhalte, wie aus einer Umfrage der Pädagogischen Hochschule Schwyz hervorgeht. [...] Wir müssen uns daher ehrlich die Frage stellen: Bringt uns das Smartphone Gott näher oder hält es uns von Gott fern? Hilft mir das Smartphone, meine Standes-

---

267 Institut Sancta Maria: An Mädchen, die gerne von Jungs schwärmen, 18. 10. 2019.
268 Institut Sancta Maria: Musikhören, 10. 4. 2019.
269 Ebd.
270 Ebd.

pflichten zu erfüllen und in der Tugend zu wachsen oder hält es mich im Gegenteil von den Standespflichten in der Schule oder der Familie ab?«[271]

Ein weiterer Brief beschäftigt sich schließlich mit der »Problematik von Computerspielen«[272] und ein weiterer richtet sich »[a]n Jugendliche, die sich die Frage der Berufung stellen!«, worin erneut davor gewarnt wird, sich zu verlieben, da viele Berufungen verloren gehen würden, »weil Jugendliche sich zu früh verlieben und eine Beziehung beginnen«[273].

Angesichts des immer wiederkehrenden Themas der Sexualität und der drastischen Warnungen davor, sich zu verlieben, muss davon ausgegangen werden, dass es sich hier geradezu um eine Obsession der Schulleitung handelt, die mit einem sehr patriarchalen Frauenbild einhergeht, das Frauen (meist als Mädchen bezeichnet) als Verführerinnen oder Prinzessinnen wertet und sie dazu auffordert, auch ältere Männer zu heiraten.

Das St.-Theresien-Gymnasium in Schönenberg (D)

Diese »Prinzessinnen«, die bis zu ihrer katholischen Ehe keusch zu leben haben, sind aus Sicht der Piusbruderschaft wohl überwiegend in ihren eigenen Mädchenschulen zu finden, die ebenfalls in österreichischen Gemeinden der Piusbruderschaft beworben werden. Wie das Institut Sancta Maria ist auch das für Mädchen gegründete St.-Theresien-Gymnasium in Schönenberg in Deutschland ein wachsender Schulstandort, den im Schuljahr 2020/21 106 Schülerinnen besucht haben.[274] Auch hier ist ein Großteil der Schülerinnen im Internat untergebracht und damit auch in ihrer Freizeit unter Kontrolle der Ordensschwestern der Piusbruderschaft,

---

271 Institut Sancta Maria: An Jugendliche, die gerne am Smartphone hängen! 13. 1. 2020.
272 Institut Sancta Maria: Computerspiele, 28. 12. 2020.
273 Institut Sancta Maria: An Jugendliche, die sich die Frage der Berufung stellen! 13. 11. 2019.
274 Schönenberg St. Theresien-Gymnasium, Rundbrief Nr. 23 1. Juli 2021, Fest des kostbaren Blutes: 4.

die Gymnasium und Internat leiten. Wie in Wangs gibt es auch hier zweimal wöchentlich einen verpflichtenden Schulgottesdienst unter der Woche, »d. h. alle stehen um 6 Uhr auf und besuchen die gesungene hl. Messe«[275]. Auch an den anderen Wochentagen finden Messen statt, die allerdings freiwillig sind. Täglich um 18 Uhr »treffen sich alle zum Rosenkranz (sonntags und donnerstags zur Sakramentsandacht) in der Kirche«[276]. Nach dem Rosenkranz wird gemeinsam gegessen. Die spärliche »Abendfreizeit ist altersentsprechend gestaffelt und kann zum Telefonieren genutzt werden. Die einzelnen Stufen treffen sich zum Abendgebet bzw. zur gesungenen Komplet in der Hauskapelle und gehen dann zu Bett.«[277]

Der Tagesablauf ist so dicht gestaffelt, dass keine Möglichkeit besteht, der Kontrolle der Erzieherinnen und Klosterschwestern zu entkommen, und noch stärker von täglichen Gebeten geprägt als in der Bubenschule in Wangs. Angesichts der Obsession der Gemeinschaft in Bezug auf die Kontrolle oder auch Verhinderung von Liebesbeziehungen und Sexualität und dem sehr patriarchalen Weltbild kann davon ausgegangen werden, dass diese Kontrolle über die Mädchen bei den älteren Schülerinnen auch im Zusammenhang mit der Verhinderung jeglicher Liebschaften steht. Beim Gymnasium in Schönenberg handelt es sich um ein staatlich genehmigtes privates Gymnasium, das mit einem Abitur abgeschlossen wird und damit auch in Österreich zu einem Hochschulstudium berechtigt.

Auch die dritte deutschsprachige Schule der Piusbruderschaft, die Schule Dominik Savio im Schweizer Ort Will, im Kanton St. Gallen, ist als Internatsschule für Mädchen angelegt. Hier wird die Primar- und Sekundarstufe I unterrichtet. Auch hier gibt es regelmäßige Gebete und ein- bis dreimal in der Woche eine Schülermesse.[278] In Berufung auf den Heiligen Don Bosco wird nach eige-

275 Siehe: http://www.theresiengymnasium.de/internat/tagesablauf (15. 9. 2021).
276 Ebd.
277 Ebd.
278 Vgl. https://fsspx.ch/de/erziehungsprinzipien (12. 10. 2021).

nen Angaben »präventiv versucht, die Kinder und Jugendlichen vor schädlichen Einflüssen zu bewahren.«[279] Im Internat entstandene »lebenslange Freundschaften« würden »auch viel später noch Halt und Orientierung bieten.«[280]

Abschottung, Geschlechtertrennung, Kontrolle und Missbrauch

Letztlich sind sämtliche Schulen der Piusbruderschaft darauf ausgerichtet, die SchülerInnen durch eine intensive Betreuung in Schule und Internat unter permanenter Kontrolle zu halten, womit einerseits alle Einflüsse, die die Ideologie der Piusbruderschaft infrage stellen könnten, von den Kindern und Jugendlichen ferngehalten werden und andererseits die SchülerInnen von Außenkontakten, insbesondere von Liebschaften und sexuellen Erfahrungen, ferngehalten werden sollen. Dementsprechend sind auch alle Bildungseinrichtungen der Bruderschaft spätestens mit der siebenten Klasse, also mit dem Alter von zwölf Jahren, geschlechtlich segregiert und werden dann nur noch als reine Buben- oder Mädchenschulen geführt. Buben und Mädchen werden damit nicht nur von Außeneinflüssen, sondern auch voneinander ferngehalten.

Das Ziel der Abschottung von vermeintlich negativen Einflüssen ist nur im Rahmen einer lückenlosen Ausbildung in Schulen der Bruderschaft erreichbar, die die Kinder von Anfang an von anderen Ideen und Lebensweisen effektiv abschirmt. Im regelmäßig erscheinenden »Brief an unsere Freunde und Wohltäter«, der sich primär an SpenderInnen der geistlichen Schwestern der Piusbruderschaft richtet, die auch die Mädchenschulen betreiben, hieß es im Juni 2021, dass die Grundschulen das Wichtigste seien, »da in diesen der religiöse Einfluss am stärksten ist. Wenn man als Kind in einem wirklich religiösen Umfeld aufgewachsen ist, dann bleibt das für immer.«

Es ist damit kein Zufall, dass es in Deutschland an vier Standorten Primarschulen der Piusbruderschaft gibt, aber nur an einem

279 Ebd.
280 Ebd.

die Sekundarstufe II und in der deutschsprachigen Schweiz an drei Orten die Primarstufe und nur an einem die Sekundarstufe II. Zudem gibt es an allen Standorten, an denen es eine Primarstufe gibt, auch einen Kindergarten.[281] In all diesen Einrichtungen legt man laut Eigendefinition Wert auf »christlich-katholische Tradition«[282].

Anders als etwa bei der Institution Opus Dei ist hier Karriere nicht das primäre Ziel der Schulen. Die Schulen der Piusbruderschaft sind keine Eliteschmieden und es sind keine Pläne zu erkennen, unmittelbar einflussreiche Netzwerke in Politik und Wirtschaft aufzubauen. Vielmehr geht es darum, Jugendliche in einen möglichst lückenlosen Tagesablauf einzubinden und in eine Welt, in der gar keine Zeit bleibt, Freundschaften oder andere Beziehungen außerhalb des Umfelds der Bruderschaft zu knüpfen. Dies erschwert es, das Umfeld der Bruderschaft zu verlassen, da damit alle sozialen Bindungen aufgegeben werden müssten.

Bei der Schulbildung der Piusbruderschaft geht es also gezielt darum, Kinder und Jugendliche im Sinne der eigenen religiösen und gesellschaftspolitischen Vorstellungen zu prägen und damit Nachwuchs für die eigene Gemeinschaft zu sichern. Zentrales Ziel der Schulen ist die Heranbildung neuer Priester und damit Mitglieder der Priesterbruderschaft. Mädchenerziehung wird primär als Erziehung künftiger Priestermütter gesehen. Im Mittelpunkt steht demnach der Priesternachwuchs, denn bei der Bruderschaft handelt es sich um eine extrem klerikale Gemeinschaft, die das Heil der Welt in der Erhöhung der Zahl »wahrer Priester« sieht. Das Priestertum wird in der Priesterbruderschaft stark überhöht, was grundsätzlich auch den spirituellen Missbrauch – der auch sexuellen Missbrauch beinhalten kann – begünstigt.[283]

In einem Fall eines sexuellen Missbrauchs durch einen Priester der Piusbruderschaft in einem Internat in Belgien versucht die Mutter eines Missbrauchsopfers gegenüber der Zeitschrift *Der Spie-*

---

281 Vgl. Piusbruderschaft St. Pius X.: Vom Kindergarten bis zum Abitur in guten Händen. Die Privatschulen der Priesterbruderschaft St. Pius X. und befreundeter Orden.

282 Ebd.

283 Vgl. Wagner, 2019.

gel zu erklären, warum Missbrauch in den Reihen der Piusbrüder möglicherweise noch leichter versteckt werden kann als in anderen katholischen Gemeinschaften: »In der Piusbruderschaft lernt man, die Geistlichen zu verehren. Rede nie schlecht über einen Priester, vertraue ihm, zeige Respekt.« Es habe sie, wird die Mutter eines Betroffenen zitiert, viel Zeit gekostet, die Augen zu öffnen. »Ich war wie ein Kind, das seinen Eltern vertraut. Es erwartet niemals, dass sie ihm Böses wollen. Wir sind doch wie eine große Familie.«[284]

Tatsächlich wurden – wie in anderen Teilen der katholischen Kirche – auch in Institutionen der Piusbruderschaft bereits mehrfach Fälle des sexuellen Missbrauchs bekannt. 2017 wurde in Frankreich ein Priester der Bruderschaft wegen der Vergewaltigung mehrerer Lehrerinnen einer Schule der Bruderschaft zu 16 Jahren Haft verurteilt.[285] 2020 sah sich die Bruderschaft in den USA deshalb gezwungen, einen ständigen Ausschuss zur Überprüfung von Missbrauch einrichten.[286] Wie weit diese Aufarbeitung auch in Europa stattfindet und ob angesichts der sakralen Verehrung der Priester, sexueller Missbrauch in der Gemeinschaft überhaupt verhindert werden kann, wird die Zukunft weisen.

Außerschulische Jugendarbeit

Neben der Schulbildung nimmt die außerschulische Bildungs- und Jugendarbeit einen wichtigen Platz in der Nachwuchsarbeit der Piusbruderschaft ein. Dazu stehen eine Reihe informeller und formeller Unterrichtsgestaltung, Gruppen und Organisationen zur Verfügung.

Für Kinder und Jugendliche bieten die Piusbrüder in den meisten ihrer Messzentren Katechismusunterricht an, der die Lehre der Piusbruderschaft der nächsten Generation vermitteln soll. Dieser Katechismusunterricht findet meist unmittelbar nach der Sonntags-

---

284 Siehe: https://www.spiegel.de/panorama/gesellschaft/piusbruderschaft-kindesmissbrauch-im-halbschlaf-a-1090487.html (2.12.2021).
285 Vgl. https://www.katholisch.de/artikel/13276-missbrauch-piusbruder-muss-16-jahre-in-haft (2.12.2021).
286 Vgl. https://www.katholisch.de/artikel/25415-piusbruderschaft-laesst-missbrauch-in-eigenen-reihen-untersuchen (2.12.2021).

messe statt, allerdings nicht in allen Zentren jeden Sonntag, sondern vielfach auch nur jede zweite Woche. Zumindest in einigen Messzentren entfällt der Katechismusunterricht während der Schulferien.

In der Gemeinde der Piusbrüder im oberösterreichischen Steyr, in der jede zweite Woche ein solcher Katechismusunterricht stattfindet, unterstrich der Pfarrer am 10. Oktober 2021 die Bedeutung dieses Unterrichts für die Erziehung der nächsten Generation in der »katholischen Tradition«. Der Pfarrer predigte lange davon, wie Kinder und Jugendlichen vor dem Bösen der Welt zu bewahren seien und dass die religiöse Erziehung dem Bösen der Welt Widerstand leisten müsse. Wenn man religiös ausreichend erzogen sei, so die dort vertretene Ansicht, werde man auch dann wieder zurück in die Kirche kommen, wenn man zwischendurch als Jugendlicher die Kirche verlassen habe. Der Katechismusunterricht sei wichtig, um die »wahre katholische Lehre« kennenzulernen und sich ihrer wieder zu besinnen.

Katechismusunterricht findet aber nicht an allen Messzentren statt und ist nicht für alle Familien im Umfeld der Piusbruderschaft physisch zugänglich. Deshalb gibt es auch einen »Fernkatechismus« für Kinder und Jugendliche, der von Schwestern der Piusbruderschaft angeboten wird, die ihren Sitz in Göffingen in Baden-Würtemberg haben. Dieser »Fernkatechismus« wird auch in österreichischen Publikationen der Piusbruderschaft beworben[287] und auch von österreichischen AnhängerInnen der Piusbrüder in Anspruch genommen. Der Kurs besteht aus verschiedenen Unterlagen und Hausaufgaben, die eingeschickt und von den Schwestern bearbeitet werden: »Die Schwester tritt so in Kontakt mit dem Kind und hilft ihm durch ihre Ermutigung, ein Leben als guter Katholik zu führen.«[288] Dafür wird für ÖsterreicherInnen ein Kostenbeitrag von fünfzig Euro im Jahr eingehoben. Der Fernkatechismusunterricht kann auch als Firm- und Kommunionskurs verwendet werden. Die sogenannte »Firmergänzung« kostet fünf Euro, die »Kommunionsergänzung« sieben Euro.

---

287 Vgl. Mitteilungsblatt, Nr. 514, November 2021, 47.
288 Siehe: https://fsspx.de/de/fernkatechismus (12. 11. 2021).

Der Fernkatechismus erstreckt sich grundsätzlich über sieben Jahre, ein achtes Jahr für Jugendliche kann angehängt werden. Einmal im Monat erhalten die Kinder beziehungsweise deren Familien Arbeitsblätter mit Texten und Zeichnungen. Der gesamte Kurs geht jeweils über 36 bis 40 Wochen im Jahr. Jedes Jahr hat dabei seinen eigenen Fokus, der auf der Website der Piusbruderschaft wie folgt dargestellt wird:

»1. Jahr: Erste Grundbegriffe und das Leben Jesu (ab 5 Jahren)
2. Jahr: Allgemeine Grundkenntnisse und liturgisches Jahr für kleine Kinder (Möglichkeit für Kommunionvorbereitung)
3. Jahr: Beicht- und Erstkommunionvorbereitung
4. Jahr: Das Glaubensbekenntnis/Geschichte des Alten Bundes
5. Jahr: Die zehn Gebote/Geschichte des Alten Bundes
6. Jahr: Die Sakramente (Firmvorbereitung)
7. Jahr: Die christlichen Tugenden«[289]

Das 8. Jahr für Jugendliche läuft unter dem Titel: »Was glaubt ein junger Katholik?«[290]

Mit den verschiedenen Formen des Katechismusunterrichts wird im Wesentlichen dem konfessionellen Religionsunterricht an den Schulen Konkurrenz gemacht und die sehr spezifische Lehre des katholischen Ultra-Traditionalismus der Piusbruderschaft den Kindern und Jugendlichen aus den Familien der AnhängerInnen der Piusbruderschaft vermittelt. Unterrichtsinhalte sind neben dem Ablauf und dem Verhalten der Gläubigen im vorkonziliaren Ritus der Römisch-Katholischen Kirche und den biblischen Geschichten auch das religiöse Weltbild der Piusbrüder.

Neben dem Katechismusunterricht, der Buben und Mädchen offensteht, gibt es Gruppenstunden für Ministranten, die anders als in Mainstreamgemeinden der Römisch-Katholischen Kirche ausschließlich von Burschen gestellt werden. Der Ministrant ist aus Perspektive der Piusbrüder »ein ›Auserwählter‹ am Altare, der Gott und den heiligsten Handlungen so nahe sein darf und über den –

289 Ebd.
290 Siehe: Mitteilungsblatt, Nr. 514, November 2021, 47.

wie ein Priester einmal in Exerzitien sagte – der Himmel Ströme von unendlichen Gnaden herniederfließen lässt, wenn er während der heiligen Wandlung das Messgewand des Priesters hält«.[291]

Ministranten werden von Priestern der Bruderschaft angeleitet. Beim Besuch von Messen der Bruderschaft fällt auf, dass viele der Ministranten deutlich älter sind, als dies in anderen Gemeinden der Römisch-Katholischen Kirche üblich ist. Die meisten Ministranten sind Teenager oder noch älter. Aus dem Kreis der Ministranten wird oft auch der Priesternachwuchs der Bruderschaft rekrutiert. Mädchen sind explizit als Ministrantinnen ausgeschlossen, wie dies auch vom Vatikan bis in die frühen 1990er-Jahre gelehrt wurde.

Bis zum Zweiten Vatikanischen Konzil wurden die Aufgaben der Ministranten – wie heute noch in den meisten Ostkirchen – von Personen ausgeübt, die sogenannte »niedere Weihen« erhalten hatten, die für viele auch eine Vorstufe zum Priesteramt darstellten. Erst das apostolische Schreiben des Papstes *Ministeria quaedam* von 1972 schaffte diese »niederen Weihen« ab. In der Piusbruderschaft, die versucht, den vorkonziliaren Katholizismus weiter zu praktizieren, sind diese niederen Weihen allerdings bis heute Teil der religiösen Praxis.[292] Die Piusbruderschaft weiht weiterhin Exorzisten, Lektoren, Ostiarier und Akolythen.[293] Vor allem Letztere versehen in den Messen der Piusbruderschaft viele der Aufgaben, die in sonstigen Messen der Römisch-Katholischen Kirche von nicht-geweihten MinistrantInnen versehen werden.

Als Jugendorganisation der Piusbruderschaft fungiert die Katholische Jugendbewegung (KJB), deren Namensähnlichkeit mit der »Katholischen Jugend«, der offiziellen Jugendorganisation der Römisch-Katholischen Kirche, wohl bewusst gewählt wurde, um Verwechslungen zu ermöglichen und den Anschein zu erwecken, selbst *die* katholische Jugendorganisation zu sein. Junge Menschen,

---

291 Siehe: https://fsspx.de/de/news-events/news/der-ministrant-13273 (10. 11. 2021).

292 Vgl. https://fsspx.de/de/news-events/news/niedere-weihen-der-priester bruderschaft-20171; https://gloria.tv/post/49s2e6zYJoLPBz2NwNvQB TSKt; https://www.youtube.com/watch?v=8Riq4WGfJBA; (25. 11. 2021).

293 Vgl. http://www.summorum-pontificum.de/themen/gemeinschaften/ 1003-weihen-bei-der-piusbruderschaft.html (25. 11. 2021).

die ein »Kernmitglied« der KJB werden wollen, legen ein feierliches Versprechen ab, »das bedeutet, sie möchten sich darum bemühen täglich 15 Minuten zu betrachten, öfters zu beichten, täglich den Rosenkranz zu beten, sich im Glauben weiterzubilden, täglich ein Morgen- und Abendgebet mit Gewissenserforschung zu verrichten und aktiv an der Liturgie teilzunehmen«.[294]

In Österreich unterhält die KJB-Gruppen in Wien, Salzburg, Graz, Innsbruck und neuerdings auch in Jaidhof am Distriktsitz der Piusbruderschaft. Auf ihrer Website wird auch die Südtiroler Gruppe in Brixen der KJB-Österreich zugerechnet.[295] Nach eigenen Angaben organisiert die KJB in Wien etwa 20 Jugendliche, die sich »zwei Mal im Monat zu den regelmäßigen Gruppentreffen«[296] zusammenfinden. Die Gruppe in Salzburg ist etwas kleiner. Neben »der Hl. Messe und den KJB-Gebeten« gibt es dort nach eigenen Angaben »monatlich Diskussionsrunden, Vorträge und […] aktuelle Themen zum katholischen Glauben«.[297] Die Gruppe in Innsbruck umfasst derzeit nach eigenen Angaben »16 Mitglieder, allesamt junge Erwachsene zwischen 15 & 25 Jahren«.[298] Die Tiroler Gruppe trifft sich einmal im Monat »zur Gruppenstunde. Nach der Feier der hl. Messe und den gemeinsamen KJB-Gebeten folgt ein Vortrag mit anschließendem Abendessen und gemütlichem Ausklang des Abends.«[299] Die Gruppe in Graz ist deutlich inaktiver und hat es bisher nicht geschafft, eine Selbstdarstellung auf die Website der KJB zu stellen.[300]

Die Gruppen der KJB sind geschlechtlich gemischt und wer-

---

294 Mayerhofer, Anna: Man kann nur lieben, was man kennt. Bildungswochenende in Salzburg. Mitteilungsblatt, Nr. 514, November 2021: 14–16, hier: 16.

295 Vgl. https://k-j-b.info/kjb-gruppen-in-oesterreich/#7/47.525/13.711 (20. 11. 2021).

296 Siehe: https://k-j-b.info/kjb-gruppen-in-oesterreich/kjb-wien/#11/48. 2068/16.3415 (20. 11. 2021).

297 Siehe: https://k-j-b.info/kjb-gruppen-in-oesterreich/kjb-salzburg/#11/ 47.8155/13.0689 (20. 11. 2021).

298 Siehe https://k-j-b.info/kjb-gruppen-in-oesterreich/kjb-innsbruck/#11/ 47.2704/11.3887 (20. 11. 2021).

299 Ebd.

300 Vgl. https://k-j-b.info/kjb-gruppen-in-oesterreich/kjb-graz (20. 11. 2021).

den jeweils von einem Geistlichen angeleitet. Die KJB gibt für den gesamten deutschsprachigen Raum eine Zeitschrift mit dem Titel *Der gerade Weg* und dem Untertitel »Zeitschrift der Katholischen Jugendbewegung« heraus. Zudem gibt es ein Programm der KJB, in dem diese ihr Selbstverständnis formuliert. Darin wird zunächst unter dem Kapitel »Das soziale Königtum Christi« klargemacht, dass es sich bei den Zielen der KJB nicht nur um religiöse, sondern auch um politische oder vielmehr gesellschaftspolitische Ziele handelt. Darin heißt es, die KJB schöpfe ihre Haltung »aus der Gesellschaftslehre der Päpste, insbesondere aus den Enzykliken Immortale Dei von Leo XIII., Quas Primas, Casti connubiee und Divini illius Magistri von Pius XI.«.[301]

Die Enzyklika *Immortale Dei* von 1885 fasste die damalige Lehre vom »wahren Staat« zusammen und formulierte eine Reihe päpstlicher Verdammungsurteile gegen die Religionsfreiheit. Die Toleranz gegenüber anderen Religionen wird darin als Übel bezeichnet, das man notgedrungen, aber nur unter bestimmten gegebenen Umständen akzeptieren müsse. Die Kirche könne Gewissensfreiheit, Meinungs- und Religionsfreiheit nicht akzeptieren. Die Enzyklika wendet sich gegen die Vorstellung der Gleichheit der Menschen und der Volkssouveränität und kritisiert, dass im 16. Jahrhundert »jene unheilvolle und beklagenswerte Neuerungssucht« entstanden sei,

> »da entstand zuerst eine Verwirrung in Bezug auf die religiöse Frage; bald jedoch im notwendigen Fortschritt wurden auch die Philosophie und von hier aus alle Ordnungen der bürgerlichen Gesellschaft in Mitleidenschaft gezogen. Hier ist der Ausgangspunkt der neueren, zügellosen Freiheitslehren, welche man unter den heftigen Stürmen im vorigen Jahrhundert ersonnen und proklamiert hat, als Grundlehren und Hauptsätze des neuen Rechtes, das, vorher unbekannt, nicht bloß vom christlichen, sondern auch vom Naturrecht in mehr als einer Beziehung abweicht.«[302]

---

301 KJB: Programm der Katholischen Jugendbewegung, Erscheinungsjahr und Erscheinungsort unbekannt: 3.

302 Siehe: http://www.kathpedia.com/index.php?title=Immortale_dei_(Wortlaut) (25. 11. 2021).

Schließlich heißt es in dieser Enzyklika:

»Dass das christliche Europa die barbarischen Völker gesittigt, sie aus dem Zustande der Wildheit zu menschenwürdigem Leben, vom Aberglauben hinweg zur Wahrheit geführt hat, dass es die anstürmenden Mohamedaner siegreich zurückgeschlagen, dass es an der Spitze der Zivilisation steht und allen anderen Völkern Führerin und Lehrerin stets war in allem, was das menschliche Leben verschönern und veredeln mag; dass von ihm nach allen Richtungen hin echte Freiheit ausging, dass es so viele Institute schuf zur Linderung des menschlichen Elends, das alles verdankt es ohne Widerrede der Religion, die ihm zu solchen Unternehmungen den Impuls gegeben und in ihrer Durchführung hilfreich zu Seite stand.«[303]

Auch die anderen beiden Enzykliken, auf die im Programm explizit Bezug genommen wird, sind ähnlich antimodernistisch. In *Quas Primas* wird das Königtum Christi als wahre Herrschaft mit legislativer, judikativer und exekutiver Gewalt postuliert, was allerdings 1930 auch als Kritik am Faschismus gelesen wurde. In *Casti connubii* geht es um die christliche Ehe. In *Divini illius Magistri* von 1929 geht es um die Erziehung der »christlichen Jugend«, wobei jede Leugnung der Erbsünde ebenso abgelehnt wird wie Sexualerziehung oder die Koedukation.[304] Die KJB sieht in ihrem Programm die katholische Kirche in einer

»tiefreifenden Krise. Liberale Denk- und Bewertungsmuster in Theologie und Philosophie beherrschen das kirchliche Leben und führen zu einer verwirrenden Vielfalt von Lehrmeinungen unter Theologen. Grundlegende Wahrheiten des Glaubens werden in Frage gestellt und relativiert. [...] Eine falsch verstandene Nächstenliebe und Brüderlichkeit macht die Heilsbotschaft

---

303 Ebd.
304 Vgl. https://www.vatican.va/content/pius-xi/la/encyclicals/documents/hf_p-xi_enc_31121929_divini-illius-magistri.html (25. 11. 2021).

Christi zunichte und führt die Seelen in die Irre. Die Folge davon ist ein moralischer Niedergang.«[305]

Dieser Niedergang habe wiederum dazu geführt, dass viele Menschen »keinen gottgegebenen Sinn des Lebens« mehr sehen und nur an »das Vergnügen des Augenblicks« denken würden, »anstatt an ihr Seelenheil und an die Ewigkeit«.[306] Die »Konsum- und Spaßgesellschaft« habe »Sinn und Empfinden für Wahrheit, Gerechtigkeit, Reinheit und Natürlichkeit weithin ausgelöscht. Materialismus und Profitgier, Hochmut und Selbstvergötterung, Sinnlichkeit und Unkeuschheit bis zur widernatürlichen Sodomie, Abtreibung und Euthanasie« seien demnach »das alltägliche Erscheinungsbild der Gesellschaft.«[307]

Diesen »widernatürlichen Lebensweisen« setzte die KJB zwei Ideale entgegen, die unter den Schlagworten »Christliche Persönlichkeit« und »Tätige Nächstenliebe« zusammengefasst werden. Die »christliche Persönlichkeit« setze »den entschiedenen Kampf in uns selbst gegen die verhängnisvollen Folgen der Erbsünde«[308] voraus. Vornehmliche Aufgabe der »tätigen Nächstenliebe« sei es, »viele Seelen zu Gott zurückzuführen«.[309]

Aus dieser Haltung heraus will die KJB »an der Erneuerung der Sitten und an der Heranbildung charakterfester junger Menschen für ein christliches Leben arbeiten«.[310] Dieses Ziel soll nicht nur durch »Gebet«, »Bildung« und »Freundschaft«, sondern auch durch das so genannte »Apostolat« erreicht werden. Damit ist im Wesentlichen die Propaganda im Sinne der KJB beziehungsweise der Piusbrüder gemeint. Die Jugendlichen sind dazu angehalten, im persönlichen Leben »in inniger Gottverbundenheit, durch die

305 KJB: Programm der Katholischen Jugendbewegung, Erscheinungsjahr und Erscheinungsort unbekannt: 3.
306 Ebd.: 4.
307 Ebd.
308 Ebd.
309 Ebd.
310 Siehe: https://fsspx.de/de/news-events/news/unser-ideal-christliche-pers%C3%B6nlichkeit-und-t%C3%A4tige-n%C3%A4chstenliebe-46124 (26. 11. 2021).

persönliche Ausstrahlung sowie durch die Gespräche und Diskussionen«[311] andere von ihrem Glauben und ihren Haltungen zu überzeugen. Zudem gibt es ein »gemeinsames Apostolat«, das durch verschiedene »Aktionen der Gruppen nach außen – wie Flugblätter verteilen, Apostolatsstände betreiben, Leserbriefe schreiben, Vorträge, Lager und Wallfahrten organisieren«[312] – verwirklicht wird.

In einer von der KJB Österreich herausgegebenen Broschüre mit dem Titel »Apropos: Die Wahrheit wird euch frei machen!« wird die politische Haltung der Organisation deutlicher ausformuliert und an den verschiedenen Feindbildern der Organisation abgearbeitet. Bereits im Vorwort stellt Pater Elias Stolz klar, dass es dabei um eine Kritik aller politischer Positionen geht, die auf den Werten der Aufklärung und der Französischen Revolution basieren. Darin wird der Liberalismus als »Ideologie unserer Zeit, die uns von der Wiege bis zur Bahre eingeflüstert wird«[313], kritisiert. Der »Liberalismus« sei jene Ideologie, »die dem Demokratismus zugrunde«[314] liege. Dem Liberalismus werden »verderbliche Emanzipationen« vorgeworfen. Man setze sich »dabei blind für Friede, Freiheit, Toleranz und Pluralismus ein«.[315] Der Liberalismus würde zu einer Verherrlichung der Sexualität führen, während man gleichzeitig den Zweck der Ehe umdrehen würde:

»Die fleischliche Lust wird zum ersten Zweck erkoren und über den eigentlichen ersten Zweck der Ehe, nämlich das Leben zu schenken, kann bestimmt werden, wie man möchte, schließlich hat man dazu die Freiheit.«[316]

---

311 KJB: Programm der Katholischen Jugendbewegung, Erscheinungsjahr und Erscheinungsort unbekannt: 10.
312 Ebd.
313 Jeindl, Eva-Maria: Was ist Liberalismus? KJB Österreich: Apropos: Die Wahrheit wird euch frei machen! 2018, Erscheinungsort unbekannt: 6–13, hier: 6.
314 Ebd.
315 Ebd.: 11.
316 Ebd.: 12.

Wahre Freiheit sei jedoch nur als »Freiheit der Kinder Gottes«[317] denkbar.

Nach dem Liberalismus folgt eine ebenso lange Abhandlung zum Kommunismus, der neben dem Liberalismus das zweite ideologische Hauptfeindbild darstellt. Der Kommunismus versuche, »jede natürliche und übernatürliche Ordnung zu zerstören, allem voran den Glauben«.[318] Er ziele darauf ab, die Familie »als Keimzelle einer jeden Nation zu zerstören«.[319] Durch das Interesse der Jugend für Sex schleiche sich der Kommunismus in unserer Gesellschaft ein:

> »Durch den Aufklärungsunterricht an den Schulen, der oft schon im Kindergarten und in der Volksschule durchgeführt wird, wird gezielt versucht, die Neugierde und die Leidenschaften der Kinder zu wecken. Reinheit, Unschuld und Jungfräulichkeit werden geradezu mit Füßen getreten und wehe jemandem, der nicht so denkt – er wird für seine Überzeugungen verspottet.«[320]

Antiautoritäre Erziehung, der Mangel an Ordnung an Schulen, Abtreibung und »die Ideologie des Gender-Mainstreaming, die Legalisierung der Scheidungen und auch nur das Zusammenleben von gleichgeschlechtlichen Personen, die sogar Kinder adoptieren dürfen«[321] werden als Folgen des Kommunismus verdammt. Den beiden Hauptfeindbildern Liberalismus und Kommunismus wird schließlich die »objektive Wahrheit«[322] der Katholischen Kirche gegenübergestellt.

---

317 Ebd.: 13.
318 Birschner, Rebecca: Gedanken zum Kommunismus. KJB-Österreich: Apropos: Die Wahrheit wird euch frei machen! 2018, Erscheinungsort unbekannt: 14–17, hier: 15.
319 Ebd.: 16.
320 Ebd.: 17.
321 Ebd.: 17.
322 Mayr, Theresia: Objektive Wahrheit – es gibt sie doch! KJB-Österreich: Apropos: Die Wahrheit wird euch frei machen! 2018, Erscheinungsort unbekannt: 18–22.

In der Zeitschrift der KJB *Der gerade Weg* werden seit 1977 vierteljährlich die gleichen Feindbilder in diversen Artikeln bedient. Der Titel der Zeitschrift spielt explizit auf eine gleichnamige katholisch-konservative Zeitschrift der Weimarer Republik an,[323] die gleichermaßen antikommunistisch und antinationalsozialistisch orientiert war. Die gemeinsam in Deutschland, Österreich und der Schweiz vertriebene Zeitschrift ist keine direkte Fortsetzung der vom späteren NS-Opfer Fritz Gerlich herausgegebenen Zeitschrift, spielt aber wohl auf dessen katholisch-konservative, zugleich antinationalsozialistische Haltung an. Schließlich ist aus Sicht der Piusbruderschaft nicht nur der Liberalismus, Kommunismus und Sozialismus, sondern auch der Nationalsozialismus eine Spielart einer gottlosen Moderne. In anderen Publikationen wird deshalb ebenfalls immer wieder positiv Bezug auf den katholischen Widerstand gegen den Nationalsozialismus – etwa auf die »Weiße Rose« – genommen.

Religiöse Erbauungsliteratur mischt sich im *Geraden Weg* mit Antiliberalismus und Antimodernismus, der sich sowohl gegen die moderne Gesellschaft als auch gegen den »Modernismus« innerhalb der katholischen Kirche richtet. Weiters werden traditionell patriarchale Geschlechterbilder verteidigt, Abtreibung, Pränataldiagnostik und Homosexualität – oft als »Sodomie« bezeichnet – bekämpft.

Kontinuierlich wird auch der Islam als Feindbild gezeichnet. Ein Artikel über »die kleine Araberin«, die unbeschuhte Kameliterin Mirjam Baouardy, beginnt etwa mit folgenden Worten: »Ein tiefer Schnitt direkt durch die feine Kehle der erst Dreizehnjährigen und sie bricht blutüberströmt zusammen. Mirjam ist tot!«[324] Erzählt wird hier eine Märtyrergeschichte, dass eine Christin von einem Muslim dazu gedrängt worden sei, zum Islam zu konvertieren, und er ihr, weil sie sich geweigert habe, Muslima zu werden, »mit seinem Krummsäbel die Kehle«[325] durchgeschnitten habe. Durch

323 Vgl. https://k-j-b.info/ueber-unsere-zeitschrift (25. 11. 2021).
324 Bergmann, Franziska: Die kleine Araberin. Der Gerade Weg. Zeitschrift der Katholischen Jugendbewegung Nr. 3/2020, 34–36, hier: 51.
325 Ebd.: 35

ein Wunder habe sie dennoch überlebt. Tatsächlich gibt es diese Heiligengeschichte in der Katholischen Kirche, deren Authentizität nicht überprüfbar ist. Das Interessante ist allerdings, dass genau solche Heilige mit einem Fokus auf eine konfessionalisierte Gewalterfahrung in dieser Zeitschrift dargestellt werden. In einem anderen Artikel derselben Ausgabe wird eine Kritik der Menschenrechte formuliert. Historisch durchaus korrekt, wird dabei festgestellt, »dass die Erklärungen der Menschenrechte nicht aus dem Umfeld der Kirche stammen, sondern oft sogar von ausgesprochenen Gegnern der katholischen Kirche formuliert wurden«[326]. Den Menschenrechten werden in diesem Artikel »wahre Menschenrechte« gegenübergestellt, die »aus der von Gott geschaffenen Natur des Menschen«[327] flössen. Diese »Menschenrechte« seien »eng mit den verschiedenen Pflichten« verbunden:

> »Es gibt eine Pflicht, sein Leben zu erhalten, Gott zu verehren und seine Pflichten gegenüber der Gemeinschaft zu erfüllen. Damit ist das Recht zu dem verbunden, was zur Erfüllung dieser Pflichten notwendig ist.«[328]

Daneben werden gemeinsame Reisen – etwa nach Rom oder für ein Wanderlager in Irland –, Eheseminare, aber auch ein eigenes Au-Pair-Portal beworben, in dem sich Familien der Piusbruderschaft Au-Pairs aus der KJB suchen können.

2019 begann in der Zeitschrift eine Artikelserie von Andreas Klawe, in der die Jugendlichen der KJB ermuntert werden sollten, sich für Polizei- und Militärdienst zu melden. In einer Zwischenüberschrift wurde dabei die Idee lanciert, es handle sich dabei um »Schäferhunde Christi«.[329] Die Nähe der sich als kämpferische Katholiken verstehenden Piusbrüder zum Militarismus wird auch in

---

326 Gaudron, Pater Matthias: Der Gerade Weg. Zeitschrift der Katholischen Jugendbewegung Nr. 3/2020, 38–42, hier: 40.
327 Ebd.: 41.
328 Ebd.
329 Klawe, Andreas: Der schützende Dienst (I). Der Gerade Weg. Zeitschrift der Katholischen Jugendbewegung Nr. 1/2019, 51–57, hier: 51.

anderen Beiträgen deutlich, insbesondere wenn es etwa um das Gedenken an die Kreuzzüge oder die Seeschlacht von Lepanto geht, bei der am 7. Oktober 1571 die Osmanische Flotte vernichtet wurde. Christliches Soldatentum wird hier immer wieder dem Islam entgegengesetzt.

Eine Artikelserie der Zeitschrift wurde 2021 vom Sarto Verlag, der als Hausverlag der Piusbruderschaft agiert, unter dem Titel *Im Alltag Gott gehören. 10 Tipps für Junge Menschen* als Buch herausgegeben. Auch hier wird das Bild einer verkommenen Gesellschaft gezeichnet, gegen die sich die Jugendlichen behaupten sollten. Es wäre falsch zu behaupten,

> »der Mensch sei rundum gut und könne unbesorgt seinen Bedürfnissen folgen. Dieser fatale Irrtum führt schon in diesem Leben in die Katastrophe. Im Gefolge der 68er Revolte verfielen scharenweise junge Menschen der Drogensucht. Man hatte sie gelehrt, das Leben zu genießen, nur zu genießen. Entbehrung, Verzicht, erst recht das Kreuz: das waren dieser verwöhnten Jugend Fremdwörter. Schon bald begann sich die antiautoritäre und permissive Erziehung zu rächen, z. B. im Griff zu den Rauschmitteln.«[330]

Die Warnung vor jeglicher Sexualität vor oder außerhalb der Ehe ist auch in diesem Buch zentral: »Lass dich also nicht abbringen von dem Entschluss, vor der Ehe sexuell enthaltsam zu leben – *true love waits!* – und auch in Gedanken und Blicken rein zu sein.«[331] Um diese Keuschheit zu wahren, wird den Jugendlichen empfohlen jeden Tag drei Ave Maria zu beten.

Für die etwas jüngeren Kinder organisiert die Piusbruderschaft den »Eucharistischen Kinderkreuzzug«, mit dem sie sich auf eine gleichnamige Gebetsaktion für Kinder unter Papst Benedikt XV. (1914–1922) während des Ersten Weltkrieges bezieht. In der Selbstdarstellung des für den Kinderkreuzzug verantwortlichen Pater Steffen Kusmenko heißt es:

---

330 Pfluger, 2021: 92.
331 Ebd.: 180.

»›Bete, kommuniziere, opfere dich auf, sei Apostel!‹, ist der Leit-
gedanke des Kreuzfahrers, bei dem die hl. Kommunion eine
besondere Stellung einnimmt, daher auch der Name ›eucharisti-
scher‹ Kinderkreuzzug.

Der Kreuzfahrer soll oft kommunizieren, aber noch wichtiger ist,
dass er sich gut auf den Empfang des Leibes Christi vorbereitet.
Er muss ein großes Verlangen erwecken, Jesus zu empfangen, um
sich mit Ihm ganz eng zu verbinden und Ihm seine guten Werke
darzubringen. Wenn der Kreuzfahrer nicht kommunizieren kann,
dann sagt er Jesus ganz einfach, dass er Ihn gerne in der hl. Kommunion empfangen würde, wenn es möglich wäre. Diesen Akt
nennt man ›geistige Kommunion‹. Die geistige Kommunion kann
man immer und überall erwecken, auch öfters am Tag.

Der Name ›Kreuzzug‹ bringt zum Ausdruck, dass es um einen
geistlichen Kampf geht, in dem die Kinder sich als Soldaten
Christi dafür einsetzen, dass alle Seelen in den Himmel kommen
und dass die Feinde der Kirche sich bekehren.

Dafür opfern sie dem Heiland jeden Morgen alle Handlungen des
kommenden Tages auf und schenken sie Ihm mit dem Tagesauf-
opferungsgebet, das auf der Rückseite ihrer Zeitschrift abgedruckt
ist. Durch diese Tagesaufopferung wird alles zum Gebet, was der
Kreuzfahrer während des Tages tut. Egal, ob er nun zur Schule
geht, lernt oder spielt … Das Abzeichen des Kreuzfahrers kann
in Form einer Brosche auf der Brust getragen werden. Sie zeigt
in Kreuzesform den Kelch der hl. Messe mit Hostie.

Wer in den Kinderkreuzzug aufgenommen werden möchte, legt
ein Versprechen ab und nimmt Verpflichtungen auf sich. Die erste
und einfachste Stufe ist der ›Page‹. Wenn er über einen gewissen
Zeitraum treu seine Pflichten erfüllt hat, wird er als ›Kreuzfahrer‹
aufgenommen. Wer sich als ›Kreuzfahrer‹ bewährt, kann einige
Zeit später die höchste Stufe erreichen und ›Ritter‹ werden.«

Die Bezeichnung als »Kreuzfahrer« und »Ritter« macht deutlich,
dass sich die Kinder hier mit jenen katholisch-europäischen Truppen identifizieren sollen, die zwischen dem Ende des 11. und dem
des 13. Jahrhunderts bis dahin muslimisch kontrollierte Regionen
der Levante, aber auch Reste des christlich-orthodoxen Byzan-

tinischen Reiches angegriffen und zeitweise erobert hatten. Der Begriff des »Kreuzzuges« beziehungsweise des »Kreuzfahrers« hat allerdings nicht nur eine gezielt antimuslimische Stoßrichtung. Im Zuge der Kreuzzüge kam es vielfach zu Pogromen gegen Jüdinnen und Juden und der Begriff wurde auch bald für Kriege gegen vermeintliche und wirkliche Ketzer benutzt. Jedenfalls ruft eine Verwendung dieses Begriffes heute primär antimuslimische, aber auch generell gegen NichtkatholikInnen gerichtete Kampfbereitschaft in Erinnerung. Diese bewusste Anspielung an die historischen »Kreuzritter« wird unter anderem auch bei den Lagern der »Kreuzfahrer« durch Schaukämpfe in Ritterrüstungen unterstrichen.[332]

Der Kinderkreuzzug hat eine eigene Zeitschrift mit dem Titel *Der Kreuzfahrer* und dem Untertitel »Katholische Kinderzeitschrift«, die etwa einmal im Monat für den gesamten deutschsprachigen Raum erscheint und in vielen Messzentren der Piusbruderschaft auch in Österreich aufliegt. Darin werden Sommerlager für die »Kreuzfahrer« beschrieben, an denen »Jungs […] aus allen Himmelsrichtungen Deutschlands, ja sogar aus Frankreich, Österreich, Schweiz und Ungarn«[333] teilnehmen. Neben den »Jungs« werden auch »Mädchenlager« beschrieben, die unter dem Namen »Kreuzfahrerlager der Mädchen«[334] vorgestellt werden. Darüber hinaus finden sich katholische Heldengeschichten aus dem Mittelalter, wobei Heilige als »Streiter Christi« und »Soldat Christi« dargestellt werden.[335] Enthalten sind auch sogenannte »Schatzzettel«, mit denen die »Kreuzfahrer« ihre religiösen Aktivitäten dokumentieren und die sie ausgefüllt an das Sekretariat in Stuttgart (D) zurückschicken können. Ergänzt werden die Hefte mit Witzen, Rätseln und jeweils einer »Gebetsintention«, für die sich der »Kreuzfahrer« im jeweiligen Monat »opfern« soll.[336]

Seit 1997 gab es am St.-Theresien-Gymnasium in Schönenberg eine Pfadfinderinnen-Gruppe, aus der 2005 eine Katholische

---

332 Der Kreuzfahrer. Katholische Kinderzeitung, Nr. 341, Oktober 2021, 4.
333 Der Kreuzfahrer. Katholische Kinderzeitung, Nr. 320, Oktober 2019, 2.
334 Der Kreuzfahrer. Katholische Kinderzeitung, Nr. 342, November 2021, 2.
335 Der Kreuzfahrer. Katholische Kinderzeitung, Nr. 343, Dezember 2021, 4.
336 Der Kreuzfahrer. Katholische Kinderzeitung, Nr. 320, Oktober 2019, 16;
      Der Kreuzfahrer. Katholische Kinderzeitung, Nr. 341, Oktober 2021, 16.

Pfadfinderschaft St. Jeanne d'Arc (KPJ) als formale Organisation hervorging. Diese ist laut Statuten korporatives Mitglied in der Priesterbruderschaft St. Pius X. (FSSPX).[337]

2020 wurde eine eigene Mädchen-Pfadfindergruppe in Österreich gegründet, die sich als »Stamm der Heiligen Notburga« bezeichnet.[338] Der »Stamm« setzt sich aus Mädchen aus verschiedenen Teilen Österreichs zusammen, der Großteil aus Ober- und Niederösterreich. Einzelne Mitglieder kommen auch aus Salzburg, Kärnten und der Steiermark. Am ersten Pfadfinderwochenende im September 2020 mit ihrem Kuraten Pater Johannes Regele nahmen laut eigenen Angaben 15 Mädchen teil.[339] Insgesamt hat der »Stamm der Heiligen Notburga« 21 Mitglieder, wobei laut deren Gründerin nur etwa 14 bis 15 Mädchen jeweils an den Treffen teilnehmen, die etwa alle zwei Monate über ein Wochenende stattfinden. Diese Treffen werden laut der Gründerin des »Stamms der Heiligen Notburga« bisher überwiegend bei Prioraten der Piusbruderschaft in Salzburg, Wien, in der Nähe von Steyr, in Linz und in Jaidhof durchgeführt.[340]

Das Pfadfindertum wird von den Piusbrüdern als »aktive Methode, deren Ziel es ist, junge Menschen in der Selbsterziehung zu unterstützen, ihr Innerstes zu formen, um sie in den Dienst an Gott, der Kirche und dem Vaterland zu stellen«[341], begriffen.

Damit unterscheiden sich die PfadfinderInnen der Piusbrüder fundamental von den großen Pfadfinderorganisationen Österreichs. Die »Pfadfinder und Pfadfinderinnen Österreichs« (PPÖ), die mit Abstand größte Dachorganisation der PfadfinderInnen und das einzige Mitglied der Weltpfadfinderorganisationen WOSM und WAGGGS, definiert sich etwa als »demokratische, überparteiliche Kinder- und Jugendbewegung, die Menschen aller Ethnien

---

337 Paragraf 4 der Satzung der Katholischen Pfadfinderschaft Jeanne d'Arc.
338 Vgl. https://fsspx.at/de/katholische-pfadfinderschaft-st-jeanne-darc (25.11.2021).
339 Vgl. https://www.fsspx.at/de/news-events/news/erstes-pfadfinderwochen ende-des-stammes-hl-notburga-ober%C3%B6sterreich-60375.
340 Interview mit V., 14. November 2021, Jaidhof.
341 Das Pfadfindertum, Folder der Katholischen Pfadfinderschaft St. Jeanne d'Arc, der allerdings ohne Impressum und Erscheinungsdatum erschien und in einigen Messzentren der Piusbruderschaft auslieg.

und Religionsgemeinschaften offen steht«[342]. Der Pfadfinderbund als zweitgrößte Pfadfinderorganisation steht für eine »parteipolitisch und konfessionell unabhängige Jugendarbeit«, die »eine unabhängige, frei denkende und selbstkritische Jugend«[343] erziehen will. Während sich alle großen Pfadfinderverbände als überkonfessionell begreifen, gibt es in Österreich auch eine kleine Sektion der erst 1976 gegründeten Katholischen Pfadfinderschaft Europas (KPE), die definitiv dem konservativen Flügel der Römisch-Katholischen Kirche zuzurechnen ist und innerhalb der katholischen Kirche sehr umstritten ist.[344]

Die Pfadfinderinnen des St.-Theresien-Gymnasiums wurden nach 2000 assoziiertes Mitglied der KPE,[345] allerdings schien auch der katholische Traditionalismus der KPE den Piusbrüdern auf Dauer nicht zu genügen, sodass es im Jahr 2005 zur Gründung der eigenen Katholischen Pfadfinderschaft St. Jeanne d'Arc (KPJ) außerhalb der KPE kam, die nun direkt von Priestern der Piusbruderschaft geistlich geleitet wird. Die Gründerin des österreichischen »Stammes der Heiligen Notburga« erklärt zur Trennung der KPJ von der KPE:

»Wir wollten eben unter der geistlichen Leitung der Priesterbruderschaft stehen. Deshalb haben wir diesen eigenen Bund gemacht, weil wir die ganze Nahrung, alles aus der heiligen Messe ziehen und weil bei der Priesterbruderschaft eben noch die so genannte Tridentinische Messe bzw. alte Messe gelesen wird, wo noch

342 Siehe: https://ppoe.at/ueber-uns/pfadfinderin-sein (25.10.2021).
343 Siehe: https://www.pfadfinderbund.at/uber-uns (25.10.2021).
344 Den KPE werden von gemäßigten und progressiven Katholiken eine Nähe zum Engelwerk und zu extrem traditionalistischen Positionen vorgeworfen. Zudem wurde die Organisation immer wieder für ihren Antisemitismus und die Nähe zu rechtsextremem Gedankengut kritisiert. Daraus resultiert ein je nach Diözese unterschiedlicher Status der KPF, die teilweise von den Bischöfen als kirchliche Jugendorganisation anerkannt, teilweise aber abgelehnt werden. In Österreich gehörte Kurt Krenn in seiner Zeit als Diözesanbischof der Diözese St. Pölten zu den Unterstützern der KPE.
345 Vgl. http://www.pfadfinder-treffpunkt.de/include.php?path=tp_eintrag_bund_view.php&index=5709 (25.10.2021).

wirklich die unblutige Erneuerung des Kreuzesopfers Jesu Christi ist, die uns unsere ganze Kraft und Freude gibt.«[346]

Während die KPE die »neue Messe« feiere, habe die KPJ so die Möglichkeit, die »alte Messe« mit den Priestern der Piusbruderschaft zu zelebrieren. Die katholische Religion im Religionsverständnis der Piusbruderschaft durchdringt die gesamte Arbeit der KPJ. Die Gründerin des österreichischen »Stammes« der KPJ erklärt:

> »Wir trennen nicht Glaube und Aktivität und so. Es ist immer alles in einem. Auch wenn wir am Abend beim Lagerfeuer zusammensitzen und singen, kann sich auch ein Gespräch über den Glauben entwickeln. Da ist keine Trennung dabei. Das ist das Wichtigste. Man ist eben auch Christ im Alltag und nicht nur am Sonntag.«[347]

Die als Mädchengruppe am St.-Theresien-Gymnasium in Schönenberg gegründete Organisation weitete sich durch die Rückkehr einiger Schülerinnen aus Schönenberg in die Schweiz 2009 nach Basel und 2014 nach Wil (CH) aus, wo 2016 eine erste »Jungengruppe«[348] entstand. Am 14. Juli 2020 wurde schließlich eine Mädchengruppe in Österreich gegründet, die sich als »Stamm der heiligen Notburga/ St. Notburga« bezeichnet. Seither fungiert Pater Johannes Regele, der im selben Jahr zum neuen Prior des Distrikts der Piusbruderschaft in Jaidhof ernannt wurde, auch als Pfadfinderkurat, also als religiöser Betreuer des »Stamms«. In seinem ersten Rundbrief an seine Pfadfinderinnen formulierte er:

> »Meine Aufgabe als Pfadfinderkurat ist es, Euch mit meinen priesterlichen Diensten zu versorgen, die ja wesentlich zum christlichen Leben gehören. Die Pfadfinder machen in ihrem Frömmigkeitsleben nichts außergewöhnliches [sic], es ist das gewöhnliche

---

346 Interview mit V., 14. November 2021, Jaidhof.
347 Ebd.
348 Das Pfadfindertum, a. a. O.

christliche Leben, wie es in jeder christlichen Familie auch stattfinden soll. Der Kurat zelebriert die Hl. Messe, spendet die Sakramente, steht für Gespräche zur Verfügung, hält Katechesen und
Vorträge. Vor allem betet er oft für Euch!«[349]

Zu den fünf Zielen des Pfadfindertums der Piusbruderschaft gehören laut Selbstdarstellung:

»1. Die Gesundheit [...]
2. Der Sinn für das Konkrete [...]
3. Die Charakterbildung: Verlässlichkeit, Gehorsam, Verantwortung, Treue, Durchhaltevermögen, Ehrgefühl, Wahrheitstreue.
Das Wichtigste jedoch ist, nach Versprechen, Gesetz, Prinzipien
und Wahlspruch zu handeln und zu leben.
4. Der Geist des Dienens: der Dienst an Gott, dem Vaterland
und den Mitmenschen.
5. Die Entwicklung des übernatürlichen Lebens: dabei helfen die
Sakramente, der Katechismus, ein geregeltes Gebetsleben etc. Der
Glaube soll die Grundlage des Handelns sein. Die Einfachheit in
den Materialien, im Lager und in der ganzen Lebensweise macht
den Weg frei für Gott.«[350]

Die Gründerin des »Stamms« betont in einem Interview ebenso
die religiösen Ziele der Pfadfindergruppe:

»Das erste Ziel ist, die Jugendlichen zum Herrgott zu führen und
ihr Inneres zu formen, um sie in den Dienst an Gott, dem Vaterland und der Kirche zu stellen. Das bedeutet halt, wenn man das
Innere formen will, dass man auch Leib und Seele, aber auch das,
was man im Inneren fühlt, nach außen zeigen soll. Deshalb sollte
man auch den ganzen Menschen formen. Da gibt es die fünf
Ziele der Pfadfinderarbeit: erstens, die Gesundheit, die durch
das Leben in der freien Natur, Sport und Spiele gefördert wird;

349 Rundbrief des Kuraten Nr. 1 – KPJ – Stamm St. Notburga, 13. September 2020.
350 Das Pfadfindertum, a. a. O.

zweitens, der Sinn für das Konkrete, also praktische Tätigkeiten, dass die Kinder zum Beispiel kochen müssen, Lager bauen, was aufbauen müssen, was basteln. Dann Charakterbildung, Verlässlichkeit, Gehorsam, Verantwortung. Eigentlich Verantwortung ist so ein bisschen das Hauptding bei den Pfadfindern.«[351]

Auf den ersten Blick handelt es sich bei der Gruppierung um eine PfadfinderInnenorganisation, die sich nicht von anderen PfadfinderInnen unterscheidet. Erst wer sich unter der Form die konkreten Inhalte der Organisation ansieht, stellt fest, dass hier andere Werte als in den überkonfessionellen Pfadfinderorganisationen vermittelt werden. Die enge Anbindung an die Piusbruderschaft und deren religiöse Praxis wird einerseits durch die seelsorgerische Betreuung der Gruppe durch Pater Regele deutlich, der normalerweise auch an den Treffen teilnimmt, dort die Messe liest und Vorträge hält. Laut der Gründerin der Pfadfindergruppe steht er auch zur Verfügung, »wenn man eine persönliche Frage hat«.[352]

Die Leitung des »Stammes« wird von der Gründerin, einer jungen Niederösterreicherin, die bereits im Umfeld der Piusbruderschaft sozialisiert wurde, übernommen, deren E-Mail-Adresse auch als Kontakt in einem Folder der Gruppe aufscheint.[353] Im Juli 2021 nahmen die österreichischen Pfadfinderinnen an einem internationalen Pfadfinderinnenlager der KPJ in Zermatt in der Schweiz teil. Auch sonst laufen die Verbindungen zu anderen PfadfinderInnen über die KPJ, also nach Deutschland und in die Schweiz sowie direkt zur Priesterbruderschaft Pius X. und zu deren Jugendorganisation KJB, und nicht zu anderen Pfadfinderorganisationen in Österreich.

Erwachsenenbildung: Katholisches Bildungshaus Schloss Jaidhof

Im Distriktssitz in Jaidhof unterhält die Piusbruderschaft schließlich auch ein Bildungshaus, das sich eher – aber nicht aus-

351 Interview mit V., 14. November 2021, Jaidhof.
352 Ebd.
353 »Das Pfadfindertum«, a. a. O.

schließlich – an Erwachsene und weniger an Kinder und Jugendliche richtet. Im Bildungshaus werden verschiedene Exerzitien[354], Vorträge und Ehevorbereitungen angeboten, die von einem für die Katholische Jugendbewegung (KJB) zuständigen Priester abgehalten werden. Das Katholische Bildungswerk Schloss Jaidhof arbeitet dabei im Verbund mit den anderen Bildungshäusern der Piusbruderschaft im deutschsprachigen Raum, die unter dem Namen »Exerzitienwerk der Priesterbruderschaft St. Pius X.« zusammengefasst sind und ein gemeinsames jährliches Programm herausgeben. Ähnliche Veranstaltungen werden im Exerzitienhaus Porta Celi, dem Haus Brölltal und im Priesterseminar Herz Jesu in Deutschland, im Exerzitienhaus Domus Dei in der Schweiz und eben im Schloss Jaidhof organisiert und in einer jährlichen gemeinsamen Broschüre beworben.[355] Die meisten Veranstaltungen und Exerzitien sind geschlechtlich getrennt.

Im Bildungshaus Schloss Jaidhof angesiedelt ist auch der Studienkreis St. Petrus Canisius, der etwa einmal im Monat »Vorträge & Gemütliches Beisammensein« in geschlechtlich getrennten Runden anbietet.[356] Bei diesen Vorträgen und Exerzitien handelt es sich im Wesentlichen um ein Fortbildungsangebot an die eigenen AnhängerInnen.

Ziele der Jugend- und Bildungsarbeit der Piusbruderschaft

Als relativ abgeschlossene Gemeinschaft geht es den Piusbrüdern weniger darum, Einfluss auf das öffentliche Bildungswesen oder auf andere katholische Schulen und Einrichtungen zu nehmen, sondern um die Bildung und Bindung der Kinder und Jugendlichen der eigenen AnhängerInnen. Es gibt zwar vereinzelte Missionstätigkeit, insgesamt werden enge Außenkontakte aber eher als gefährlich für die eigene Gemeinschaft wahrgenommen. Da andere

---

354 Ignatianische, Montfortanische und Marianische Exerzitien.
355 Kompass fürs Leben. Exerzitien und Einkehrtage 2021.
356 Flugblätter als Ankündigungen, welche im Katholischen Bildungshaus Schloss Jaidhof aufliegen.

Strömungen innerhalb der Katholischen Kirche als abtrünnig wahrgenommen werden, fällt es den Piusbrüdern schwerer als anderen weniger extremen, traditionalistischen Gemeinschaften innerhalb der katholischen Kirche, sich innerhalb der Diözesen zu Allianzen zu verbinden und Einfluss innerhalb der katholischen Kirche oder auf das katholische Bildungswesen zu gewinnen.

Die Bildungsarbeit der Piusbruderschaft für Kinder und Jugendliche hat überwiegend die Kinder der eigenen AnhängerInnen als Zielgruppe und bezweckt einerseits in ihren Knabenschulen priesterlichen Nachwuchs für die eigentliche Priesterbruderschaft Pius X. zu gewinnen, der dann in den Priesterseminaren der Bruderschaft ausgebildet wird. Andererseits sollen Jugendliche nachhaltig an die Priesterbruderschaft gebunden werden, damit diese wiederum »katholische Familien« gründen.

Das Priestertum wird in Piusbruderschaft im Vergleich zur heutigen Römisch-Katholischen Kirche stark sakral überhöht. Der Priester wird in der Gemeinschaft zu allen möglichen Fragen des Alltags und der Lebensplanung hinzugezogen. Die Rettung der als böse empfundenen Welt wird fast ausschließlich über die Erhöhung der Zahl der »wahren Priester« als möglich gesehen. In der Priesterbruderschaft wird immer wieder für priesterlichen Nachwuchs gebetet. Dementsprechend ist es das zentrale Ziel der Bildungsarbeit der Bruderschaft, möglichst viele Priester aus den eigenen Reihen zu gewinnen, die dann in den eigenen Priesterseminaren – und nicht auf öffentlichen Universitäten oder Priesterseminaren der Römisch-Katholischen Kirche – ausgebildet werden.

Im Fall des Priesternachwuchses aus Österreich findet diese Ausbildung insbesondere im Internationalen Priesterseminar Herz Jesu im Schloss Zaitzkofen in Bayern statt, das seit 1978 als deutschsprachiges Priesterseminar der Piusbruderschaft fungiert, jedoch nie von der Römisch-Katholischen Kirche anerkannt wurde. Auch das bereits 1970 – damals noch mit Erlaubnis des Bischofs von Fribourg/Freiburg – gegründete französischsprachige Priesterseminar St. Pius X. im Schweizer Ort Ecône wird von österreichischem Priesternachwuchs besucht. Während andere Priesterseminare teilweise über Nachwuchsprobleme klagen, hat die Piusbruderschaft keine Nachwuchssorgen. Im Jahr 2020 wurden allein in Zaitzkofen elf neue Seminaristen aufgenommen.[357] Dies entspricht einer leicht steigenden Tendenz.[358]

Die Seminaristen verbleiben nach ihrer Priesterweihe in den Reihen der Priesterbruderschaft und werden anschließend in verschiedene Priorate der Gemeinschaft geschickt. Dort leben die Priester mit anderen Priester zusammen, die die starke gegenseitige Kontrolle in der Gemeinschaft aufrechterhalten. Der Austritt aus diesem engen Geflecht psychischer Abhängigkeiten und sozialer Kontrolle wird nicht nur dadurch erschwert, dass alle anderen Gemeinschaften, selbst traditionalistische Teile der Katholischen Kirche, als abtrünnig betrachtet werden, sondern auch durch eine völlige materielle Abhängigkeit von der Gemeinschaft. Die Priester der Piusbruderschaft sind keine Angestellten der Katholischen Kirche und gelten dem Vatikan bis heute zwar als gültig, aber nicht als rechtmäßig geweiht. Das gesamte Leben der Mitglieder der Priesterbruderschaft wird von der Priesterbruderschaft selbst finanziert. Wer diese verlässt, steht ohne jegliche finanzielle Basis und ohne Berufsausbildung da. Neben dem engen sozialen Netz ist die finanzielle Abhängigkeit von der Gemeinschaft ein weiterer Grund, warum es für Priester fast unmöglich ist, die Gemeinschaft zu verlassen.

Das zweite wesentliche Ziel der schulischen und außerschulischen Erziehung ist es, die Jugendlichen so stark mit dem der Piusbruderschaft eigenen Verständnis des Katholizismus zu beeinflussen und sie so weit von der Außenwelt abzuschotten, dass sie auch über ihre Jugend hinaus der Piusbruderschaft treu bleiben und neue »echt katholische Familien« bilden, deren Kinder in der Folge wieder im Geist der Piusbruderschaft aufwachsen sollen und in der nächsten Generation den Weg einer Priesterschaft einschlagen können. Jugendliche aus solchen Familien gaben in Gesprächen im Zuge der Feldforschung für dieses Buch an, sich kaum enge Freundschaften mit Menschen außerhalb der Piusbru-

---

357 Vgl. https://www.domradio.de/themen/glaube/2020-10-14/neue-seminaristen-priesterseminar-der-piusbrueder-nimmt-elf-maenner-auf (27. 11. 2021).

358 Vgl. ebd.

derschaft vorstellen zu können, da diese ja nicht »dieselben Werte« teilten. Ziel der engmaschigen Betreuung von Jugendlichen durch Internatsschulen und eigene Jugend- und Pfadfinderorganisationen ist es, ein Leben ganz unter der Kontrolle der Piusbruderschaft zu ermöglichen. Zwar haben die Jugendlichen dann später im Arbeitsleben Kontakt zu Außenstehenden, bis dahin sollen sie aber so weit gefestigt sein, dass sie nicht mehr abtrünnig werden.

Ein zentrales Instrument dafür ist die Kontrolle der Sexualität, die erst in einer »katholischen Ehe« vollzogen werden soll. Frauen heiraten deshalb oft auch vergleichsweise früh und scheinen tendenziell überdurchschnittlich viele Kinder zu haben. Bei Besuchen der Gottesdienste der Piusbruderschaft sind oft Familien mit vier und mehr Kindern zu sehen.

Die Bedeutung, die die Piusbruderschaft der Erziehung der Kinder in ihrem Sinne beimisst, wurde etwa in der bereits erwähnten Predigt des Priesters der Piusbruderschaft am 10. Oktober 2021 in deren Messzentrum in Steyr deutlich. Der dortige Priester sprach lange von der überragenden Bedeutung der religiösen Erziehung und davon, wie die Kinder und Jugendlichen vor dem Bösen der Welt zu bewahren seien.

Tatsächlich funktioniert diese Taktik bei einigen AnhängerInnen. Die Anhängerschaft der Piusbruderschaft ist ein sehr eng geflochtenes Netzwerk aus Familien, die insgesamt wenig intensive Außenkontakte haben. Der Aufbau intensiver Freundschaften mit NichtkatholikInnen oder MainstreamkatholikInnen wird durch häuslichen Unterricht und die geschlossenen Systeme der Internatsschulen gezielt behindert. Das Alltagsleben in Familien, die der Piusbruderschaft nahestehen, ist von permanenten religiösen Handlungen, regelmäßigen Kontakten innerhalb der eigenen Gemeinschaft und Abschottung nach außen geprägt. Wer aus einer dermaßen geschlossenen Welt im Berufsleben auf eine völlig andere Außenwelt trifft, wird große Schwierigkeiten haben, sich in einer pluralistischen und komplexen Welt zurechtzufinden. Manche junge Menschen, die die enge und in sich geschlossene Umgebung der Piusbruderschaft für einige Zeit fliehen und sogar Beziehungen mit Menschen anderer religiöser und weltanschaulicher Überzeugungen eingehen, kehren in Krisensituationen, wie bei Beendigung einer Beziehung oder beruflichen Schwierigkeiten, wieder in die Gemeinschaft zurück.

Die Piusbruderschaft hat keinen Einfluss auf das Regelschulwesen. Allerdings stellt ihre Bildungs- und Jugendarbeit ein geschlossenes System dar, das ihren eigenen Kindern kaum mehr Möglichkeiten lässt, aus dieser geschlossenen Welt zu entfliehen.

Bildungsstrategien des katholischen Traditionalismus

Auch in anderen Strömungen des katholischen Traditionalismus zeigen sich ähnliche Problematiken, wenn auch teilweise in unterschiedlichem Ausmaß. So gibt es etwa im deutschsprachigen Raum keine sedisvakantistischen Schulen. Sedisvakantistische Gruppen tendieren dazu, ihre Kindern ausschließlich in häuslicher Umgebung zu unterrichten. Die grundsätzliche Problematik von Abschottungstendenzen gegenüber der Gesamtgesellschaft, die hier anhand der Piusbruderschaft detailliert aufgezeigt wurde, existiert jedoch auch in vielen anderen Gruppierungen der Szene.

So vielfältig die Szene des katholischen Traditionalismus ist, so unterschiedlich sind im Detail ihre Bildungsstrategien. Nicht alle im Folgenden erwähnten Strategien und Methoden kommen bei allen Gemeinschaften und Gruppen vor beziehungsweise gleichermaßen vor. Es gibt in der Szene Gruppierungen, die eher versuchen, auf die Politik Einfluss zu nehmen, während andere Gruppierungen sich eher von Politik abschotten. Es existieren eher missionarische Gemeinschaften und eher in sich geschlossene Gruppierungen, deren Bildungsarbeit sich stark nach innen richtet und primär darauf abzielt, die Kinder der eigenen Anhängerschaft entsprechend »rechtzuleiten«. Erstere sind tendenziell die ideologisch gemäßigteren im Übergangsbereich von rechtskonservativen Kreisen zum Extremismus, Letztere die extremistischeren.

Von den organisierten traditionalistischen Gemeinschaften gibt es derzeit noch keine organisierten Bestrebungen, das Regelschulwesen zu beeinflussen. Deren Bildungsstrategien zielen vielmehr darauf ab, den Nachwuchs in der eigenen Gemeinschaft von Außeneinflüssen abzuschotten und in der eigenen religiösen und ideologischen Weltanschauung zu erziehen.

Grundsätzlich geht es allerdings vielen dieser Gemeinschaften um Gemeinschaftsbildung und darum, sich gegenüber einer als feindlich wahrgenommenen Außenwelt abzuschließen. Um diese Abschottung nach außen und die Gemeinschaftsbildung nach innen zu erreichen, wird die Welt in einem strikt manichäischen Weltbild in eine gute Innen- und böse Außenwelt eingeteilt. Letztere wird als satanisch wahrgenommen und vermittelt. Die jeweils eigene Lehre wird als alleinige Wahrheit vermittelt, die infrage zu stellen mit massivsten Konsequenzen, bis hin zum Kontaktabbruch (auch mit der eigenen Familie), geahndet wird.

Dabei beruft man sich auf eine »göttliche« und eine von Gott geschaffene »natürliche« Ordnung, an die insbesondere in Zusammenhang mit Geschlechterverhältnissen appelliert wird. »Natürliche« Mütterlichkeit ist in diesem Weltbild mit »Karriere« nicht vereinbar. Es gibt eine klare Rollentrennung zwischen Mann und Frau: Kinder sollen zu »echten« Frauen und »echten« Männern erzogen werden. Homosexualität widerspricht der von Gott eingerichteten »natürlichen Ordnung«.

Allerdings wird nicht nur Homosexualität als »wider die natürliche und göttliche Ordnung« bekämpft, sondern generell ein körper- und sexualitätsfeindliches Selbstbild gegenüber Kindern und Jugendlichen vermittelt. Neben Homosexualität richtet sich dieses auch gegen jede andere Form der vor- oder außerehelichen Sexualität. In diesem Kontext wird jegliche schulische und außerschulische Sexualpädagogik abgelehnt. Sexualaufklärung soll nur von den Eltern im Einklang mit den religiösen Moralvorstellungen geleistet werden, was darauf hinausläuft, voreheliche Sexualität zu unterdrücken und innerhalb der Ehe ausschließlich heterosexuellen Vaginalverkehr zur Zeugung von Kindern zu erlauben. Dementsprechend werden sämtliche Verhütungsmittel abgelehnt. Diese Beschränkung der Sexualität zur Reproduktion zielt auch darauf ab, innerhalb der eigenen Gemeinschaft möglichst kinderreiche Familien und damit ein »natürliches« Wachstum derselben sicherzustellen. Die Sexualmoral dieser Gruppierungen dient damit dem Erhalt beziehungsweise Wachstum der eigenen Gruppierung.

Diesem Ziel dient auch die Jugendarbeit. Jugendliche sollen in Jugendgruppen unter ihresgleichen zusammenbleiben und später auch untereinander heiraten und »christliche Familien« bilden. Je umfassender das eigene Angebot hier ist, desto stärker ist eine Abschottung gegenüber anderen Freizeitbereichen und damit Kontakten nach außen möglich, die eine Infragestellung des vermittelten manichäischen Weltbildes befördern könnten.

Um diese Abschottung umfassend einzuleiten, werden Regelschulen häufig abgelehnt. Argumentiert wird damit, dass dort keine »christlichen Werte« vermittelt würden. Neben der angefeindeten Sexualaufklärung gilt etwa die Vermittlung der Evolutionstheorie als problematisch.

Vermittelt wird den Kindern und Jugendlichen dabei nicht nur ein christlich-fundamentalistisches Welt- und Geschichtsbild, sondern auch das Gefühl, einer auserwählten Elite anzugehören: Die eigene Gemeinschaft wird als einzig wahre betrachtet, Kinder und Jugendliche werden angeleitet, eine Elite bei der angestrebten Erneuerung der Gesellschaft zu bilden. Letzteres ist allerdings stärker bei weniger extremistischen, »nur« rechtskonservativen Strömungen zu bemerken, die noch stärker in die Gesellschaft hineinwirken wollen. Extrem abgeschlossene Gemeinschaften lehnen den gewissermaßen entristischen Zugang der »nur« rechtskonservativen Gruppen wie beispielsweise Opus Dei ab. Sie versuchen nicht, den Staat und die offizielle Kirche zu verändern, sondern wollen sich stärker in genereller Opposition zu Staat und Gesellschaft positionieren. Der formale Bildungsgrad der stärker extremistischen Gruppierungen ist damit oft geringer als jener von im Randbereich des Extremismus angesiedelten rechtskonservativen Gruppierungen.

Bei all diesen Gruppierungen wird Kindern und Jugendlichen eine Ablehnung der säkularen Moderne, ein strikter Antiliberalismus, Antikommunismus und Antisozialismus vermittelt. Auch andere Religionen, insbesondere der Islam, werden als feindlich vermittelt.

Physische Gewalt wird als Methode der Kindererziehung akzeptiert, zumindest nicht völlig abgelehnt. Sie wird aufgrund möglicher rechtlicher Konsequenzen nur nicht empfohlen. Psychische Gewalt ist in all diesen Erziehungssystemen allgegenwärtig. Schließlich wird mit der permanenten Angst vor Höllenqualen als Bestrafung für »Sünden« und mit einer feindlich gesinnten Umwelt gearbeitet. In vielen Gruppierungen ist diese mit einer expliziten oder impliziten Erwartung der Apokalypse, also des nahenden Weltendes, verbunden.

Um die Reproduktion, das Wachstum und die Kohäsion der eigenen Gemeinschaft zu garantieren, ist eine Infragestellung der religiösen und ideologischen Überzeugung in den eigenen Reihen unbedingt zu verhindern. Problematisch ist dies weniger für das Regelschulwesen an sich als für die Kinder und Jugendlichen, die in diesen Gemeinschaften aufwachsen.

Epilog

Im April 2022 stehe ich an einem Kreisverkehr am Rande der andalusischen Kleinstadt Utrera, habe mich vor einem »Dia Maxi«-Supermarkt postiert, um Autos anzuhalten. Nach Palmar de Troya gibt es nämlich keinerlei öffentliche Verkehrsmittel, und Auto hätte ich allein schon deshalb keines ausleihen können, weil mir einige Tage zuvor in Wien meine Geldbörse mit allen Ausweisen geklaut worden war.

Eineinhalb Jahre nach dem ersten Besuch einer traditionalistischen Messe der Piusbrüder befinde ich mich nun auf dem Weg in den »Vatikan« der Palmarianisch-Katholische Kirche. Hier, in einer ländlichen Hügellandschaft, in der Weil und Obst angebaut wird, hatte Clemente Domínguez y Gómez 1970 den Orden der Karmeliten vom Heiligen Antlitz gegründet und den Grundstein für seine Version des katholischen Katholizismus gelegt. Clemente Domínguez y Gómez, der sich 1978, nach dem Tod von Papst Paul VI., von seinen Anhängern als Papst Gregor XVII. inthronisieren ließ, ist der einzige einer Vielzahl von traditionalistischen Gegenpäpsten des 20. und 21. Jahrhunderts, der auch einen Nachfolger gefunden hatte und dessen Kirche bis heute Bestand hat.

Zum Abschluss meiner Reise durch den katholischen Traditionalismus, will ich auch noch diese Kirche kennenlernen, jene »Traditionalisten«, die wohl die bizarrste Form des katholischen Traditionalismus angenommen haben. Die Priester und Bischöfe der Palmarianisch-Katholischen Kirche behaupten zwar, die ursprüngliche und traditionelle Kirche zu sein, haben sich mit ihrem Ritus und ihrer Theologie jedoch längst auch aus dem katholischen Traditionalismus entfernt. Papst Gregor XVII. hat sogar etwas gewagt, was vor ihm kein anderer Kirchenführer in Betracht gezogen hatte: Der Papst hat schlicht und einfach die Bibel umgeschrieben und behauptet, sie sei damit von Verfälschungen befreit, da er seine Korrekturen direkt von Gott erhalten habe.

Es ist nicht gerade einfach, an die Palmarianisch-Katholische Kirche heranzukommen. Seit Beginn meiner Forschungen tauschte ich mit ihrem Missionsbischof in Österreich, Padre Valerio, per WhatsApp Nachrichten aus. Er erzählte mir dabei zwar ein wenig über die drei Hauskapellen in Österreich, weigerte sich aber, mich zu treffen oder mich an einem der Gottesdienste teilnehmen zu lassen. Die »blaue Bibel« wird geheim gehalten und die weltweit etwa 10 000 Mitglieder der Kirche wurden von ihrem Papst angehalten, keinerlei über das beruflich notwendige Mindestmaß hinausgehende Kontakte zu Außenstehenden zu unterhalten. Freundschaften mit Andersgläubigen sind verboten.

Nun versuche ich mein Glück bei ihrem »Vatikan«, in der Zentrale ihrer Kirche, die auch Sitz ihres Papstes, ihres Priesterseminars sowie eines Männer- und eines Frauenklosters ist. Ihr von einer vier Meter hohen Betonmauer umgebener »Vatikan« darf für Nichtmitglieder ihrer Kirche nur nach Voranmeldung kurz vor und während der täglichen Messe betreten werden, und das ausschließlich während der Woche. An Wochenenden ist das gesamte Gelände den Gläubigen und ihren Priestern vorbehalten. Ich hatte mich angemeldet und erhielt sogleich einen Hinweis auf ihre strengen Kleidungsvorschriften: Frauen dürfen nur mit Kopftuch, Männer nur ohne Kopfbedeckung das Gelände betreten. Turnschuhe, Jeans oder Pullover mit Aufdrucken sind verboten. Kurze Hosen oder kurzärmlige Hemden ebenso. Frauen dürfen nur in langen und hochgeschlossenen Kleidern erscheinen.

Ein Bauer nimmt mich nach einiger Zeit des Wartens vor dem Supermarkt in seinem Auto mit. Nach einer für meine Spanischkenntnisse viel zu schnellen Unterhaltung lässt er mich im Dorf aussteigen. Ich bin Stunden vor meinem abgemachten Termin im Dorf. Das ist gut so, denn ich will ohnehin auch mit den DorfbewohnerInnen reden.

Palmar del Troya ist klein, aber es gibt wohl kaum ein andalusisches Dorf, in dem es nicht trotzdem eine Dorfbar gibt, in der zumindest Bier getrunken werden kann. Hier gibt es gleich drei davon. Eine hat bereits geöffnet und die trinkfestesten Männer des Ortes stehen schon zu Mittag vor großen Ein-Liter-Bierflaschen zusammen. Während ich mir auch ein Bier bestelle, unterhalte ich mich etwas mit den Männern. Nach ein paar freundlichen Floskeln fragen sie mich, was ich denn hier wolle. Als ich ihnen von der Absicht, die Kirche anzuschauen, berichte, werde ich erst einmal gemustert. So, darüber sind sie sich einig, käme ich unter keinen Umständen rein. Meine Hose, die zur Aufbewahrung von Geldtasche und Reisepass über einige Taschen verfügt, missfällt den Herren. Damit sei eine Abweisung durch die Padres vorprogrammiert. Gut zu wissen. Für diesen Fall hatte ich vorsorglich in meinem Rucksack noch eine zweite Hose, eine schöne weiße Leinenhose, an der wohl nichts auszusetzen sein konnte, eingepackt. Lediglich die dafür nötige Umkleidegelegenheit könnte noch eine Herausforderung darstellen.

Ob die Bevölkerung im Dorf denn zu den Padres in die Kirche gehe oder in die kleine, etwas hässliche Römisch-Katholische Dorfkirche im Zentrum, frage ich nun in die Runde. »Das ist unterschiedlich«, meint einer der Jüngeren, »die einen gehen dorthin, die anderen dahin.« Man ist sich einig, dass das Dorf in dieser Frage etwas gespalten sei. Eine Hälfte gehöre der Palmarianisch-Katholischen Kirche an, die andere der Römisch-Katholischen. Die dort drüben seien halt ein etwas seltsamer Orden. Vermutlich bin ich in der Dorfbar nicht auf die Palmarianisch-Katholische Fraktion gestoßen.

Als ich mich dann mit meinem Bier vor die Bar in die Sonne setze, gesellt sich nach einigen Minuten ein verwahrlost wirkender, hinkender Mann zu mir. Sein Lallen hat immerhin den Vorteil, die Sprechgeschwindigkeit zu verlangsamen, was es für mich verständlicher macht als das High-Speed-Spanisch, das sonst in Andalusien zu hören ist und bei dem jede zweite Silbe verschluckt wird. Antonio, wie er sich nennt, erzählt mir, sein wohlhabender Onkel habe sein ganzes Geld diesem Kloster der Palmarianisch-Katholischen Kirche gespendet, sodass ihm nichts mehr geblieben sei. Ob die Geschichte so stimmt oder nicht, ein Bier hat er sich damit verdient. Ein bisschen stolz ist er trotz seines Onkels, dass es in Palmar del Troya einen eigenen »Vaticano« gibt. Das kann ja nicht jedes andalusische Dorf für sich beanspruchen.

Um nicht angetrunken im »Vaticano« aufzukreuzen, muss ich meinen Bierkonsum einschränken und so spaziere noch ein paar

Runden durchs Dorf. Mittlerweile hat eine weitere Bar geöffnet. Hier lasse ich es bei einem Kaffee bewenden. Auch hier erzählen mir die Leute, dass es im Dorf verschiedene Meinungen zu den Padres gebe. Doch irgendwie ist man dennoch stolz, dass hier 1968 Maria erschienen sein soll und sie immerhin einen Papst im Dorf hätten.

Nun gilt es, ungesehen die Hose zu wechseln. Zum Glück finde ich bereits kurz nach dem Ortsausgang eine verlassene alte Finca, in der ich mich umziehen kann, und so stehe ich eine halbe Stunde später herausgeputzt vor den Betonmauern des »Vaticano«. Die Kirchtürme ragen über die Mauern hinaus, ansonsten ist von außen nichts zu erkennen. Lediglich ein Kreuz rechts neben dem Eingang markiert den religiösen Ort. Hier, vor dem *cruz blanca*, dem weißen Kreuz, versammeln sich jedoch nicht die AnhängerInnen der Palmarianisch-Katholischen Kirche, sondern jene der Marienerscheinungen von Palmar del Troya. Zwar waren sie nicht bereit, Clemente Domínguez y Gómez zu folgen, doch hielten sie die von der Römisch-Katholischen Kirche nicht anerkannten Marienerscheinungen für authentisch und verehrten den Ort als heilig. Diese Gruppe, zu der auch einige der ursprünglichen Seherinnen gehören, steht am traditionalistischen Rand der Römisch-Katholischen Kirche und setzt sich zumindest teilweise aus SedisvakantistInnen zusammen. Sie erhebt aber für sich den Anspruch, weiterhin der Römisch-Katholischen Kirche anzugehören.[359]

Im Vergleich zum prächtigen, aber hinter hohen Betonmauern verborgenen Vatikan der Palmarianisch-Katholischen Kirche ist die kleine Gebetsstätte sowohl zugänglicher als auch bescheidener. Am schweren Eisentor direkt neben dem *cruz blanca* steht ein freundlicher, zugleich distanzierter Schweizer gemeinsam mit seinem halbwüchsigen Sohn Wache. Es sei ihm zwar mitgeteilt worden, dass ich kommen würde, er müsse aber noch eine Erlaubnis einholen, ehe er mich eintreten lassen könne. Ich stehe also vor dem geschlossenen Tor, während der Schweizer mehrmals telefoniert. Es dauert fast eine halbe Stunde, bis ich eingelassen werde. Nun wird mir gestattet, ein Foto von der Kirche zu machen. Drinnen herrsche dann striktes Fotoverbot.

---

359 Vgl. http://www.cruzblancapalmar.es/6ingles.html (29.4.2022).

Eine kurze Straße führt zwischen Palmen zur Kirche. Links und rechts stehen Statuen von Jesus, Maria und Papst Gregor XVII., der auf einem hohen Sockel überlebensgroß mit Tiara abgebildet ist.

Vor dem Kirchentor empfängt mich ein Bischof der Kirche. Auch er ist Schweizer und erklärt mir, dass er gewissermaßen für meine Betreuung vor Ort zuständig sei und mir die Kirche zeigen werde, bevor das Gebet beginnt. Seit 37 Jahren sei er hier Priester und die Kirche sei erst vor Kurzem gebaut worden. Sie sei immer noch nicht ganz fertig, aber, so seine Worte: »Das Wunderbare ist, dass das alles zur Ehre Gottes geschieht!« Hier sei vorher nichts gewesen, nur Felder und Wiesen. Er führt mich sogleich zum prunkvollen Hauptaltar der Kirche. Hier, führt er aus, genau beim Altar, sei die Mutter Gottes 1968 mehreren Kindern erschienen.

Diese von der Römisch-Katholischen Kirche nie anerkannten Marienerscheinungen bilden tatsächlich den Ausgangspunkt der hier entstandenen Gemeinschaft. 1969 besuchte dann Clemente Domínguez y Gómez den Ort und behauptete, eine göttliche Vision gehabt zu haben. In der Folge sollen mehrere Wunder geschehen sein, darunter Stigmatisierungen von Clemente Domínguez, bei denen sich dann allerdings herausstellte, dass das angeblich vergossene Blut nicht dieselbe Blutgruppe hatte, wie jenes des späteren Papstes der Palmarianisch-Katholischen Kirche. 1975 wurde Clemente Domínguez y Gómez vom emeritierten Erzbischof von Huế, Pierre Martin Ngô Đình Thục, einem Traditionalisten, auf den mehrere aus Sicht der Amtskirche illegal geweihte Bischöfe zurückgehen, zum Priester und gleich danach zum Bischof geweiht. Thục sah dies zwar bald als Fehler und brach, spätestens nachdem Clemente Domínguez y Gómez sich zum Papst ernennen ließ, den Kontakt zu den Palmariern ab. Eine solche illegale Bischofsweihe ist allerdings deshalb nicht ungültig, da durch die Weihe durch einen Bischof gemäß Römisch-Katholischer Anschauung die apostolische Sukzession hergestellt ist. Darauf berufen sich bis heute die Bischöfe der Palmarianisch-Katholischen Kirche.

Das Innere der Kirche ist mit einer Vielzahl von vergoldeten Nebenaltären prächtig ausgestattet. Mein bischöflicher Begleiter zeigt mir die Heiligenfiguren und testet mich ein wenig aus. Da ich immerhin Don Bosco und den Heiligen Franziskus erkenne, gelte ich in seinen Augen wohl doch als halbwegs katholisch gebildet. Dass ich den Schweizer Nationalheiligen, Nikolaus von der Flüe, nicht erkenne, gibt aber definitiv wieder einen Minuspunkt. Die Fresken auf der Decke zeigen mir unbekannte Heilige. Auf meine Frage hin, wer sie seien, erklärt mir der Bischof: »Das sind alles unsere Heiligen, die in den letzten Jahren verstorben sind. Das sind alles Heilige der Palmarianisch-Katholischen Kirche.«

Die Palmarianisch-Katholische Kirche ist ohnehin relativ großzügig, was Heiligsprechungen betrifft. Zu den Heiligen der Kirche gehören unter anderem auch Christoph Kolumbus, der langjährige faschistische Diktator Francisco Franco und dessen rechte Hand, der eigentlich designierte Nachfolger Luis Carrero Blanco, der dann allerdings 1973 noch vor Francos Tod von der ETA ins Jenseits befördert worden war. Als ich ›meinen‹ Bischof frage, ob es denn stimme, dass Franco bei ihnen als Heiliger verehrt werde, sieht er mich ganz verzückt an und meint: »Ja, der heilige Franco verteidigte die Katholische Kirche und das katholische Spanien. Deshalb verehren wir ihn als Heiligen!«

Mein Begleiter erklärt mir weiter, dass sie sich hier an den »alten Kalender« hielten und alles genau so machten, wie es der alten Konvention in der Katholischen Kirche entspreche. Dies ist nun allerdings eine glatte Lüge. Nicht nur die Bibel wurde umgeschrieben, sondern auch viele Glaubensinhalte und Riten verändert. Teilweise beruft sich die Palmarianisch-Katholische Kirche dabei auf die Botschaften der SeherInnen der Marienerscheinungen von Palmar de Troya, allerdings auch auf die Privatoffenbarungen ihres ersten Papstes und der im 17. Jahrhundert lebenden Äbtissin des Konzeptionistinnenkonvents in der spanischen Ortschaft Ágreda, María von Ágreda, die natürlich auch als Heilige verehrt wird. Auch die Geschichte mit dem Kalender stimmt nicht. Zunächst frage ich meinen Begleiter, ob sie etwa noch den julianischen Kalender benützten und nicht den von Papst Gregor XIII. 1582 reformierten gregorianischen Kalender. Der Bischof scheint meine Frage aber nicht einmal zu verstehen. Nein, es sei immer so gewesen, dass Ostern im März gefeiert werde, und so würden sie es auch jedes Jahr machen.

Diese Idee ist natürlich Unfug. Das Osterdatum richtet sich immer, wie das jüdische Pessachfest, nach dem ersten Frühlingsvollmond und ist damit ein zeitlich variabler Feiertag. Je nach Kalender fällt das Datum allerdings nicht in allen Kirchen auf den jeweils gleichen Sonntag. Während Römisch-Katholische Christen, diverse protestantische Konfessionen und die Assyrische Kirche in Mesopotamien zur gleichen Zeit Ostern feiern, fällt das Osterwochenende in den meisten orthodoxen Kirchen aufgrund des neujulianischen Kalenders auf ein anderes Wochenende. Keine andere christliche Kirche hatte jemals ein feststehendes Osterdatum, das sich nicht nach dem Frühlingsvollmond richtete.

Tatsächlich war es erst der Palmarianisch-Katholische Papst Gregor XVIII., der festlegte, dass der Karfreitag immer am 25. März stattzufinden habe – unabhängig vom Wochentag. Die Palmarianisch-Katholische Kirche folgt dieser Regelung also erst seit 2012,[360] nicht in althergebrachter Tradition, wie es mir der Bischof weismachen will.

Dem Bischof, der meinen Besuch betreut, scheine ich sympathisch zu sein. Jedenfalls erwirkt er für mich ausnahmsweise die Erlaubnis, ein Foto vom Hochaltar zu machen. Nur dürfe ich keine Leute fotografieren, meint er.

Schließlich beginnt die Messe oder das, was ›mein‹ Bischof als ›Messzyklus‹ bezeichnet. Zu den vielen Neuerungen, die die Palmarianisch-Katholische Kirche in ihrem Anspruch, die ›ursprüngliche‹ und ›einzig wahre‹ katholische Kirche zu sein, im Gegensatz zur nachkonziliaren Römisch-Katholischen Kirche eingeführt hatte, zählt auch eine völlige Umgestaltung der Heiligen Messe beziehungsweise ihre Reduktion auf die Wandlung, also die Verwandlung von Brot und Wein in Leib und Blut Christi. Eine Palmarianisch-Katholische Messe benötigt keine Predigt, keine Lesung, keine Fürbitten oder gar einen Friedensgruß. Dafür wird diese auf etwa sieben Minuten reduzierte Messe zwölfmal hintereinander wiederholt. Ein Messzyklus stellt gewissermaßen die Heilige Messe in Fließbandarbeit dar. Je mehr Messen gelesen werden, so das Denken der Palmarianer, desto gottgefälliger. So ist es bes-

360 Lundberg, 2017: 156.

ser, in etwa eineinhalb Stunden zwölf Messen abzuspulen anstatt nur einer.

Als ungeübter Ungläubiger ist die Herausforderung dabei, dass die Gläubigen während der zwölf Messen durchgehend knien und nur einmal pro Messe ganz kurz aufstehen. Spätestens nach der vierten Messe fange ich an mitzuzählen, nach der zehnten frage ich mich, ob meine Kniescheiben eigentlich noch in Ordnung sind.

Die Messen selbst finden nur im Altarraum statt. Mehrere Priester gemeinsam leisten dort harte Arbeit, während die Gläubigen, streng nach Geschlechtern getrennt, den Rosenkranz in palmarianischer Version beten. In Richtung Altar beten die Männer links und die Frauen mit ihren gestickten Kopftüchern rechts. Beide Geschlechter haben Tafeln mit einer Kopie des ›Antlitzes Christi‹ (La Santa Faz), einem Abbild des Turiner Grabtuches, und den heiligen Herzen Christi und Mariä über ihrer Brust hängen. Beides spielt in der palmarianischen Frömmigkeit eine zentrale Rolle. ›La Santa Faz‹ schmückt neben einer Mariendarstellung auch den Hauptaltar.

Weiter vorne auf der Frauenseite trennt ein weitgehend undurchsichtiges Holzgeflecht die Nonnen der ›Karmeliterinnen vom Heiligen Antlitz‹, dem Frauenorden der Palmariansich-Katholischen Kirche, von den anderen Gläubigen. Nur dann und wann sieht man deren weinrote Schleider durchscheinen.

Nach dem Ende der Messen wird weiter gebetet. Immerhin kann ich mich jetzt endlich hinsetzen. Zum Abschied spricht mir der Bischof noch einmal eindringlich zu, dass die Palmarianisch-Katholische Kirche die einzig wahre Kirche sei und ich mich melden solle, wenn ich das auch erkennen würde. Schließlich drückt er mir noch eine Broschüre auf Deutsch in die Hand. Danach werden die Tore des ›Vaticano‹ geöffnet und ich kann diesen Ort wieder verlassen.

Die Abenddämmerung zieht bereits herauf, als ich auf der menschenleeren Landstraße am Dorf vorbei in Richtung der Stadt spaziere. Erste Autos tauchen auf, also versuche ich wieder zu stoppen. Allerdings bleibt diesmal niemand stehen. Über zwei Stunden Fußmarsch lägen vor mir, würde ich die gesamte Strecke zu Fuß zurücklegen. Während ich so durch die wolkenverhangene

Frühlingslandschaft Andalusiens spaziere, denke ich über das Erlebte nach.

Die Palmarianisch-Katholische Kirche ist eine der extremen Ausformungen des katholischen Traditionalismus. Mit ihrem eigenen Papst, einer umgeschriebenen Bibel und einer Reihe von liturgischen Änderungen steht sie innerhalb des katholischen Traditionalismus gewissermaßen am anderen Ende des Spektrums jener Gruppierungen, die sich um eine Aussöhnung mit der Römisch-Katholischen Kirche bemühen.

Bei allen Differenzen einen die verschiedenen Gruppierungen nicht nur ähnliche Feindbilder und Erklärungsmuster für den attestierten Verfall der Kirche, sondern auch ähnliche Methoden der Abschließung und Isolation. Insbesondere der eigene Nachwuchs muss von der Welt ferngehalten werden und wächst dergestalt unter weitgehend totalitärer Kontrolle von Elternhaus und religiöser Gemeinschaft auf.

So sehr sie sich auch nach einem Zurück ins 19. Jahrhundert sehnen, sind diese Gemeinschaften aber auch ein Aspekt der Moderne. Die Feinde der Religionsfreiheit profitieren letztlich von eben dieser Religionsfreiheit. Nur die Tatsache, dass die offizielle Römisch-Katholische Kirche heute keine Einheit mehr mit einem autoritär agierenden Staat bildet, ermöglicht es devianten Gruppierungen, sich ihre eigenen Lebens- und Glaubensnischen zu schaffen. Die Kongregation für die Glaubenslehre (= *doctrina fidei*) der Römisch-Katholischen Kirche hat heute eben nicht mehr die Möglichkeiten, die die Inquisition zwischen dem 13. Jahrhundert und dem Ende des 18. Jahrhunderts hatte, um vermeintliche Häretiker zu verfolgen. Davon profitieren auch die verschiedenen Gruppierungen des katholischen Traditionalismus.

Zur vom katholischen Traditionalismus bekämpften Religionsfreiheit gehört eben auch die Religionsfreiheit für kleinere und extremere Gruppierungen, die eine religiös pluralistische Gesellschaft bis zu einem bestimmten Grad zwar nicht lieben, wohl aber aushalten muss. Zugleich ist diese Religionsfreiheit nicht nur ein Recht von religiösen Gemeinschaften, sondern auch individuelles Recht des/der Einzelnen, sich für oder auch gegen eine Religion zu entscheiden. Sie ist also auch negative Religionsfreiheit. Und hier gibt es nun zweifelsohne einen gewissen Konflikt, wenn es um die Erziehung von Kindern geht.

Ist es auch Teil der Religionsfreiheit, dass deren Feinde ihre Kinder in einer sehr geschlossenen Welt indoktrinieren können, damit diese ihr individuelles Recht auf Religionsfreiheit nicht wahrnehmen können oder wollen? Auf diese Frage gibt es in einer auf Religionsfreiheit basierenden Gesellschaft keine abschließende generelle Antwort, sondern am Ende wohl nur ein beständiges Ringen um die Grenzen der einen und der anderen Religionsfreiheit, also der Freiheit des religiösen Kollektivs und der Freiheit des/der Einzelnen.

Diese Frage stellt sich allerdings nicht nur bei Religionsgemeinschaften, die in diesem Zusammenhang immer wieder im Mittelpunkt der öffentlichen Diskussion stehen. Sie stellt sich nicht nur bei erzreaktionären Muslimen, die ihre Töchter nicht am Schwimmunterricht teilnehmen lassen, sondern eben auch bei Angehörigen der Palmarianisch-Katholischen Kirche, denen in Liechtenstein eben dieses Recht auf Verweigerung des Schwimmunterrichts auch zugestanden wird, Mitgliedern der Piusbruderschaft, die ihre Kinder in geschlechtlich segregierte religiöse Internatsschulen schicken, oder Sedisvakantisten, die ihre Kinder mittels Homeschooling vor der Evolutionstheorie und aller anderen ›Unbill der Moderne‹ fernhalten.

Die Frage des Umgangs unserer pluralistischen Gesellschaften und säkularen Staaten mit fundamentalistischen religiösen Randgruppen stellt sich religionsübergreifend und bedarf einer gesamtgesellschaftlichen Debatte. Wenn sich einzelne dieser Gruppierungen auch in diese Debatte einbrächten, wäre damit bereits ein erster Schritt zur Anerkennung der Realität dieses religiösen und weltanschaulichen Pluralismus gesetzt.

Bibliografie

Alexander, Helmut. 1999: Kirchen und Religionsgemeinschaften in Tirol. In: Gehler, Michael (Hg.): Tirol. »Land im Gebirge« zwischen Tradition und Moderne. Wien/Köln/Weimar: Böhlau, 479–485.

Boberski, Heiner. 1993: Das Engelwerk. Theorie und Praxis des Opus Angelorum. Salzburg: Otto Müller Verlag.

Cessman, Stuart. 2022: Faith of Our Fathers. A Brief History of Catholic Traditionalism in the United States. From Triumph to Traditionis Custodes. New York: Angelico Press.

Chryssides, George D. 2012: Historical Dictionary of New Religious Movements. Second Edition. Lanham et al.: The Scarecror Press.

Crétineau-Joly, Jacques. 1859: L'Eglise romaine en face de la Révolution. Tome Second. Paris: Typographie de Henri Plon.

Cueno, Michael W. 1999: The smoke of Satan. Conservative and Traditionalist Dissent in Contemporary American Catholicism. Baltimore/London: The Johns Hopkins University Press.

Damberg, Wilhelm. 2009: »Die Priesterbruderschaft St. Pius X. (FSSPX) und ihr politisch-geistesgeschichtlicher Hintergrund«, in: Hünermann, Peter (Hg.): Exkommunikation oder Kommunikation? Der Weg der Kirche nach dem II. Vatikanum und die Pius-Brüder. Freiburg im Breisgau: Herder.

Dinges, William. 1995: »›We are what you were‹: Roman Catholic traditionalism in the USA«, in: Weaver, Mary Jo/Appleby, R. Scott (Hg.): Being Right. Conservative Catholics in America. Bloomington/Indianapolis: Indiana University Press, 241–269.

Eggenberger, Oswald. 1978: Die Kirchen, Sondergruppen und religiösen Vereinigungen: ein Handbuch. Zürich: Theologische Verlag Zürich.

Engström, Maria. 2015: »›Orthodoxy or death!‹ Political Orthodoxy in Russia«, in: Simons, Greg/Westerlund, David (Hg.): Religion, Politics and Nation-Building in Post-Communist Countries. Burlington: Ashgate, 65–74.

Falter, Matthias. 2022: »Immer noch Antisemiten? Katholischer Antisemitismus in Österreich nach 1945«, in: Hainzl, Christina/Grimm, Marc (Hg.): Antisemitismus in Österreich nach 1945. Berlin/Leipzig: Hentrich & Hentrich, 183–198.

Fürlinger, Ernst. 2009: »Der Rückschlag im interreligiösen Dialog unter Benedikt XVI. und die Piusbruderschaft«, in: Galrev, Til (Hg.): Der Papst im Kreuzfeuer. Zurück zu Pius oder das Konzil fortschreiben? Münster: LIT, 141–154.

Gaudron, Matthias/Zaby, Bernhard/Persie, Josef. 2012: Die ganze Wahrheit. Eine Darlegung des katholischen Glaubens. Stuttgart: Sarto Verlag.

Goldhagen, Daniel Jonah. 2002: Die katholische Kirche und der Holocaust. Eine Untersuchung über Schuld und Sühne. Berlin: Siedler.

Greschat, Martin. 2000: Die christliche Mitgift Europas – Traditionen der Zukunft. Stuttgart: Kohlhammer.

Gstrein, Heinz. 1990: »Engelwerk« oder Teufelsmacht. Hintergründe über eine Grauzone kirchlicher Aktivitäten: Neues Heil oder innerkirchliche Sekte. Mattersburg: Edition Tau.

Haimbach-Steins, Marianne 2013: »Religionsfreiheit in der Bestreitung. Katholisch-fundamentalistische Versuchungen«, in: Goertz, Stephan/Hein, Rudolf B./Klöcker, Katharina (Hg.): Fluchtpunkt Fundamentalismus? Gegenwartsdiagnosen katholischer Moral. Freiburg im Breisgau: Herder, 257–282.

Hinkelmann, Frank. 2016: Kirchen, Freikirchen und christliche Gemeinschaften in Österreich. Handbuch der Konfessionskunde. Wien/Köln/Weimar: Böhlau.

Hinkelmann, Frank. 2017: Evangelikal in Deutschland, Österreich und der Schweiz. Ursprung, Bedeutung und Rezeption eines Begriffs. Bonn: Verlag für Kultur und Wissenschaft.

Hofer, Thomas M. 1998: Gottes Rechte Kirche. Katholische Fundamentalisten auf dem Vormarsch. Wien: Ueberreuter.

Humphreys, Fisher/Wise, Philip. 2004: Fundamentalism. Macon (Georgia): Smyth & Helwys Publishing.

Jacquard, Nicolas. 2021: Les inspires. Paris: Robert Laffont.

Jung, Friedhelm. 1994: Deutsche Evangelikale Bewegung. Grundlinien ihrer Geschichte und Theologie. Bonn: VKW.

Kühn, Alexander. 2016: Christlicher Extremismus in Deutschland. Das Verhältnis der Partei Bibeltreuer Christen, Christliche Mitte, Priesterbruderschaft St. Pius und Zeugen Jehovas zum demokratischen Verfassungsstaat. Leipzig: Leipziger Universitätsverlag.

Lambrecht, Oda/Baars, Christian. 2009: Mission Gottesreich. Fundamentalistische Christen in Deutschland. [2. Aktualisierte und erweiterte Auflage] Berlin: Ch. Links Verlag.

Lormier, Dominique. 2007: La dérive intégriste. chrétiens, juifs et musulmans face au fondamentalisme. Paris: Acropole.

Lundberg, Magnus. 2017: A Pope of their Own. El Palmar de Troya and the Palmarian Church. Uppsala: Uppsala University.

Marshall, Taylor R. 2019: Infiltration: The Plot to Destroy the Church from Within. Manchester: Crisis Publications.

Meier, Kurt. 2001: Kreuz und Hakenkreuz. Die evangelische Kirche im Dritten Reich. München: dtv.

Molina, Manuel M. 2006: Los secretos del Palmar de Troya: Historia de una herejia. Córdoba: Arco Press.

Moritz, Stefan. 2002: Grüß Gott und Heil Hitler. Katholische Kirche und Nationalsozialismus in Österreich. Wien: Picus.

Palmarianische Kirche. 201?: Wo befindet sich die wahre Kirche? El Palmar de Troya: Eigenverlag.

Privat, Suzanne. 2021: La Famille. Itinéraire d'un secret. Paris: Les Avrils.

Ross, Jeffrey Ian. 2006: Political Terrorism: An Interdisciplinary Approach. New York: Peter Lang.

Schmid, Georg/Schmid, Georg Otto. 2003: Kirchen, Sekten, Religionen. Religiöse Gemeinschaften, weltanschauliche Gruppierungen und Psycho-Organisationen im deutschen Sprachraum. Ein Handbuch. Zürich: Theologischer Verlag Zürich.

Schmidberger, Franz. 2008: Die Zeitbomben des II. Vatikanischen Konzils. Vortrag gehalten am 9. April 1989 in Mainz vor der Bewegung »actio spes unica«. Stuttgart: Priesterbruderschaft St. Pius X.

Schmidinger, Thomas/Peham, Andreas. 2022: »Was ist Extremismus? Versuch einer phänomenübergreifenden Definition«, in: Schindler, Christine/Schellenbacher Wolfgang (Hg.): Delogiert und ghettoisiert. Jahrbuch des DÖW 2022. Wien: Dokumentationsarchiv des Österreichischen Widerstands, 347–353.

Schmitt, Oscar. 2006: Ein würdiger Verwalter im Weinberg unseres Herrn Jesus Christus: Bischof Pierre Martin Ngô Đình Thục. Norderstedt: Books on demand GmbH.

Schott, Anselm O. S. B. 2018: Das vollständige Römische Meßbuch. Lateinisch und Deutsch. Bobingen: Sarto Verlag.

Treloar, Geoffry R. 2013: »The British contribution to The Fundamentals«, in: Beggington, David W./Jones, David Ceri (Hg.): Evangelicalism & Fundamentalism in the United Kingdom during the Twentieth Century. Oxford: Oxford University Press, 15–34.

Vennari, John. 2021: Alta Vendita. Ein freimaurerischer Plan für den Umsturz in der katholischen Kirche. Bobingen: Sarto Verlag.

Wagner, Doris 2019: Spiritueller Missbrauch in der Katholischen Kirche. Freiburg im Breisgau: Herder.

Willms, Gerald. 2012: Die wunderbare Welt der Sekten: Von Paulus bis Scientology. Göttingen: V&R.

mandelbaum *empfiehlt*

Andreas Brunner, Hannes Sulzenbacher (Hg.)
**HOMOSEXUALITÄT UND
NATIONALSOZIALISMUS IN WIEN**

254 Seiten, Euro 28,–
ISBN 978-3-99136-022-3

Jeanette Mayrhofer-Berger, René Berger,
Mira Mayrhofer (Hg.)
EINE KUNDE MEINER EXISTENZ
Briefe eines Widerstandskämpfers

186 Seiten, Euro 18,–
ISBN 978-3-85476-931-6

Thomas Schmidinger
»DIE WELT HAT UNS VERGESSEN«
Der Genozid des »Islamischen Staates«
an den JesidInnen und die Folgen

232 Seiten, Euro 20,–
ISBN 978-3-85476-590-5